社会科学哲学译丛　殷杰 主编

本书受教育部人文社会科学重点研究基地
—— 山西大学科学技术哲学研究中心基金资助

社会科学的兴起
1642—1792

〔美〕理查德·奥尔森（Richard Olson）◎著
王凯宁◎译

科 学 出 版 社
北 京

图字：01-2016-3852 号

图书在版编目（CIP）数据

社会科学的兴起：1642—1792/（美）理查德·奥尔森（Richard Olson）著；王凯宁译. —北京：科学出版社，2018.1
（社会科学哲学译丛）
书名原文：The Emergence of the Social Sciences（1642—1792）
ISBN 978-7-03-055467-3

Ⅰ. ①社…　Ⅱ. ①理…　②王…　Ⅲ. ①社会科学-科学史-1642—1792　Ⅳ. ①C09

中国版本图书馆 CIP 数据核字（2017）第 279443 号

丛书策划：侯俊琳　牛　玲　邹　聪
责任编辑：邹　聪　张　楠／责任校对：何艳萍
责任印制：徐晓晨／封面设计：有道文化
编辑部电话：010-64035853
E-mail: houjunlin@mail.sciencep.com

科学出版社出版
北京东黄城根北街 16 号
邮政编码：100717
http://www.sciencep.com
北京虎彩文化传播有限公司印刷
科学出版社发行　各地新华书店经销
*
2018 年 1 月第　一　版　开本：720×1000　B5
2020 年 3 月第三次印刷　印张：18
字数：226 000

定价：98.00 元
（如有印装质量问题，我社负责调换）

总　序

社会科学是以社会现象及人的群体行为为研究对象的科学，其所从事的是对人类社会进行理性的、系统的研究；而社会科学哲学则是对社会科学的逻辑、方法和说明模式进行研究的学科，并以社会科学实践的理性重建为基本旨趣。实质上，二者之间呈现出科学与哲学的内在关系。作为人类知识的两种不同形态，自科学脱胎于哲学伊始，其与哲学就不分轩轾，但科学往往以其革命性的动力推动着哲学的发展甚至转向，科学发现为哲学困惑提供了新的出路，同时也使哲学面临着新的问题。

一方面，社会科学哲学的发展，从社会科学和自然科学的发展中获得了新的动力，这也是面向科学实践的社会科学哲学发展的基本路径。作为社会科学较为成熟的分支学科，经济学所描述的是，凸显社会状态而非物理状态的人类行为，其方法论被逐步扩展到政治学、社会学、人类学等其他社会科学当中，并且成为社会科学的普遍方法论，比如，理性选择理论依然是当今社会科学哲学所关注的热点之一。自社会学从哲学中分离出来之后，实证方法业已成为社会科学研究的基本方法，由此也开启了社会科学研究的实证主义哲学思潮，当然，实证主义在哲学中的兴盛与当时科学方法论的成功密切相关。时至今日，一系列科学新成果的出现，不断引发社会科学的深刻变化，特别是，人类学与社会学、心理学与认知科学之间的学科交叉发展愈益明显，这更有利于社会科学的“科学性”建设，也有助于社会科学哲学传统问题的实质性求解。比如，用互惠利他理论可以细化囚徒困境的说明，用竞争学习理论来说明跨文化异同，以认知科学中的联结主义来研究社会实践中的“共享”现象，等等。由此，可以看出，社会科学哲学正逐步“参与”到社会科学中来。

另一方面，从本质上讲，作为一种对科学进行的反思性实践活动，社会科学哲学就是要对社会理论的所有内容从根本上进行哲学层面的考察，进而寻找到各种理论性和纲领性的思想。作为哲学学科的分支，社会科学哲学的具体形态必然与一定时期的哲学形态相关联。在当代社会科学哲学中，无论是实证主义到后实证主义的相继出现，还是大陆社会科学哲学与英美社会科学哲学的区分，都与其所在的哲学传统有关。此外，社会科学哲学的历史发展，恰恰是哲学与社会科学互动的历史，也是社会科学不断通过自己的理论和实践表达，阐释和建立自己学科特征的历史。虽然当今社会科学有自觉摆脱哲学形而上瓜葛的倾向，但是社会中价值等规范性现象的合理性，却难以完全依靠经验事实来说明，诸如此类的问题，客观上就要求引入哲学的反思，这就使得社会科学哲学与哲学的发展总是同步进行的。20 世纪相继发生于社会科学哲学中的逻辑转向、语言转向、历史-文化转向和知识转向便印证了这一观念。

综上可见，不能孤立地理解社会科学哲学的发展，因为如果仅按流派来描述其发展理路，则有许多具体的焦点问题得不到应有的关注，这些问题恰恰是哲学与社会科学实践最直接相关、理论最中肯的地方。然而，如果只以具体问题的求解来呈现社会科学哲学现实状况，则有可能在整体语境的缺失下，难以周延问题的全部方面。因此，对于社会科学哲学整体研究的概观性图景的把握，就需要将二者统一起来，点线面结合，同时关注问题的历时性与共时性，这也是社会科学哲学的特殊性为研究者提出的根本要求。

国外社会科学哲学研究可谓方兴未艾。当前的社会科学哲学不能仅仅被视为科学哲学的分支，而是呈现出一种对社会研究实践进行反思的元理论研究。这是一种以社会科学的独立学科建制为基本定位的观点，它把社会科学哲学的研究视为在社会科学本身中进行的事务。可以说，社会科学哲学新的理论定位，直接以具体社会科学的研究对象为目标，不只限于为社会科学提供哲学认识论和方法论意义上的普遍指导，而且更专注于反思社会科学学科当中的社会科学实践，以及寻求具体学科本身的普遍原则和理论。也就是说，社会科学哲学面向科学实践的发展路径正在成为主流。特别是，在当前科学社会学和科学、技术与社会（STS）研究的推动下，社会科学家有组织的社会行为、认知劳动的组织模式、研究者的社会责任、研究共同体的制度化等方面，也正成为社会科学哲学自我反思的重要内容，这也使得社会科学哲学的理论和实践价值得到前所未有的认同。

近 30 年来，国内社会科学哲学研究基本上在各个问题域都有所展开，但是总体上看：一方面，在具体问题研究方面有所深入，在研究范式的形成方面却尚在起步；另一方面，社会科学哲学研究所涵盖的领域并没有形成统一的理解。事实上，这两方面的问题是相互联系的，研究领域的模糊，致很难形成用以对话交流的明晰问题，于是也就难以形成所谓的范式。这个现状是国际性的，社会科学哲学近一个世纪的发展，其本身特质使研究触角无往弗届。以新康德哲学为代表的大陆社会科学哲学，通过其解释学、系谱学和批判理论传统几乎可横贯整个西方哲学史，特别是，自狄尔泰系统探索用“精神科学”来区分自然科学始，到韦伯时形成了比较成熟的解释主义的社会科学哲学理论。而以语言哲学为代表的英美社会科学哲学，则与分析哲学交织在一起，比如，温奇秉承了维特根斯坦的后期思想，将“语言维度”引入社会科学哲学的研究当中。此外，当前的社会科学哲学又不可避免地与认知哲学、心灵哲学等分支联系在一起。实际上，科学社会学、STS 在一定程度上也被认为是广义社会科学哲学的一部分。更为复杂的是，传统哲学分支中还包括社会哲学、政治哲学、法哲学等，这些哲学分支与相应的具体社会科学哲学关系的界定一直存有分歧。在此，需要特别指出的是，从当前学科建制上来看，社会科学哲学的研究“散落”在外国哲学、科学技术哲学、马克思主义哲学等学科领域当中。虽然这些领域都在研究社会科学哲学，但整体上缺乏一种具有统一性的研究范式，如此一来，各个领域的研究共同体就很难形成相应的学术认同感，由此也导致了学术规范的缺失，使得社会科学哲学也难以作为一门学科持续发展。

当然，我们迫切希望社会科学哲学成为一门学科，而不是以一种跨学科的、边缘化的研究状况来呈现，因为它有自己的核心问题，即社会科学的科学地位问题。社会科学哲学学科的建立将有助于其研究范式的形成，而范式的形成更需要学术积累与进步。从近 30 年国内社会科学哲学发展的状况来看，其积累有一定的成就，但是与研究范式的形成还有距离，至少在与该学科相关的学术资料特别国外学术资料方面的丰富程度还不够。因此，我们启动"社会科学哲学译丛"的初衷就是，致力于为社会科学哲学研究范式的建立做一些推动性的工作。事实上，只有对国际学术进展有深入细致的了解，并具备广阔的学术视野，才能建立起自己的合理的学术规范乃至学术话语格局，进而做出理论与实践层面的创新。本译丛总体上出于学科建设的需要，遴选代表西方社会科学哲学最新进展的优秀著作，突出学术观点间的异质性，反映一个时期观点间的对话与交锋，重点关注原创性的作品，同时在国内同行已做好的工作基础上，力求呈现社会科学哲学近半个世纪以来的发展图景，为其学科建设做一份厚实的基础性积累。这将是一项艰巨的任务，所以我们把本译丛设计成开放的体系，徐图渐进，以期虑熟谋审，争取力不劳而功倍。

本译丛的整体框架由四个部分组成。第一部分的内容以史为主，包括社会科学史、社会科学思想史和社会科学哲学史，如《社会科学的兴起 1642—1792》《1945 年以来的社会科学史》《社会科学的历史与哲学》。社会科学是社会科学哲学研究的对象，是哲学依赖的事实基础；社会科学发展的规律和本质的研究离不开对历史的审视与重构；社会科学思想史介于科学与哲学之间，是社会科学范式转换发展的呈现；社会科学哲学史是社会科学哲学教学与科研倚重的方面，一门学科的建立首先是其学科历史的建立，有史才有所谓的继承与发展，有史才有创新的基础。第二部分的内容体现为具体社会科学哲学，如《社会科学与复杂性：科学基础》《社会科学的对象》。当今社会科学的发展从深度上讲专业化程度越来越高，从广度上来看交叉发展是不可逆转的趋势，呈现出学科间协作解决问题的态势，学科间的大一统越来越不可能，学科间的整合则时有发生。因此，对社会科学的哲学批判与反思已不能完全是一种宏大叙事，而需要参与到具体社会科学中来。第三部分的内容聚焦于社会科学哲学专论，主要包括名家名著、专题文集、经典诠释等，旨在呈现某一时期学界关注焦点、学派特色理论、哲学家思想成就等，如《在社会科学中发现哲学》《卡尔·波普尔与社会科学》。第四部分的内容专注于与社会科学哲学相关的教材，如《社会科学哲学：导论》《社会科学哲学：社会思想的哲学基础》。教材建设是学科教学建设的重中之重，成熟教材的译介，为我们编写适合实际情况的教材提供了重要的参照。对此，我们从两个方面来展开：一是社会科学哲学通识课教材；二是其专业课教材。总之，本译丛的规划框架兼顾史论，点线面结合，从科研与教学两方面立意，以期能满足社会科学哲学研究范式建设在著作和教科书方面的需要。

山西大学科学技术哲学研究中心一直以积极的姿态推动中国科学技术哲学的学科建设，以促进中国科学技术哲学的繁荣与发展为己任，在译介西方哲学优秀成果方面形成了优良的学术传统、严谨的学术规范和强烈的学术责任感，曾做过大量而富有成效的工作，并且赢得了国内同行的广泛认可。21 世纪初我们陆续推出“山西大学科学技术哲学译丛”，2016 年我们组织翻译的大型工具书《爱思唯尔科学哲学手册》9 部 16 册已陆续出版发行。我们将一如既往地秉承传统、恪守规范、谨记责任，以期本译丛能够实质性地推动我国社会科学哲学的教学与科研迈上新的台阶。由于本次翻译工作时间紧迫，翻译和协调难度大，难免在某些方面会不尽如人意，我们诚盼学界同人不吝指教，共同推动这一领域学术研究的进步。

在译丛即将付梓之际，作为丛书的组织者，有许多发自肺腑的感谢之言。首先我谨向各著作的原作者致谢，他们的原创性的成果为我们提供了可珍鉴的资源；其次，感谢科学出版社科学人文分社侯俊琳社长，他的远见卓识和学术担当，保证了本译丛的成功策划和顺利出版，他为此付出了难以言表的辛劳；再次，感谢每一部书的责任编辑，他们专业高效的工作保证了译著能够以更好的质量呈现出来；最后，还要感谢诸位译者，他们克服种种困难，尽最大可能保质保量地顺利完成了翻译工作。总之，我希望我们的工作最终能够得到广大读者的认可，以绵薄之力推动国内社会科学哲学事业的蓬勃发展。

“哲学社会科学是人们认识世界、改造世界的重要工具，是推动历史发展和社会进步的重要力量，其发展水平反映了一个民族的思维能力、精神品格、文明素质，体现了一个国家的综合国力和国际竞争力。”[①]社会科学哲学是哲学，同时是社会科学发展必不可少的思想前提，为社会科学澄清基本概念，以理论模式提供合法化辩护的工具性手段等；社会科学哲学的繁荣必将有力推动社会科学的发展。社会科学哲学译丛的长远意义也正在于此，“安知不如微虫之为珊瑚与蠃蛤之积为巨石也”[②]。谨序。

殷　杰

2017 年 10 月 10 日于山西大学

① 习近平. 2017-10-10.（新华网授权发布）在哲学社会科学工作座谈会上的讲话（全文）. http://news. xinhuanet.com/politics/2016-05/18/c_1118891128.htm.

② 蠃，通“螺”。出自：章太炎. 1981. 译书公会叙//朱维铮，姜义华，等编注. 章太炎选集. 上海：上海人民出版社：36.

序

“特韦恩（Twayne）知识与文化史系列丛书”包括对欧洲知识与文化史上主要运动的简明原创性研究，特别强调体现在宗教、哲学、政治理论、美学、文学及科学方面连续与变化的历史性研究方法。该系列丛书反映出当前在这些领域具有创新性的语境研究和理论研究的复苏，以及对思想和文化的历史研究的普遍关注。这将有助于推动人文科学中那些最激动人心的研究的开展，因为该丛书进一步激发了大家对知识与文化史的兴趣。该丛书既注重可读性，又强调对重要主题进行原创式解读，适合受过良好专业训练的读者和进行严肃研究的学生阅读。

理查德·奥尔森的研究通过关注最初时期关于社会的知识，以及后来被称为社会科学的那些学科的早期发展，极大地丰富了关于社会的科学知识的内涵。《社会科学的兴起1642—1792》重点关注的是经济学、心理学、政治科学及哲学历史学。该书考察了社会科学的多重渊源，因为它是在对欧洲早期现代性发展非常重要的社会和知识的多重主题中应运而生的。奥尔森认为心理学、政治学及经济学开始于具有很强规划性的议题，但是它们发展为社会科学的道路却与其早期议程安排完全相反。社会科学最终改造了诞生它们的社会条件。该书将为我们展现那些孵化社会科学的传统，以及那些通过社会科学才更容易定义的问题。通过这种方式，奥尔森说明了早期社会科学是如何在前现代世界和现代世界之间建立沟通之桥的。

《社会科学的兴起 1642—1792》一书考察了英国、德国、法国差异很大的知识传统和国家传统。它揭示了在不同传统下出现的社会科学之间具有密切的关联。这种知识史研究完全是语境性的，尽管它也是以其他相关学者的类似读物为基础的。理查德·奥尔森的书不仅展现了当时的宗教传统和科学传统——社会科学正是在这两种传统下才体现出其重要性的，而且还揭示了社会科学期望重建这些传统的那种具有典型现代性特征的目标。

迈克·S. 劳斯
斯克利普斯学院
克莱尔蒙特研究生院

本书凡例[①]

本书斜体有以下意义：

（1）表示强调的词语。示例如下。

那么，法律不同于自然的是，它*的确*能够经受住因果分析或科学分析。（第 19 页，原文为 Law，then，unlike nature，*does* turn out to be subject to causal，or scientific analysis.）

（2）未归化的外来词语。示例如下。

投资者（*Verlager*）

贫困（*La misere*）

① 凡例为译者所加。

目　录

第一章 导　言

本书有三个主要目标。第一，本书力图描述并简单分析关于人类及其制度的著述所呈现的四个主要的、自发的新科学传统，它们出现于 17 世纪，兴盛于 18 世纪。我将会特别关注方法论方面的问题——那些明确的或隐含的观念是如何阐述问题、建构话语及评估论证和论据的。就此而论，本书会涉及大量的问题。这些倡导获取社会知识新方法的创始者们，通过将科学方法应用到他们的研究主题上，期望能够得到什么结果？他们每个人所分别理解的科学方法的核心特征是什么？他们对方法论问题的不同答案，如何导致关于人类在影响制度和事件，以及有意识地建立制度和塑造结果方面的能力范围和限度这个论题，出现了截然不同甚至有时是相互矛盾的结论？

第二，本书力图探索先在的社会、政治和知识条件，以及利益和信仰是通过什么方式来塑造社会科学新传统的。除了极特殊的情况外，新的社会科学从它们试图取代或改造的话语传统中，继承了它们的主要问题及内在价值定位；此外，它们都始于为特殊的政治、社会、经济或宗教利益服务。尽管事实上绝大多数的社会科学家想要声称他们的方法使他们摆脱了与特殊党派利益相关的偏见，但毫无疑问的是，意识形态假设总是有意无意地渗入 17～18 世纪构建关于社会主 2

题的科学方法的每一次尝试中。一些社会科学传统建基于稳固或完善现有政治或社会制度的尝试上；另一些则致力于加速或引导政治变革；还有一些声称与社会和政府形式无关，在任何社会和政治结构中它们都能提高人类的生活质量。它们的初始目标与各自传统的特性有关，如果我们要理解早期社会科学，就必须将它们纳入考虑的范围。

前两个目标结合起来，提出了现象学学者们有时候称为早期社会科学的“社会结构”的论题。他们假设这些科学类似于其他人造物，是由其所形成的条件塑造的。尤其是新兴科学，反映了对一些科学特征的当代理解，这些特征是从其他科学活动中提取出来，然后应用于特定的社会和经济环境与承诺，并为他们希望的那些特定利益服务的。

本书的第三个目标与前两个完全不同，其更加宏大但也是更有问题的。那就是探索社会科学出现后所形成的传统是以何种方式实现对孵化它的知识和社会语境的*重建*的。类似于其他形式的人类创新活动，科学既像一面镜子，折射出孕育它的文化所具有的特征，又像一盏明灯，引领着文化前行。

具有讽刺意味的是，据我所知，在 17 世纪出现的社会科学中，没有任何一个分支能够进一步为早期创始者所希望的那些主要利益服务。*心理学*传统是由托马斯·霍布斯（Thomas Hobbes）开创，用来为政治上的专制主义和君主制辩护的；然而，正如我们将会看到的，在 17 世纪末期到 18 世纪，政治体制就已经转变为鼓励激进的社会和政治立场的首席制，还包括世俗化的社会主义和具有个体主义特征的女性主义。类似地，在 17 世纪的英国由詹姆斯·哈林顿（James Harrington）开创的*社会学*传统旨在削弱君主制、促进共和制；然而，到了 18 世纪末，这一传统却转变为保守政治纲领的核心支柱，他们试
3 图回到那种设想中的以往的专制社会，如封建制社会，甚至在有些情

况下希望是原始社会。由威廉·佩蒂（William Petty）开创的*政治经济学*传统，是为了增强中央政府掌控资源的能力，来为国民提供公共福祉，并“提升”他们的经济地位，但是它很快就转变成了自由经济学说的基础，主要用于限制国家的作用以保护私有财产，还拒斥分配正义的观念。最后，由路德维格·冯·薛肯道尔夫（Ludwig von Sekendorf）和约翰·贝彻（Johann Becher）开创的*官房主义*传统是为了改进德国贵族们过度个人化和家长化统治的现状，帮助他们提高其领地的生产效率，结果却促成了18世纪晚期到19世纪早期一些最不带个人色彩的、官僚主义的且毫无效率的政府实践。①

因此，看起来早期社会科学的传统像有生命一样自主地发展，它们的发展方向几乎都是直接与其创始者的目的相反的。这种对初始意图的扭曲似乎是相当适当的，因为如果说存在一条普遍原理可适用于18世纪中期之前所有的社会科学传统的话，那就是这条经常被称为“结果不可预期定律”的原则了。这种普遍性观念出现在伯纳德·曼德维尔（Bernard Mandeville）的诗《蜂群嗡嗡，或无赖变成了正直的人》（*The Grumbling Hive，or Knaves Turned Honest*，1705年）中［该诗后来扩展为《蜜蜂的寓言》（*The Fable of the Bees*）］，并被广泛引用和讽刺性地表达。曼德维尔强调，看似反常的事实是，尽管富人们仅是希望通过奢侈性消费来炫耀自己，但是他们虚荣的习惯还是有利于刺激商业活动的，并为穷人和勤奋者提供了就业机会：

奢侈行为
雇佣了一百万穷人，
可恶的傲慢又养活了另外的一百万；

① 关于德国当时各公国在官房主义影响下的低效性和官僚主义特征，请参见 Marc Raeff，*The Well-Ordered Police State：Social and Institutional Change Through Law in the Germanies and Russia，1600—1800*（New Haven and London：Yale University Press，1983）.

嫉妒本身，以及虚荣，
才是真正的工业部长；
他们亲爱的蠢行——在饮食、家具、服饰方面的
变幻无常——
那奇怪的、荒谬的恶习，推动着
贸易之轮滚滚向前。

在诸如查理-路易·德·塞孔达，孟德斯鸠男爵（Charles-Louis de Secondat，baron de Montesquieu），以及詹巴蒂斯塔·维科（Giambattista Vico）、亚当·斯密（Adam Smith）、亚当·弗格森（Adam Ferguson）
4 和埃德蒙·伯克（Edmund Burke）这样的社会学家那里，这个概念被扩展为一个断言，即几乎所有人工设计的产物都会受意想不到的环境的影响而转变为具有相当不可预期性的东西。

我希望表明的是，直到18世纪晚期，在每个社会科学的新传统中，都有一些与特定方法论实践相关联的特征，使得这种传统会变得不适于实现其最初预期的目标，而是适用于那些它们既为之服务又对其进行塑造的意识形态结果。从这个角度来看，我希望对关于早期社会科学的社会建构研究进行补充，并试图理解这些社会科学在重建现代欧洲社会信仰和行为中的作用。

为了使非专业读者更容易理解我是如何实现这三个目标的，同时也受该系列丛书篇幅的限制，我采取了以下几个研究策略。首先，我只将研究重心集中于少数代表性学者，但我完全承认，任何关于本书主题的全面讨论都必须建立在对许多更重要的和次要的人物的研究基础之上。其次，当我将一些历史上的重要社会影响归因于我讨论的许多文本时，我经常会简单地*假设*存在一个很广泛的且有文化（或至少有知识）背景的受众群体对那些文本感兴趣，并能够对它们做出回应。丹尼尔·罗奇（Daniel Roche）、娜塔利·戴维斯（Natalie Z.

Davis）、戴维·克雷西（David Cressy）、彼得·伯克（Peter Burke）、罗伯特·达恩顿（Robert Darnton）、玛格丽特·雅各布（Margaret Jacob）和其他学者近期的作品已使大量读者对17～18世纪主要知识分子的观点建立了新的认识。

最后，我选择使用许多在时间上晚于所研究文本的术语，如阶级、性别、社会主义、自由主义、女性主义、经济学、社会学、心理学甚至*科学*等，它们在20世纪末美国非专业论述中非常常见，然而在17～18世纪的欧洲作者那里有些从未出现过，有些则很少出现或以完全不同的方式出现。虽然这样的做法会不可避免地导致对过去研究的内容造成一些扭曲，但是不这样做的话，与普通读者建立高效的交流就会变得很困难。

我需要对我使用的两个特定术语进行特别解释。首先，在谈到*意识形态*（*ideologies*）时，我是按照在英语和法语世界中非马克思主义学者广泛使用的意义来理解该术语的，即用其来表示那些指导社会团体成员行为的假设、价值观和目标。这些假设、价值观和目标不需要明确地表达出来，且它们很少会受到社团内部成员的批判。这种用法并不假定意识形态不可避免地、排他性地反映了主导阶级在维持现状中获得的利益；相反，它隐含地承认意识形态因素的来源可能会相当不同，但意识形态可能会以转变当前状态为发展方向，并保护转变后 5
的状态。其次，谈到近代社会科学，我指的是那些关于人类及其活动，以及其制度的研究传统，它们有意识地从数学、医学和自然哲学中汲取思想来形成其本体论、认识论和方法论假设，以及许多引导性隐喻。我将尽力表明这里的用法与通常的现代惯例一致，并且说明这种用法歪曲了历史参与者的意图和想法，当然向非专业读者说明这些术语过去在何种意义上来使用也绝对是有必要的。

第二章

社会科学兴起的背景：社会话语传统与科学革命引发的新哲学

社会科学诞生于一个新世纪即将到来之际，当时大多数人都认为欧洲人生活的方方面面都出现了前所未有的变化、不稳定和危机。①首先，人口数量波动和增长、快速城市化、不断增长的国际贸易、大规模雇佣军供给的需求，以及耗资巨大的宫廷官僚体系的兴起，带来了一系列经济危机，又因此导致了通货膨胀、频繁的局部粮食短缺、财政混乱和财富集中等现象的出现。这加剧了富裕精英和日益扩大的中下阶层之间的紧张关系，使地方性的紧张现象上升到公开叛乱和暴力镇压频繁发生的程度。其次，一系列政治危机，最常见的是中央帝国日益增长的权力和利益与传统土地所有者贵族阶级日益受限的权力和利益之间的对立，导致 1567～1648 年，在西欧和中欧的几乎每个地区都爆发过全面的内战。再次，与宗教改革和反宗教改革相关的一系列
7 精神和宗教危机，既加剧了经济和政治动荡又聚焦于这种动荡的反

① Trevor Astin 编辑的 *Crisis in Europe：1560—1660*（London：Routledge and Kegan Paul，1965）收集了以危机为主题的一系列经典文章。关于探讨危机不同方面的更多材料，请见参考书目。

应，更挑战了传统的道德制度基础。最后，一系列通常与宗教不稳定性密切相关的知识危机，也因欧洲人从16世纪贸易和传教活动的扩张中接触到了外来文化和观念而被加剧。同样会引起动荡的是印刷术革命的许多产物，它们使得古希腊、古罗马及更古老的欧洲思想和习俗，能够跨越空间和时间的限制得以广泛传播，并由同时代的研究者进行转述。所有这些危机都在17世纪中叶以所谓的“17世纪普遍危机”的方式达到顶峰。

关于秩序和等级的传统意识形态体系

由于普遍意识到了危机的存在，17世纪中叶几乎所有知识分子都痴迷于在面对无政府主义和混乱趋势时，恢复或创造社会、经济、宗教和/或观念秩序的基础。这种对秩序的需求超出了一般人在自我生活中寻找意义的那种努力；文艺复兴晚期的欧洲在主导意识形态方面是明确的，而不仅仅是隐含地聚焦于秩序观念上。[①]

我在这里的目标是简要地描述一下这个意识形态问题，并重点关注其表现是如何从理论家和诗人等高知识群体那里沉降到了普通人的日常生活中去的。1547年，英国国教圣公会（the Anglican Church）为其牧师提供了一本《布道书》（*Homilies*），其中列出了以年为周期宣讲的主题。牧师们适当地诵读，并在布道中阐释。以下是年度诵读“关于顺从的布道”（Homily on Obedience）的内容：

> 全能的上帝创造了天空、大地和水域中的一切事物，并约定它们以一种最精妙和最完美的秩序运行。在天空，他指定了大天

---

① 参见 E. M. W. Tillyard，*The Elizabethan World Picture*（New York：Columbia University Press，1943）。

> 使和天使们独特的几种秩序及阶段。在地上，他按照一切良好和必要的秩序，指定并任命了国王、君主及他们下面的其他管理者。高处的水会保存着并在适当的时间和季节降下雨来……人自
> 8 身，以及其内部和外部所有组成部分，如灵魂、心灵、思想、记忆、理解、理性、言语等，还有其身体的全部组成构件以一种有利的、必要的和舒适的秩序结合在一起，根据不同的使命、召唤和职务，不同等级的人已被指定了他们的职责和秩序：有些是高级别的，有些是低级别的，有些是国王和君主，有些是下属和被统治者、神父和教徒、主人和仆人、父亲和孩子、丈夫和妻子、富人和穷人，每一个人都需要他人的存在，因此所要做的事情就是称赞和赞美上帝的良好秩序，没有秩序的存在，房子、城市、联邦都将难以维持、持久或延续。没有正常秩序的地方，王权暴虐，世俗过分自由，罪恶横行，陷入古巴比伦式的混乱。如果没有国王、君主、统治者、神学家、法官，以及诸如此类上帝秩序的遗产，人们走在或骑行在大路上就会被抢劫，睡在自己的房子里或床上就会被谋杀，没人能守护着他的妻子、孩子和财产过上安宁的生活……在那里危害和彻底的毁灭会如影随形……①

这段文字的主要内容阐明了社会科学出现初期关于欧洲社会的一些假设。第一，它表明了借由秩序概念，规则性和连续性与等级制度的概念之间的联系有多紧密。只有认可尊卑有序和权力统治这样的社会关系网络，才能避免暴力和无政府状态。第二，社会的秩序被清楚地解读为神的指令。第三，社会的等级结构被理解为是对遍及宇宙的

---

① 参见 *Certaine Sermons or Homilies Appointed to Be Read in Churches in the Time of Queen Elizabeth I*（1547—1571）（Gainesville，Fla.：Scholar's Facsimilies and Reprints，1968 reproduction of 1623 edition），vol. 1，69。

层次结构的反映。在“关于顺从的布道”[①]中，关注的重点是世俗的政治等级是如何反映天使的等级制度和父系式家庭内的等级制度的。但在大多数宣讲中，特别关注的要点是宇宙尺度的“宏观世界”层次秩序［宇宙中按由高到低的秩序，分别为由固定恒星构成的等级最高的恒星天球、等级逐渐降低的外层行星，以及地球周围所有“会下落的星体”（corruption）］与政治、社会或人类“微观世界”有相当大的相似性，其秩序由通常被称为一致性学说的理论与更大的宇宙相关联起来。[②]

一致性学说（表 1）和随之产生的塑造了社会领域的早期现代理解的微观-宏观类比具有极大的说服力。它们将关于几乎所有主观问题的 9
知识都捆绑在了一起并使其更具说服力，而且还将知识精英和普通人的文化联系在了一起。这种文化统一特别受惠于占星学说所建立的一种共同信念，而占星学说是以一致性概念为绝对核心的。[③]

表 1　关于一致性的典型对应表

宇宙	动物	人	矿物	社会
太阳	狮子	心	金	国王
月亮	狐狸	脑	银	牧师
火星	公牛	手臂	铁	士兵

如果说渗透到对社会问题的近代理解中各个方面的等级关系是通过宏观-微观世界的类比来得以强化的话，那么普遍的政治性解读的第二个主要特点是它能够得到从关于人的微观层面反向对应到关于社会和

① 《布道书》中的一个章节。——译者注

② 关于“一致性学说”的政治用法，请参见如 James Daly，“Cosmic Harmony and Political Thinking in Early Stuart England,” *Transactions of the American Philosophical Society* 69（1979）：3-40。

③ 关于占星术概念在弥合早期现代文化中的精英-大众之间鸿沟方面的重要性，请特别参见 Bernard Capp，*English Almanacs，1500—1800：Astrology and the Popular Press*（Ithaca，N. Y.：Cornell University Press，1979），以及 Patrick Curry，ed.，*Astrology，Science and Society：Historical Essays*（Woodbridge，England：Boydell Press，1987）。

政治的宏观世界这个事实的强有力支持。“关于顺从的布道”的作者认为人体的各个部分同时也是一个特定的、有益的且必要的秩序的一部分。这种将人类看作一个微观世界的观念的主要作用是提醒人们注意这样一个事实：人的各个部分不是独立存在的，而是作为一个有机整体的要素才具有了意义，其功能的实现取决于不同要素之间的相互配合。人的头、手臂和身体不会也不能单独地为其自身而存在。出于同样的原因，承认宏观-微观世界一致性的信徒们将不得不相信，在政治层面上，国王（头）、军队（手臂）和普通公民（身体）必须共同协作，促使那些合起来大于其各部分之和的某个整体（国家或社区）变得更好，这些整体的存在依赖于其各部分的正常运行。

宏观-微观一致性的暗示性和支持性威力有助于解释为什么哥白尼
10 天文学革命有如此广泛的文化影响。传统亚里士多德宇宙学为所有早期近代天文学思想奠定了基础，并且通过占星学和与之相关的一致性思想，那些正规的智力活动如医学教学[①]受到了强烈的影响，关于社会和政治秩序的、被广泛接受的观念也得以形成。新的天文学系统显然不符合旧的亚里士多德秩序，所以当约翰·多恩（John Donne）至少部分地提及哥白尼主义时，他就会抱怨其为“令一*切*都变得有问题的新哲学”，他的声音代表了多数人的忧虑之情。

近代社会话语中的科学与宗教之间的冲突

在当时人们普遍相信经济和政治生活中存在危机，以及宇宙秩序与人类秩序之间传统关联的根基被哥白尼所破坏的认识已形成的背景下，许多知识分子已经开始着迷于自然哲学、医学和数学的新方法，

① 参见 Robert Westman，“The Astronomer’s Role in the Sixteenth Century：A Preliminary Study,” *History of Science* 17（1980）：105-147。

他们旨在扩展这些新方法，并将其用于理解和管理国家与社会。所有这些人都在早期科学革命带来的新哲学中看到了那种在不稳定的人类世界中恢复或创造秩序的巨大机会，因为对于他们来说，在一个宗教、政治、社会和知识权威都被严重毁坏的世界中，科学似乎是确定性和权威性唯一可能的来源。

稍后我们将会看到，这些思想家对科学实践的性质有非常不同的理解，甚至对于应该给予科学知识哪种类型的及多大程度的信任的认识都是不同的。然而，一些普遍的态度使这些新的社会科学家联合起来，并将他们的尝试与那些在遥远及不远的过去讨论过社会和政治问题的那些人的努力区分开来。首先，他们尝试去理解和指导人类行为并为社会制度设定秩序的工作是优于其他人的，因为他们的研究方法超越了平常会存在的利益冲突和情感冲突。这种无利害关系的要求是至关重要的，因为根据法律先例，一般认为有利害关系的一方做出的论证或提出的证据是不可信的，并且会妨碍已做出的断言获得一致的 11
同意。许多早期的社会科学家承认，他们的工作是为某些利益服务的，但他们辩称（他们的辩解获得认可的程度也是不同的），关于科学研究和论证的一些性质是，科学的真理论断应该与妥协相隔离，并且要保证断言应与科学家的利益或动机无关。

无论科学的无误性是如勒内·笛卡儿（René Descartes）和他的追随者们所坚持的那样，是由其概念的清晰性和独特性加上论证的逻辑严密性推出的，还是如弗朗西斯·培根（Francis Bacon）和他的支持者们所认为的那样，是通过应用某种形式的归纳方法，从那些已经完美地消除了与自我中心式偏见和集体偏见相关的传统"偶像"影响的经验中得出来的，一种普遍的观点是，科学方法，利用适当的调查研究，保证了自己结论的正确性。此外，新社会科学家们坚持认为，这些方法从根本上是独立于研究主题的，因此可以立即从对自然世界的讨论中移植到关于人类世界的讨论中。我们将很快回过头来讨论，这种方法同质性假设，甚至对于17世纪的大多数科学家来说，都是多么奇怪和有问题的，但是就当时的情况来说，我们足以坚持认为，它是社会科学思想的一个普遍元素。

大多数早期社会科学思想的第二个特征，与方法同质性假设密切相关，是其激进的世俗性。一些早期的社会科学家，如托马斯·霍布斯，是公开反对牧师并且经常隐秘地反对宗教的。其他人，像威廉·佩蒂，只是表现为相比大多数人对宗教立场的承诺，其强度要明显弱很多，并对宗教承诺持轻蔑的态度。更多人在他们的宗教信仰和活动中可能是传统的，但是仍然坚持认为当我们构建关于人类活动和制度的知识时，宗教断言应该被放在一边不予考虑。詹姆斯·哈林顿明确地表述了这种观点，他写道："如果我们坚持认为在构建一个家庭或政府时，人的智慧可以遵循超自然原则，这是与共和制思想不一致的，这就像是说：'上帝决定了要建造教堂，因此它不是由石匠建造的。'……政府源于人的智慧，而人的智慧是与人的天性相适应的。"①

注意，哈林顿并不否认终极的上帝的意图或计划与建立一个共和
12 国之间存在关联。但他坚持认为，上帝通过人的天性来实现目标，我们对共和制的理解依赖于对*人类*原因的理解，而不必考虑上帝的目的。

当哥白尼主义在17世纪的前几十年里受到攻击时，一类批评意见指出，哥白尼认为太阳不动而地球运动，这必然是不正确的，因为它是与《圣经》经文（Scripture，后简称经文）中不可违背的上帝之言相对立的。伽利略和他的大多数支持者利用一个至少可追溯到亚历山大

① James Harrington，*The Oceana and Other Works*（London，1737），516，后文引用中将其简写为 *OOW*。

学派的克莱门特（Clement of Alexandria）以及奥里金（Origen）那里的论据来对此批评进行回应。他们认为，经文是指导人类生活的指南，而不是关于自然哲学的教科书。其所有的段落都是“由神学家们设定的，以便使那些粗鲁和没有受过教育的普通人能够看得懂”。[①]当它论述核心的道德主题时，它总是以两种形式体现出来，既有那种即使完全未接受过教育的人也能理解的寓言故事，也有不允许造成任何误解的直接规定性法令。然而，当它偶然地谈论自然世界时，它只是反映了其目标受众心中的原始宇宙观念。因此，自然哲学应该被理解为完全独立于对经文的任何解读。

尽管复杂的环境导致伽利略和他的哥白尼主义（至少在天主教国家）受到了谴责，但是在整个 17 世纪，无论是在宗教团体还是科学团体内部，经文应该被用于支配道德论辩，在讨论物理问题的自然哲学方面，经文并不重要的观点已得到广泛的传播。这种观点开创了一个研究领域，在其中自然哲学可以在相对小得多的宗教压力下得以发展，同时它又承认宗教团体的道德权威并保护其不受自然主义论断的影响。大多数自然哲学家并不比大多数神职人员更愿意挑起争端，并且在伽利略事件结束后，双方的共同感受由意大利贵族维尔吉利奥·马尔韦齐（Virgilio Malvezzi）在 1634 年很好地表述了出来：“那些用上帝来解释自然事件的人是差劲的哲学家，但任何不用上帝解释政治事件的人都是不合格的基督教徒。”[②]

那些挑战这个准则的人受到的批评，不仅来自教士，而且还来自自然哲学家。因此，当塞缪尔·普芬多夫（Samuel Pufendorf）在 1672

---

① Galileo, "Letter to the Grand Duchess Christina," in Stillman Drake, ed., *Galileo, Discoveries and Opinions*（Garden City, N. Y. ; Doubleday, 1957）, 169.

② 引自 Carlo Ginsburg, "High and Low: The Theme of Forbidden Knowledge in the Sixteenth and Seventeenth Centuries," *Past and Present* 73（1976）: 37。

年出版的著作《自然法与万民法八卷本》(德文为 *De jure naturae et gentium libri octo*,英文为 *Eight Books on the law of Nature and of Man*)
13 中并没有提到经文时,他的朋友戈特弗里德·威廉·莱布尼茨(Gottfried Wilhelm Leibniz)最先对其差劲的判断提出了抗议。

上述论点有一个重要、显而易见且非常关键的例外。正如我们将在下面看到的,一个非常重要的自然科学传统从文艺复兴时期到近代早期一直延续了下来,在该传统下,宗教和世俗之间、自然和道德之间的边界是非常模糊且可以相互渗透的,以至于该传统的支持者根本不承认不涉及上帝的自然哲学或不关心自然世界的道德是可能存在的。这种传统,通常与"神秘术"(hermetic)这类术语及炼金术这类科学相关,尽管到17世纪中叶之后这种传统在西欧大部分地区已经衰落,但它仍然在很长一段时间内对中欧的智力活动造成了重要的影响。因此,当德国的哲学家,如作为炼金术士兼医生的约翰·贝彻,试图发展关于国家和社会的科学方法时,他们仍然是将宗教和世俗的认识融合在一起的。

法理学和古典政治理论的文艺复兴晚期传统

至少就某些方面的特点之一来说,早期英国和法国社会科学家几乎一致地欣赏尼科洛·马基雅维利(Niccolo Machiavelli)的著作,这与他们对世俗化的极端强调有关。在《君主论》(*The Prince*,完成于1513年,但在1532年后才出版)的第15章中,马基雅维利试图将他给文艺复兴时的君主提供的建议区别于其他人的建议,通过声称只有他将人刻画为他们实际上的样子,而不是他们应该是的样子。亚里士多德曾经表达过一个在近代早期被广泛认可的观点,即他在《诗学》(*Poetics*)中认为诗歌是一种比历史更强大且更适当的人类行动指南,因为它自由地描绘高于事实的真理。的确，亚里士多德给予了荷马最大的赞扬，因为他教会了其他诗人如何有效地撒谎，以促使人类行为变得更加高尚。但马基雅维利却在他那个时代坚持一种描述性的而不是一种规范的政治生活方式：

> 对我来说，追踪事物实际上的真实情况，而不是我们想象的 14
> 情况似乎才是明智的。有人曾幻想那些从来没有人知道在实际上是否存在过的君主国或共和国；我们实际上如何生活与我们应该如何生活是如此不同，以至于一个人如果只关心应该做什么而不关心实际上是怎么回事，那么他将不但不能保护自己，反而会导致自我毁灭。一个在方方面面都努力为善的人，置身于恶人之中将会遭到毁灭。(《君主论》第 15 章)

早期社会科学是以这种信念为基础的。社会活动家们最终几乎总是要劝说人们以这种或那种方式来行动，但他们都同意，只有在人类能够意识到自己有力量和美德的一面，同时也意识到自身的弱点和邪恶一面的基础上，这种劝诫才有价值。正如哈林顿指出的，“就像希波克拉底没有将疾病引入人体中，马基雅维利也没有将腐败引入政府里，这都是在他们的时代之前就已经形成的事实；看他们所做的并了解他们之后，我们必须承认，他们这样做并不是为了使问题增多，而是为了治愈它们”（*OOW*，514）。

我推测，马基雅维利和早期的社会科学对于“现实主义”的尝试，如 19 世纪的作家埃米尔·佐拉（Emile Zola）的现实主义文学等，可被视为对他们上一代学者过度理想主义倾向的反应，他们更倾向于关注社会反常方面的人类行为，而不是提供一种关于人类的合理的全面观点。因此，早期社会科学家中的第一代倾向于将几乎所有人类行为的来源归于贪婪、野心和欲望等原罪，却几乎忽视了还存在利他主义和仁爱的推动力。因此，他们关注的主要焦点是如何提出某些策略和社会结构方式，来控制、管理或以某种方法抵制人的原罪。

他们感觉到关于人类事务的研究需要服从于事实，并形成了将人类事务研究的某些方面与医学研究建立关联的趋势，很多早期社会科学家都持这种观点，他们是一场旷日持久且正在进行的辩论的一方，即关于在何种程度上我们能对自然和人类现象做类似分析的辩论。

在古典希腊哲学传统中，人类独特性的合理性是通过对管理非人类世界的*自然*（*physis*）与管理人类间相互作用的*习俗*（*nomos*）的区分来体现的。虽然习俗的来源最初被解释为是神赐的，但它逐渐变得越来越多地与具体的人类选择相关联。因此，人们承认，虽然指导不同群体的习俗可能会有很大的不同，但每个群体的公民都是由各自形成的*习俗*正确地约束着的。

亚里士多德将*自然*与*习俗*的区分纳入一个影响力很大的知识分类中，直到近代早期，这种分类都一直很好地主导着理解人类交往的尝试，从而为社会论述的形式提供了框架，正是这些社会论述及对其的反驳导致了 17 世纪社会科学的发展。因此，我们需要简要地探讨亚里士多德的分类学及其在 16 世纪末到 17 世纪初的变化。

亚里士多德首先基于不同知识最终希望实现的目的，将知识分为理论知识、实践知识和生产知识三种类型。这种分类法的基础是这样的一种假设，即任何一类事物的完美性在于它所具有的那种能与其他事物区分开来的潜力能够被完全地实现。人类之所以能与其他“低级”动物区分开，是基于两方面的关键特征。第一，人类是“理性”的动物，能够理解为什么事情是这样发生的。换一种略有不同的方式表述就是，人类可以获得关于客体和事件的原因的知识。因此，头脑在生活中的充分参与构成了人类完美性的一种形式。第二，人类是“政治性”的动物，能够生活在*城邦*（*polis*）或城市化的国家。因此，政治在集体文化生活中的充分参与是人类完美性的另一种形式。

人类*不能*通过满足其物质和生物性需要方面的能力区别于其他动物。因此，用以丰富物质生活及家庭生活——从根本上来说，家庭是生产和生育活动的核心场所——的商品的生产和分配活动，被认为在等级上明显低于沉思的生活方式或有关公*共*行动的活动。生产和生育不仅没有表现出任何人所具有的独特能力；反而夺取了那些本该用于高层次人类活动的时间和精力，因为将这些高层次活动作为自己的追求是需要大量闲暇时间的。

亚里士多德对人类活动等级的评定清楚地反映了他对自己所偏爱的哲学活动的肯定，并确认了早期商业贵族们的地位，而他的学生大多出自这个群体。然而，无论这种认识的来源是什么，他的这种基本 16
观点成为欧洲受过教育的精英们普遍接受的意识形态，这种情况一直持续到近代。

对应他对人类活动的等级观点，亚里士多德针对人类知识进行了相应的等级划分。生产的技术只取决于是否能遵循传统惯例和方法，而不需关心为什么要这样来做。因此，技术人员的知识仅仅是没有合理基础的意见。等级序列的另一极端是关于自然的知识，或纯粹的理论化知识。关于自然对象和现象的关键事实是，它们不会以任何方式被人类行为所改变。因此，获取自然知识的目的纯粹是为了探究自然本身的原因，而不需考虑是否对生产性或政治性活动有何种可能的应用。它对人类几乎不产生影响的特性为自然提供了一种特殊的稳定性，使我们能够通过应用三段论逻辑，从不变且可靠的基本原理中推导出一种普遍的、在哲学上是必然的*真*（*true*）知识。

与政治活动有关的知识同那些与生产活动或自然世界有关的知识有很大不同。政治活动取决于人的选择或意志，而不是无目的且不需反思的规则，这使它得以与生产性活动相区别。此外，整个意向性和行政机构的概念基于这样的假设，即行政者可以理解其行为会导致的结果，并对这种结果做出预期。因此，必须要有这样一些用来发现人类行为与其后果之间关系的方法。同时，因为公共生活是由有意识的行为创造的，而不是无意识行为的产物，所以它必然涉及不确定性的因素，这使得它能被从自然活动中区分出来。因此，亚里士多德认为，用于指导关于人类互动的研究的是“经常性”（often）这种观念，而指导关于自然的研究的是“始终是”（always）的概念。*实践知识*（*prudential knowledge*）不能是普遍的或通过逻辑演绎得到的；相反它是具有特殊性的，是以直觉的方式得到的，以一种模式识别的方式，通过研究不同的人和团体如何行动以产生他们的习俗、法律和制度，并研究这些习俗、法律和制度是如何服务于激励或阻碍某种内容丰富的政治和哲学生活等内容，我们形成了这类知识。

在古代晚期，这种亚里士多德的知识等级观点以两种不同的方式被修正和发展。第一种方式就是被基督教化了。在奥古斯丁传统中，与精神世界相比，物质世界的重要性继续被淡化，生产性知识仍处于
17 较低等级。对自然世界的关注——在这里并不是出于探究自然本身的原因，而是为了使这种关注能够帮助我们洞察作为自然的造物主的神的特征，以及在解读经文时它可能会提供一些帮助——保留了其在世俗化知识中的优越地位，成为神学的“侍女”。因此，数学、天文学和自然哲学成为早期中世纪教会学校和新兴大学中基督教教育的基础。

此外，基督教徒们普遍认为，将经文的启示而非人制定的行为准则作为道德和伦理的基础是更适当的。这种基督教观点的一个关键结果是，在亚里士多德的政治、道德和伦理观点中隐含的相对主义认识，被这样一种假设所取代，即人类活动的普遍标准是基于神的*理性*（*logos*）的假设。中世纪早期的知识传统并没有完全否认地方性因素和习俗性因素在指导人类生活的某些方面时的作用，他们坚持这样的观

点，即指导人类行动的准则有高低之分，神的启示是优先于那些纯粹的习俗的。

11～16世纪，这个概念被逐渐发展为一种教义，它将法律划定为三个层次：直接由《圣经》表述的神的律法；自然法或理性定律；由人类选择的结果创造的制定法。每一级法律都被假定为是从属于上级法律的，按照这种认识，理性定律虽然不能以任何直接的方式从神的律法中推导出来，但是它不能与其相冲突。同样，有人认为，制定法不应违背神的律法或理性定律，虽然它可能不是由它们推出来的。

亚里士多德关于人类活动和知识的分类方式的另一大修改，源于古罗马文化对欧洲生活的影响。古罗马作家普遍都对沉思不感兴趣，他们认为现实的公民生活才是最有意义的且最高贵的。因此，古罗马知识分子将其关注点放在了社会和政治问题方面，并竭力创造一种明确的法律规范。大多数古罗马思想家不仅同意亚里士多德关于法律主要是人类自主的创造物的观点，而且赞同他关于公共生活在某种程度上高于个人生活的认识，但古罗马法学家并不像亚里士多德那样在生产活动和政治活动之间做出截然不同的划分。特别是古罗马民事法， 18
主要关注的是个人权利、家庭及对财产交易的管理，也就是说，特别关注的是生产和生育等问题。

1300～1500年，法律在当时新出现的中世纪大学中成为一个被广泛讨论的重要主题，这主要响应了来自教士和民事律师两个群体的需求，以帮助他们应对越来越复杂的教会规定和世俗制度。大学法学研究的基础是《查士丁尼法典》对罗马法的编纂和分析，对罗马法的研究自然导致了那种古罗马时期对现实生活的关注得以复兴，并且欧洲的知识分子开始关注更广泛的社会议题，而不仅仅是“政治”问题。

最终，以亚里士多德对理论和实践知识的区分为基础的法学家们分裂为两个群体。其中一方是认为如果法律研究能够更加理论化，则它将会拥有更高地位的那些人。对于这个群体来说，重要的是说明“法学家和圣典学者是通过因果法则获得知识的”[1]，就像自然哲学家那样。最终，这种倾向的一些追随者对习俗和法律随地域和时间的不同而演变的特点特别感兴趣。他们开始寻找地理和气候方面的因素，作为说明各地制定法千差万别的原因，这为早期社会科学中的一个重要传统设定了最初的研究规划，我将其称为社会学传统。

分裂后的另一群体是这样一些人，他们在颂扬新“人文主义”时强调的是它那种复兴了古罗马传统的关注现实生活的态度，以及另外的一些人，他们试图彻底与他们认为已经“破灭”的亚里士多德自然主义划清界限。15 世纪早期在佛罗伦萨，科卢乔·萨卢塔蒂（Coluccio Salutati）在他 1400 年左右所著的《关于法律和医学的崇高性》（意大利文为 *De Nobililate Legum et Medicinae*，英文为 *On the Nobility of Law and Medicine*）中，给出了关于这种观点的一个特别重要的表述。萨卢塔蒂的认识论主张开创的这种模式后来被 17 世纪最重要的社会科学家之一托马斯·霍布斯所继承。

首先，萨卢塔蒂赞扬法律比医学更高尚，因为法律研究所关心的是现实的生活，人类可以借由它来寻回那些淹没于原罪中的美德。继而，他把这种美德与一种新的认识论主张联系起来，后者源自中世纪晚期唯名论者对传统的亚里士多德知识主张的攻击。他指出，我们理解法律的方式有可能是优于我们认识自然的方式的，因为自然最终是
19 神的难以理解的意志的产物，而社会和法律是可知的人类行为的产物。

我们关于自然的经验只能允许我们获得关于经验事实的偶然知

① 引自 Donald R. Kelley，*The Human Measure：Social Thought in the Western Legal Tradition*（Cambridge，Mass.：Harvard University Press，1990），139. 在第 131～145 页，凯利（Kelley）讨论了人们试图将法律变成亚里士多德式知识的早期尝试。

识，而不是亚里士多德所宣称的属于自然科学的那种关于因果性的绝对知识。与之形成对比的是，明确的法律，“并不是源于外在的东西，而是源于*我们自身*，它由人的自然理性构成，每个智力正常的人都可以通过反思和讨论来理解它……因此我们可以如此确定地理解它，而不会对其产生误解，我们也没有必要在外在事实中寻找它……法律不可动摇地存在于人类彼此之间的思想碰撞中。它们不仅是确定的，而且是完全可知的”。[①]

正如听上去那样奇怪的是，对于萨卢塔蒂及其追随者霍布斯来说，法律可以被完美地理解，是因为它是由人而不是上帝创造，因为我们可以直接理解人类的动机、观念、思想和行为。这个概念导致了对旧断言的一种古怪的歪曲，即没人可以自由选择他们的法律，也正是由于这个原因，法律并不能以言说的方式形成，而是以因果性方式产生。根据萨卢塔蒂和霍布斯的观点，法律体现了人的自然理性，既然理性对于所有人都是一样的，那么同样的条件必然会产生同样的法律，而不需要去考虑如何做出选择。那么，法律不同于自然的是，它*的确*能够经受住因果分析或科学分析。社会科学中的一个极其重要的传统，即我认为的心理学传统，正是在这种完善版本的传统基督教亚里士多德知识分层论的基础上建立的。

到目前为止，我论证了文艺复兴时期关于法律研究的争论无论是对社会科学的心理学传统还是社会学传统来说都给予了重要的激励。但法律研究者和那些与古典政治理论的马基雅维利复兴有关联的政治作家们之间的冲突，也同样具有广泛影响。正如法律原则的维护者和自命的“文明”代言人所认为的，马基雅维利和法律研究者共同体的根本冲突在于，马基雅维利及其追随者声称存在优先于日常法律、惯

---

① 引自 Eugenio Garin, *Italian Humanism*（Oxford: Basil Blackwell, 1965），32-33，强调是“我（作者）”加的，后文的引用中将简称该书为 *IH*。

例和道德的“政治”因素，法学家们对此认识是非常吃惊的。马基雅维利主义者们重视这样的一种观念，即法律处于次级地位，相比在追求军事荣耀和参与政治活动过程中公民*美德*的自觉训练，法律并不那么重要。波考克（J. G. A. Pocock）已表明 17 世纪、18 世纪很多英美政治著述正是受法律和关于美德的经典观念之间的张力所影响，而这
20 些经典观念都是由马基雅维利提出的。[①]我们将会看到，这种张力是 18 世纪苏格兰社会科学的一个主要特征。尽管其在德国产生影响的时间要更早一些。

要接受马基雅维利的说法，就意味着认同法律从属于政治，以及法学家从属于政治家的观点，可以想象这是法学家们不愿做的事。针对这种状况的一个可能的回应方式，就是为君主提供一种可以替代马基雅维利那类观点的建议，它既应该能提供马基雅维利所声称的那些优点，又应该强调绝对需要以建立适当的法律而非通过仅仅将律法作为额外的附加物的方式，来达到这些优点。这正是德国官房主义者们的回应。他们提供了一类自觉地反马基雅维利式的咨询建议，通过社会和经济生活中的法律规制来构造稳定、富裕及强大的公国。[②]

科学革命引发的新哲学

接下来进入 17 世纪后，术语科学通常用来表示任何组织良好且有可靠基础的知识或实践。因此，17 世纪早期的金匠被认为是在接受一门科学的训练，尽管他们并没有做那种被明确表述的规则所规定的事

---

① 参见 J. G. A. Pocock, *The Machiavellian Moment: Florentine Political Thought and the Atlantic Republican Tradition*（Princeton: Princeton University Press, 1975）。

② 参见 Marc Raeff, *The Well-Ordered Police State: Social and Institutional Change Through Law in the Germanies and Russia, 1600—1800*（New Haven and London: Yale University Press, 1983）。

情。当然，那些想要主张其研究具有科学地位的法学家们则一直在呼吁，要对科学这个术语做具有更强限制性的理解，要将其看作是源于亚里士多德知识分类学，并在受过大学教育的知识分子中形成的普遍知识。但即使是这种理解，也比 18 世纪成为主流的那种认识要宽泛得多。亚里士多德将形而上学放在了他的理论科学中，中世纪的亚里士多德主义者们将神学视为科学的王后，赋予其一种典范的地位。但是在今天，或者说 1750 年之后，大多数人都不再将形而上学或神学看作是科学了。

在后亚里士多德主义语境下，断言哪些领域的知识构成一门科学，几乎完全取决于证明，在理论上赞同其论点必须通过使用三段论逻辑的方式，由初始前提出发推导出结论。到了 18 世纪，虽然仅包含逻辑论证这一点就可被认同为科学的观念仍然是科学的公认定义的一部分，但是人们的注意力已经转向那些限制这个词的普遍用法的其他问题上了。其中首要考虑的问题就是哪些类型的经验基础能为论证所 21
假设的前提给出支持，哪些类型的“原因”可以并应该被进行研究，除了纯粹的逻辑连贯性之外科学知识还应该经受哪些类型的检验，以及科学知识与人类行为之间的关系如何，等等。即使在 18 世纪中期（其实，即使在今天），关于全部这些问题或者其中的一些应该如何得以解决，人们也尚未达成一致的意见，但是候选的答案已经集中在一个很小的范围内。由于在现在被称为科学革命的那个时期，随着自然研究新方法的发展，这些候选答案已经得以凸显，因此我们必须转向这些方面来研究如何在早期社会科学中理解“科学”的内涵。

最早对亚里士多德主义形成挑战的那些具有广泛影响力的观点构成了理解自然的一个整体框架，它具有许多不同的称呼：“神秘主义”（occult）、“灵性主义”（animist）、“埃尔米特”（Hermetic）、“新柏拉图式”（Neo-Platonic）和“帕拉塞尔苏斯式”（Paracelsan）。这些术语中的每一个都反映了一个由某类态度和思维习惯构成的网络体系中的一些元素，这个网络体系被近代历史学家称为文艺复兴自然主义。虽然它主要是在 16 世纪和 17 世纪初得以蓬勃发展，并且在 18 世纪初已不再是一股主要的理性力量，但文艺复兴自然主义在大多数后来的科学传统中都留下了重要的痕迹，并且是塑造官房主义经济，以及从较小的程度上讲，威廉·佩蒂的早期政治经济的主要力量。

最重要的是，文艺复兴自然主义是深刻的且毫不保留宗教因素的，尽管它包含极端的非正统元素。文艺复兴自然主义者在许多方面是各不相同的，但他们在少数的关键性观念方面是一致的。其中最主要的是，基督教徒的最高职责并*不* 是退而沉思，而是直接参与到为改善人类同胞生活而展开的行动中。对于文艺复兴自然主义者来说，仁爱是基督教徒最伟大的美德，而最有希望实现仁爱的方式是重建关于自然的知识并控制自然，这是人类自堕落（the Fall）以来就已经失去的东西。因此，自然知识是通过其潜在的能满足物质需求的能力来定义的，而不是通过与其不受人类影响相关的一些认识论方面的优越性特征来定义的。培根对这种普遍观点进行了总结，他写道：“在自然哲学中，实践结果不仅是改善人类福祉的手段，同时也是对真理的保证。在宗教中有一条真正的规则，即一个人必须通过其*善举*（*works*）
22 来表现他的信仰。同样的规则应用于自然哲学中也是适当的。科学也必须以其*结果*（*works*）而被认可。真理的揭示和建立是以其结果为证据的，而不是逻辑或者观察。从人的命运的改善和思想的提升是同一回事这样的认识中可得出这个结论。”[①]

大多数文艺复兴自然主义者接受了柏拉图式的观念，即宇宙是有生命的，它通过某种世界灵魂，或*宇宙灵魂*（*anima mundi*）的方式获

① 引自 Benjamin Farrington，*The Philosophy of Francis Bacon*（Chicago：University of Chicago Press，1964），93。

得生命。并且，他们几乎普遍致力于将人类微观世界与自然宏观世界诸多层次对应起来，并形成了这样的观点，即我们可利用不同层次的对应知识，来引导那种为宇宙赋予生机的共鸣之力，实现人类的目的。例如，帕拉塞尔苏斯（Paracelsus）认为行星水星既在物质层次上对应于金属汞又在人体层次上对应于生殖器官，因此他应用这种知识，向人们说明可以用汞药来治疗性疾病。最后，大多数人认为内在于物质对象中的是*有能动作用的*原理，它们经常是隐藏的或*隐秘的*，这些原理可以被人发现，然后被人所支配，用来操控自然。当然，重要的问题就是如何发现这些隐藏的支配力。

上帝的确为人类占星家提供了线索。上帝将特定的数学规律写入自然中，以便那些对“数学魔法”感兴趣的人能够尝试发现和利用它们。像约翰·迪伊（John Dee）、托马斯·康帕内拉（Thomasso Campanella）、第谷·布拉赫（Tycho Brahe）、约翰尼斯·开普勒（Johannes Kepler，在其早期著作中），甚至约翰·威尔金斯（John Wilkins）等人都沿着这些线索进入天文学和力学的研究领域中。上帝也提供了一些可直接被识别的迹象，以暗示某些客体的用途；发现这些迹象的唯一方法是累积大量的经验。帕拉塞尔苏斯和他的追随者可能是古典权威者最强劲的对手，他们主张通过直接经验和*实验*来探寻自然知识。不过，他们在重新强调经验第一性的同时，也是受近代博物学和医学所支配的。

一些20世纪的读者似乎认为我过度纠缠于一个非常明显且荒谬的观点，但至关重要的是我们应该认识到，不是所有近代科学家或自然哲学家都认同文艺复兴自然主义者对经验的极端强调。科学革命中的许多伟大人物，包括勒内·笛卡儿、克里斯蒂安·惠更斯（Christian Huyghens）和戈特弗里德·莱布尼茨，都采取了一种完全不同的获得科学知识的方法。虽然他们并不否认自然科学必须在某种程度上最终 23

应与经验相符，但他们认为获取科学知识的起点应该是与经验无关的，他们发现只有理性才是起点。因此，例如，当莱布尼茨面对罗伯特·波义耳（Robert Boyle）关于空气压力的一系列壮观实验时，他对波义耳的策略进行了批评，他写道：“他只不过是从大量的完美实验中得出一个结论，他本该将其作为第一性原理；那就是自然界中的一切都是以机械的方式运行的。*这个原理只能通过理性而不是实验来得到，不管做多少次实验都是不可能的。*”[①]我们会在后面再讨论这个机械论解释的问题；就该评论的这种观点来说，重要的是，它否定了科学的第一性原理具有经验来源这种认识。对于实践目的而言，这种长期以来被称为“理性主义”的观点由勒内·笛卡儿发扬光大，通过对希腊怀疑论哲学的解读，他对感官经验的信心被削弱了。

为了解决如何揭示科学推理的起点这个问题，笛卡儿大量采用了他从欧几里得几何学中获得的知识，因为这看起来是唯一能摆脱怀疑论者批判的知识模型。他认为几何学的初始命题并不是以经验归纳的方式产生的；相反，它们是由*直观*直接产生的。笛卡儿在 1628 年撰写的《指导心灵的规则》（法语为 *Regulae ad directionem ingenii*，英语为 *Rules for the Direction of the Mind*）一书中，试图将这一概念扩展到几何学之外，解释什么是他所谓的“直观”：

> 我所理解的直观，指的并不是通过感觉的易变表象，也不是进行虚假组合的想象所产生的错误判断，而是指纯净而专注的心灵的构想，这种构想如此容易且独特，以至于我们完全不会对我们所理解的事物产生任何怀疑……*它仅来自理性之光*……因此，每个人都可以用心灵来得到对这些事实的直观认识：他存在，并

① 引自 Marie Boas Hall in “Science in the Early Royal Society,” in Maurice Crosland, ed., *The Emergence of Science in Western Europe*（New York：Science History Publications，1976），74. 强调是“我”加的。

> 且他有思想；三角形仅以三条直线为界，球体由一个表面来限定，等等。①

直到18世纪后期，这种“理性力学”的倡导者让·达朗贝尔（Jean D’Alembert）和约瑟夫·路易斯·拉格朗日（Joseph Louis Lagrange）在看待科学的基本原理时仍然坚持这种笛卡儿式的观点，后来这种思 24
想被霍布斯和贝内迪特·斯宾诺莎（Benedictus Spinoza）引入到社会科学中。

大多数赞同笛卡儿的这种认识，即认为科学的初始原理一定“仅来自理性之光”的人，也赞同他的另一种观点，即欧几里得《几何原本》（*Elements of Geometry*）的演绎模型提供了一种从基本原理演变到科学结论的理想方式。这些人被认为是满怀着*几何学精神*（*é spritg é om é trique*）的，他们试图以适当的定义、假设、公理和定理，将所有的科学知识都以假设-演绎的形式表达出来。即使一些不同意笛卡儿关于科学的第一原理具有非经验性质的人，也接受了他对科学论证的假设-演绎结构进行强调的观点。例如，艾萨克·牛顿（Isaac Newton），其著名的反笛卡儿主义作品《自然哲学的数学原理》（拉丁语为*Philosophiae Naturalis Principia Mathematica*，英语为*The Mathematical Principles of Natural Philosophy*，1687年，简称《原理》）也是以这种方式写成的。

与笛卡儿的*几何学精神*最紧密相关的那类科学的另一方面特征值得我们给出评论，因为它在早期社会科学中占据核心地位。当笛卡儿试图弄明白为什么数学家在解决问题方面似乎总是如此成功时，他发现他们经常使用把一个非常复杂的问题分解成一系列相对简单的问题

① René Descartes, *The Philosophical Works of Descartes*, ed. E. Haldane and G. R. T. Ross（New York：Dover，1955）volume 1，7.

的策略，首先解决这些简单问题（有时要通过将它们分解成一组甚至更简单的问题的方法），然后将简单问题的解联合起来解决最初的问题。当我们逆向思考欧几里得原理时，这种策略和欧几里得*几何学精神*之间的联系是显而易见的。后面的复杂定理通过对前面更基本的定理的证明来得到，并且该过程可以一直循环直到简单的初始定义、假设等。这种策略在后来的亚里士多德主义者那里又被放在关于分解和组合的方法的话题中而被广泛讨论，但是笛卡儿的表述是非常清楚的，它激发了人们对那种最终被称为*分析*和*综合*的方法的广泛兴趣。分析主要是将最初的复杂问题分解成更简单元素的过程，而综合则是将它们重新组合以重构初始整体的过程。不确定的是，这种方法是否适用于自然哲学家感兴趣的所有问题，但是对于接下来要讨论的一类问题来说，它的应用是如此成功，以至于该方法看起来具有普遍适用性。

25 在 17 世纪，无论你是倾向于支持来源于文艺复兴自然主义的对实验和经验的重视，还是作为一个理性主义者赞同笛卡儿对几何学的重视，抑或是结合了两者的观点，你都很可能受到所谓的机械论或微粒论哲学兴起的影响，它影响到了方方面面的方法论。术语机械和微粒，在罗伯特·波义耳那里几乎是可互换使用的，它们分别对应于两个不同的来源，二者结合在一起，渗透在 17 世纪初自然哲学的大多数研究中。

形成新方向的一个重要来源是古代伊壁鸠鲁（Epicurus）和卢克莱修（Lucretius）的原子论的复兴。经由法国的皮埃尔·伽桑狄（Pierre Gassendi）和英国的沃尔特·查尔顿（Walter Charleton）等学者小心地将其反宗教根源剥离之后，该学说主要的观点是，物质世界中所有的物体和事件都可以被理解为各种形状固体微粒运动和相互碰撞的产物。这样的粒子自身并没有任何推动力，因此，按照莱布尼茨的话来说就是，“一个物体永远不会自然地移动，除非另一个物体与其接触并推动它……任何其他类型的物体作用均为奇迹或者假想”。[1]许多自然哲学家极不情愿地声称，这种粒子主义并没有扩展到人类思想和精神领域，所以它不会与正统的基督教产生冲突。但有些人，如霍布斯，拒绝做这种划分。无论他们是否将粒子主义扩展到人类问题中去，所有接受原子主义观念的人最终会拒绝基于文艺复兴自然主义的一个推论，即遍及宇宙的是有生命的宏观对象和主动的作用力。

自然哲学对万物有灵论观念的摒弃被机械论哲学的第二个来源所强化，即近代时期无处不在的对复杂机械装置和各种人工制品的经验与熟知。虽然时钟在当时已成为所有机器的象征，但是在 16 世纪晚期到 17 世纪早期，普通的城市中上层市民已经接触到了各种各样令人称奇的机械装置。在剧院里，精心设计的舞台设备已成为娱乐活动至关重要且令人热切期待的部分。在任何较大的公园或私人花园里，当隐藏在小路中的开关被踩到并激活时，液压驱动的自动设备就会升起来，发出鸟鸣声并旋转起来。音乐，特别是教堂音乐，受到了结构越 26
来越复杂且宏大的管风琴的显著影响。皇帝和亲王们都在修建博物馆或*美术馆*（*Kunsthäuser*），并将非常吸引人的手工艺品放在了里面，其中尤以后来的法贝尔彩蛋（Fabergé eggs）最为引人注目。对于下层阶级来说，他们可以花费不多的入场费，去观看由原来是军事工程师的企业家们建造的机械夸克鸭（quacking ducks）和弹琵琶的女子（lute-playing ladies）等新奇的东西。所有这一切都是建立在那些支撑商业和军事技术的机械构建能力之上的。为了提高运输效率而建造的装卸船舶的大型起重机、水闸和运河，用于纺织工业的新型织布机，用于金属加工的夹板锤，以及最重要的导航和测量仪器，等等，这一系列不计其数的新设备，为人们理解自然现象提供了新的隐喻、类比和模型。

① 引自 Mary B. Hesse，*Forces and Fields*（London：Thomas Nelson，1961），160。

就本书的目的而言，机械论和微粒论哲学最重要的一个方面就是，它们强化了那些将笛卡儿的分析方法视为发展科学知识的核心方法的人的观点，因为人们几乎是不假思索地就会用分析方法来研究机器。如果一个人可以将一台机器分解成它的组成部分，如齿轮、弹簧及其他部分，然后重新将它们组装起来，那么我们就能明确地说他了解了这台机器。更重要的是，一个人可以说对一台机器的每个部分具有完全的了解，而不需要知道各个部分对机器的整体功能有何贡献。因此，机械师可以从机械制图中制造时钟的每个部分，而不知道时钟的目的或每个部分对实现时钟功能所起的作用。霍布斯试图在理解国家的概念时也采用这种假设，即国家的组成部分——它的个体公民——在抛开其整体功能的前提下，必须首先是可被理解的。显然，这颠覆了阶层有序的意识形态的基本前提，这种观点认为个体的意义是与他们在社会中的具体职能紧密联系在一起的。

第三章
文艺复兴时期的自然主义与德国官房主义传统下的政治经济学

1668 年，当波兰王位由于约翰·卡西米尔（Johann Kasimir）退位而空缺时，来自意大利佛罗伦萨、法国和莫斯科的几位候选人对王位展开了竞争。作为预选举演练的一部分，美因茨（Mainz）选帝侯雇用了两名自由知识分子，帮助他的朋友菲利普·威廉·冯·诺伊堡（Philipp Wilhelm von Neuburg）巩固王位。他的第一个代理人戈特弗里德·威廉·莱布尼茨采取了一种高智商的策略。在一本标题为“根据一种能够提供精确、清晰和确定性的新论证方式，对波兰国王选举进行政治分析的案例”的小册子中，他声称他证明了冯·诺伊堡应该当选。莱布尼茨依照由笛卡儿、霍布斯和斯宾诺莎倡导的一种几何式风格来写作，他很注重数学的确定性，这种确定性在当时已开始向其他科学扩散，并被断言将会被扩展为关于公民事务的确定性。[①]约翰·约阿希姆·贝彻，莱布

① 关于莱布尼茨和贝彻关于波兰选举所进行的活动的例子，以及接下来“我”将要讨论的几乎所有关于约翰·贝彻的政治经济的例子，大部分来自帕米拉·史密斯（Pamela H. Smith）未发表的博士论文《关于炼金术、信用和商业的话语和活动：在神圣罗马帝国宫廷的约翰·贝彻，1635～1682 年》（约翰霍普金斯大学，1989 年）。被引用内容在莱布尼茨小册子的第 242 页。史密斯的论文将在下文引用时简写为 *AC&C*。

尼茨在该事业方面的同盟者，同时也是他在宫廷中经常遇到的竞争者，采取了一个非常不同的策略，这种差异性能引领我们洞察科学方法在17世纪的德国是如何渗透到经济和政治议题中去的。

28 表面上看，贝彻为冯·诺伊堡代言的努力对于20世纪的读者来说，似乎与科学几乎没有或者完全没有关系，但我会试图说明，这的确是一种研究国家和经济事务的典型科学方法，这种方法主要结合了那些从文艺复兴时期博物学家的炼金术和医学研究中获得的观点及方法。如果冯·诺伊堡当选国王，贝彻计划倾其才华并利用其人际关系，帮助他建立一个股份公司，在他所管辖的贫穷和落后的波兰土地上生产及销售羊毛、丝绸、葡萄酒和糖。贝彻的关系网将保证他能吸引富有的投资者。而冯·诺伊堡在生意上的信誉——他的社会“信用”——将保证潜在投资者的投资安全，特别是因为他将会承诺在波兰让该公司享有特权。开展商业活动，将为波兰这块土地及其统治者带来名利、繁荣与和平。冯·诺伊堡是唯一能够实现该计划的候选人，因为大多数候选人要么信用不够，要么因为已占有商业发展成熟的领土而不愿意发展商业，以避免和已有领土上的商业活动形成竞争。像莱布尼茨一样，贝彻声称他的建议有一种特殊的权威性。他写道：“这是帮助波兰的唯一*公正且合法*的方式，并将赋予其信誉、名望、繁荣、认可和声誉；对于那些生活安宁的地方，导致派系争斗和战争的焦躁不安的情绪将会消失，人们会因利益而团结起来。”（*AC&C*，244）

尽管他们都声称自己的观点具有确定性和公正性，但贝彻和莱布尼茨的联合努力还是没能让冯·诺伊堡赢得王冠。但直到法国大革命之前，贝彻依然通过他的著作，特别是他那本《关于城市、领土和共和国进步和衰落的真正原因的政治论述》，在塑造中欧宫廷对经济问题的态度和政策方面继续发挥着重要作用。上述著作出版于1668年，于1673年扩充，1688年再版，并于1754年由乔治·海因里希·辛克

[George Heinrich Zincke，莱比锡的法学教授和“国民经济学”（Kameral-Wissenschaften）教授] 复兴。该书在 18 世纪下半叶不断被再版，它清晰地呈现了贝彻为冯·诺伊堡辩护所依赖的基础。

官房主义的政治与经济背景 29

当三十年战争于 1648 年结束后，无论在任何名义下原先统一的神圣罗马帝国都完全被破坏，中欧被分解成 300 多个大小不一的公国。这些公国实际上分别是那些拥有绝对权威的君主通过一组政府部门或议事委员会来统治的，而管理议事委员会的大臣大部分是从那些有封地却很贫困的贵族中选出来的。原先属于帝国的那些旧的自由城邦，也就是那些在中世纪中期主导德国国际贸易的城市，以及那些建立了由手工业行会管理的独立政府的城市，失去了其经济实力，并已分别服从于各诸侯，诸侯们则将他们的宫廷设在了这些城市中。

三十年战争期间人口和财富的大量流失，导致了经济活动完全停滞这样的严重事实。教权和王权持续了一个多世纪的冲突，终于以这场战争的方式达到了顶峰，它导致许多地区的人口减少了 1/3，并且由于军队的劫掠，大量的房产被拆除或者被破坏。正是由于这种普遍贫穷的现实，各诸侯国君主或者更精确地说是各诸侯国财政部长的当务之急，是尽快获得现金。他们急需现金来购买雇佣军以击退外部侵略并维护内部安全，而且宫廷活动也需要资金，因为大量的资源会被用于奢华的展示活动中。

展示的结果是至关重要的，这不仅是因为宫廷投入的资金大部分被国外音乐家、演员、建筑师、艺术家等人得到，并且因此流失到了君主的领土之外，更重要的是因为这代表了上层贵族对于金钱的态度。很少有君主会赞同城市中手工业者和商人对金钱的观点，即它们应该被投入生产中去。相反，他们认为利用金钱进行公开的炫耀和展示是建立其名望与荣誉的一种方式。大多数君主和财政部长（在这方面他们通常与其君主的态度一致）竭力地从他们的领土及管辖对象身上榨取金钱，而不去关心如何能够利用这些金钱产生更大的财富。因此，当时宫廷学者的主要工作目标就是解释经济如何，以及如何对其
30 进行管理，从而最大限度地增加国家的财富和君主的收入。这些学者典型的如贝彻的内弟（brother-in-law）菲利普·冯·霍米克（Philipp von Homigk）[①]，以及他在利奥波德（Leopold）宫廷的继任者威廉·弗雷·冯·施罗德（Wilhelm Freyherr von Schröder）。

当他们向其君主提出建议的时候，这些人同时也正在寻求庇护。与许多后来的经济思想家不同，他们最开始并没有将经济问题作为主要问题，也没有要求政府应该如何做来应对经济需求。相反，他们首先需要解决的是专制政权的财政需求，被要求的任务是研究如何合理、有效地组织和管理经济，以最好地满足这些需求。他们把经济看成是一个会下金蛋的鹅，他们主要关心的是蛋，而不是鹅本身。然而，与他们在宫廷中的前任不同的是，霍米克等人更加专注于保持鹅能够活着并且健康，因此这就使得他们的兴趣远远超过了纯粹地收集金蛋这个过程。

这一群体所坚持的总体观点或许在 1686 年冯·施罗德的《君主的宝藏》（德文为 *F ü rstlicheSchatz-und Rent-Kammer*，英文为 *The Prince's Treasury*）一书的序言中表达得最清楚也最简单：

> 那些公正地研究将一个国家的各种成员们联系在一起的纽带的人们必须承认，根据合理的理由和经验，*国民的幸福和安康是*

---

① 菲利普·冯·霍米克 1684 年的 *Oesterreich über alles, Wann es nur will*［（奥地利语“总之只要她愿意”）一书是公认的创建“重商主义”经济理论的文献之一］。

> 作为统治者的君主幸福的基础……普通国民并不会满足于国王的言语。他们想要过好的生活，有闲暇的时间并获得保护。因此，我将从总体上阐明那些君主可以用来使其国民幸福安康，使其领土繁荣富强的所有可能手段和方式。然而，为了不使君主犯横征暴敛和苛政统治的错误，我建议他们仅在必要时才下命令，仅征收民众能承担得起的税收。为此，有必要禀报君主关于其领土与臣民，以及与他们安居乐业有关的事情。①

除了少数特例外，17 世纪官房主义改革者们的主要关注点是与经济有关的商业领域，这里有必要针对这种强调商业的理由做出一些评论。传统上，君主们主要从其领地的农业生产中及自由城市出口的商品的税收中获得收入。他们既不尝试投资于商业活动，也不干涉城市工匠和商人的活动，他们实际上是用他们的税收购买不受约束的经营 31
权。无论是君主还是他们的贵族顾问，都不希望由于参与商业活动而使自己的社会地位降低。但是，农业生产率下降和出口手工制品数量的减少，再加上军备需求和宫廷生活成本的日益增加，使君主们陷入了难以应对的财政困境中，因此必须采取特殊措施。贝彻和他的官房主义同人们认为商业领域为君主们提供了一个振兴经济的新机会。

一方面，贝彻和其他受早期官房主义传统影响的学者们，不得不与腐朽土地贵族的反商业偏见作斗争，这些人担心如果政治权力与纯粹的财富建立密切关联的话，他们的地位会受到侵蚀。另一方面，他们还必须与城市工匠和商人公会作斗争，他们反对由宫廷资助的商业企业带来的竞争，甚至反对国家对其经济活动的监管。

面对几乎来自传统上各个强大利益集团的反对，官房主义者们的

---

① 引自 Albion W. Small，*The Cameralists：The Pioneers of German Social Polity*（Chicago：University of Chicago Press，1909），142-143。本书在下文引用时将简写为 *Cameralists*。

成功令人印象深刻，他们推动君主促进和规范商业活动。这些人之所以能取得成功，并不仅仅是因为经济危机，而且还因为他们能给出一系列令人信服的论证，从而达成两件重要的事情。第一，他们将君主的利益与社会的共同利益联系在了一起，将其放在了任何个人和团体利益之上，并设定了集体主义的氛围，弥漫于德国的社会思想中直至19世纪。第二，它们将社会的福祉与商品的生产、分配和消费联系了起来。

为了完成第一个目标，他们持一种强烈的宗教的且反权谋主义的态度，支持君权神授，同时为他们提供一个承诺——或假象——让他们获得此世的财富并让其灵魂在下一世得到救赎（见 *The Cameralists*, 143）。为了实现第二个目标，他们给出的论证表明，他们的大部分话语和灵感来自那些与文艺复兴时期博物学家们的科学相关的医学和炼金术学说。我们下面要讨论的正是这些论证和他们的灵感来源。

32 炼金术、经济理论与工商业的振兴

在中世纪关于经济活动的几乎所有讨论中，所有活动的地位及其合法性取决于其对社会福利的贡献。对贡献的理解则仅限于物品的生产和提供的直接服务。因此，农业是所有人类活动中最受人尊重的，因为公众的生存取决于充足的粮食供应。从12世纪开始，如木工和鞋匠等手工业者——它们一直都是被社会认可的——的社会地位是逐渐上升的，因为他们逐渐被认为是对上帝创世活动的模仿。如女佣或货物的运输商等职业也是可接受的，但他们的社会地位较低，因为他们在某种程度上似乎不太重要或不具有创造性。在这样的整体结构中，商人和金融家的活动被认定为处于非常低的地位；事实上，教会法规规定神职人员禁止参与这些活动。这是因为他们没有生产物品，没有

提供直接服务，因此似乎在根本上是寄生性活动，消耗了社会的财富，却不提供任何回报。因此，这些角色通常被丢给社会边缘群体——犹太人和外国人——来扮演，并被从事农业的上层阶级和手工业行会的成员们所鄙视。

为了论证商业在社会经济生活中发挥着积极的并且具有建设性的作用，贝彻专注于分析一类典型的商业公司——*投资公司*（*Verlagen*），并将从炼金术中获得的见解应用于其中。根据传统的经济思想，在说明商业的寄生性质方面，没有其他公司能够比*投资公司*更合适。这类公司以低价购买了土地上的自然产物，然后将它们送到手工业者那里，付其最低工资将农产品加工成成品。最后，他们出售成品，为他们的投资者赚取巨额利润。在这个过程中，公司实际上没有生产任何东西，或者向任何人提供任何明显的直接服务，但公司似乎能够产生货币。

贝彻将这类商业过程类比为炼金术中的一个问题来分析。一般来说，炼金术士试图人为地加速或模仿自然发展过程。例如，金属被理解为经由持续的衰亡和重生过程，会在地球的子宫内缓慢生长为完美 33
的金子。贱金属被认为在自然腐化过程中被消耗，就像一个有生命的种子，在其母体植物死亡后，将会被埋在土壤中，以重新成长为一株新植物。但在金属的例子中，重生是一个新的、更完美的形式。炼金术士试图通过人为地溶解和加热不完美的金属来加速这个过程，以加速它们的衰亡和重生。在某些情况下，他们使用一种特殊的物质，即被认为是哲学家之石的物质，可以帮助新生金属的种子“繁殖”，就像肥料促进了谷物种子的繁殖。就本书的目的而言，至关重要的是，我们需要认识到，大多数炼金术士，包括贝彻，并不认为哲学家之石会对化学过程提供任何实质性的贡献。它仅仅以一种生命化原则的形式存在，或者在文艺复兴术语下，以“灵魂”（*anima*）的方式存在。用现代化学做类比，哲学家之石可被比作催化剂，它可以加速化学反应或驱使其朝特定方向发生，但它并不是反应物本身。

谈到商业活动，贝彻认为，就像哲学家之石在炼金术中的作用，商人为经济进程提供了同样的生命化原则或者说灵魂。的确，在没有*投资公司*这样的商业机构的情况下，存在一类自然过程，按照该过程，农民种植和收获的农作物，或开采的矿产可以由工匠直接购买，转化为成品并由工匠出售给消费者以获得现金，但这个过程非常缓慢，无法以足够快的速度来创造出能满足君主及其宫廷需求的金钱。然而，由于投资者在投资公司和贸易公司提供的对生产过程的人为刺激下，土地上结出的果实的经济转化被极大地加速，金钱也迅速得以增加，以致国家可以提取过剩的部分，而不会对其公民造成严重的负担。

鉴于这种情况，贝彻现在就将商人视为君主的“政治家之石”及整个社会的“滋养者”。此外，在商人中，他认为*投资者*（*Verlager*）是“社会的基础性支柱”（*The Cameralists*，128）。以这种方式，他找到了一种使商业活动合法化的方法，使其成为社会的核心，并对传统宫廷在促进商业方面犹豫不决的态度形成了挑战。事实上，在 1675 年，他成功地让利奥波德一世（Leopold I）在维也纳之外建立了一个
34 示范性的商业公司——*Kunst-und Werkhaus*，并任命他为负责人。贝彻的政治敌人很快削弱了他在宫廷的地位，他于 1677 年转赴荷兰为宫廷提供服务，后来又去了英格兰，直至 1682 年去世。尽管如此，*Kunst-und Werkhaus* 却一直都是促进商业的中心。

尽管贝彻对炼金术和商业充满了热情和尊重，并且他坚持认为二者都为国家贡献了巨大的利益，但他并不信任炼金术士和商人。他的观点几乎肯定是正确的，他相信前一种人中的大多数都是骗子，后一种人中的大多数则只顾中饱私囊，而不关心服务于公共利益。这种不

信任使他坚持认为，炼金术和商业必须由国家来促进和鼓励，并要受国家的监管和控制，以确保公共利益不会因个人利益而受损。例如，贝彻和与他观点相近的所有同人们都企图限制进口那些可以在本地生产的外国货物，因为货物进口不仅会导致国家保有的原产国货币受到损失，而且会导致本地工作机会的减少及人们收入的降低。他们试图制约公会的垄断和特权，因为后者会阻止有生产力的手工业者移民入境。然而，与此同时，他们反对商人彻底破坏手工业者协会的企图，因为这种做法导致工资水平出现超出可控界限的下降。因此，他们在积极鼓励商业活动与为了公共利益而坚持由国家来控制所有经济活动之间做出了平衡。

贝彻提出的最后一个观点经由皮埃尔·布阿吉尔贝尔（Pierre Boisguilbert）及其他人的推广，对后来的经济理论产生了重要影响。这一点就是，*消费*或我们现在所说的对商品的*需求*，是推动经济活动及将就业率保持在高水平的原因。因此，贝彻认为，传统美德，如节俭和朴素，如果过于普及的话，将是灾难性的。事实上，贝彻讲述过一个几乎肯定是假想的故事，他说伊丽莎白一世时期英格兰在经济方面做过一件非常明智的事，当时他们为了恢复对织布工种的需求，燃烧了大量的羊毛布储备。一个人的支出是另一个人的收入，这是贝彻经常强调的一点，约瑟夫·熊彼特（Joseph Schumpeter）甚至将之称为“贝彻原理”。①

① Joseph Schumpeter, *History of Economic Analysis* (Oxford: Oxford University Press, 1954), 283-284.

第四章
理性主义机械论哲学和心理传统下的社会科学

1641 年 7 月下旬，托马斯·霍布斯在巴黎给他的资助人威廉·卡文迪许（William Cavendish）爵士写了一封信。在那里，他正在与马林·梅森（Marin Mersenne）和皮埃尔·伽桑狄一起开展一项宏大的理性研究计划。在前往欧洲大陆的旅行中，霍布斯已经迷恋上几何方法和机械论哲学。现在，他正致力于发展一个可将物理属性、人类属性，以及社会和国家属性统一的机械主义哲学系统，因此他寻求当时两个重要的机械论哲学家的帮助，以给予其鼓励和关键性的建议。

表面上，霍布斯给卡文迪许的信中最重要的部分与他的哲学计划没有直接关系。然而正相反，它试图鼓励伯爵坚持其对英国圣公会教派阶级的抨击，因为他们在英国的政治影响力正在增长。霍布斯因宗派主义而深感不安，他们似乎要让清教主义彻底占领英国。但是更让他感到焦虑的是英国圣公会宣称其具有独立规定经文意义的权利，该权利甚至独立于国王的意志。他之所以会为此而痛苦，是因为在 1641 年，霍布斯特别恐惧内战将至，他写信给卡文迪许说，“在有基督教存在的所有地方，相比世界上任何其他事情，*宗教*和*世俗*权力之间的分歧已经是造成内战的最主要原因了”[①]。

在接下来十年中的大部分时间里，霍布斯一直致力于给出一个令人信服的论证，以证明将所有社会权威，包括宗教和世俗的权威，统一在君主手中的重要性。这正是其政治主张与哲学观点相交汇的地方。他不仅致力于将其哲学研究的方法和结果与促进君权统一的活动相协调，而且他的方法本身也是基于他对理性权威的态度来选择的。

霍布斯社会科学的政治背景

就像贝彻的官房主义经济理论用其特有的方式回应 17 世纪德国的政治现实和经济危机那样，霍布斯的心理学和政治理论也是在回应 17 世纪早期英国经济现实及宗教和政治危机的背景下逐渐形成的。

斯图亚特王室面临的问题与 17 世纪初德国君主们面临的问题有很大不同，因为英格兰作为一个岛国是相对孤立的，这使得它自 14 世纪中期以来经历了一个独特的经济、宗教和政治的发展过程。在 14 世纪初的瘟疫结束之后，相比于欧洲大陆，英国农民阶级更加成功地把握住了农业劳动力需求增加的机会。在该世纪后半叶，他们的实际收入增长了 50%，同时向封建领主服务的义务也减少了，而且租金固定的长期租赁的租约也增长了。结果，大量财富从贵族阶级转移到了农民阶级手中，到接下来的一个世纪，最成功的农民阶级已经开始用他们的财富从那些不怎么成功的贵族手中购买了小农场，从而诞生了一大批具有土地所有权的农民。

在 16 世纪，自由的农民及他们在城市中的同类人，即那些通常用

---

① 霍布斯给卡文迪许的信，1641 年 7 月 23 日，引自 Steven Shapin and Simon Schaffer, *Leviathan and the Air-Pump: Hobbes, Boyle, and the Experimental Life* (Princeton: Princeton University Press, 1985), 311，后面的引用将在文中简写为 *LAP*。

他们的新财富来购买土地的商人们，在经济方面的发展得以加速。这
37 个过程创造了一类相对较大的拥有土地的“绅士”阶级，与此相伴的是传统贵族数量的相对收缩，以及更庞大的贫穷工薪阶层的形成。典型地，近代英格兰新出现的地主阶级始终保持他们的租金收益和利润的增加高于工资水平的增长。

随着人口稳步增加，农产品的价格增长比整体通货膨胀率（1500～1640 年共 600%）更快，这使得农民的可支配收入得以增加。[①]其中的一些收入用于购买消费品，这就导致了对工匠和商人提供的服务的需求不断扩大。另一些收入则用于牲畜、农场设备和农场建筑的资本投资，这就提升了生产率和利润，并降低了对劳动力的需求，从而导致农村的工资水平下降。最后，还有一些收入用于购买更多的土地。

在 16 世纪初，亨利八世没收了天主教会的土地。这些土地（几乎是英格兰总土地面积的 25%）逐渐被卖掉，以为皇家提供收入。在大多数情况下，这些土地转移到了旧贵族手中，但到该世纪末，这些土地中的大多数已经流入了新绅士手中。

日益富裕但并非贵族的地主阶层及农村工薪阶层的形成，产生了巨大的社会和政治影响。都铎王朝的君主们试图利用新崛起的绅士，来稀释旧贵族所拥有的那些可与国家政权相抗衡的权力。为了达到这个目的，他们赋予绅士大量的地方政治权力，包括任命治安官员的权利。此外，他们改变了议会的结构，增加了土地所有者的席位，并将其分为两院，即上议院和下议院，将其规模从 300 人扩大到 500 人。但通过增加绅士阶级的政治权力，都铎王朝实质上是在培养巫师的学徒（sorcerer’s apprentice）。随着政治权力的增长，绅士阶级越来越认为

① 参见 David McNallay，*Political Economy and the Rise of Capitalism*（Berkeley and Los Angeles：University of California Press，1988），5。

这种权力是他们自己的，而不是由皇家授予的。到17世纪初，这个在地方政治权力方面已经根深蒂固的阶级，通过其在下议院的代表及其对普通法法庭的控制，已经开始挑战王位本身了。

绅士阶级的崛起也大大改变了传统的经济和社会关系。随着占主导地位的自给自足经济逐渐被以市场为主导的经济所取代，一方面，富有的土地所有者和富裕的农民之间的差距越来越大；另一方面，由 38
失业的劳动者转变成的穷人也越来越多。社会紧张局势加剧，地方叛乱变得更加频繁，有产阶级对于爆发革命的可能性的担忧越来越多。

导致16世纪后期英格兰政治和社会紧张局势加剧并使其复杂化的，是宗教紧张局势，它再现了导致欧洲大陆公开战争爆发的那种宗教原因。由亨利八世创立的英国圣公会是一个新的教派，尽管它保留了许多天主教的仪式和类似于天主教会的复杂教士等级。在此基础上，它在教义方面却更接近路德派而非加尔文派。在16世纪中叶都铎王朝信奉天主教的玛丽女王的短暂统治结束之后，在加尔文教派中心如日内瓦和苏黎世等地流亡的许多圣公会神职人员打算推动教会朝加尔文派的方向发展。然而，这些“清教徒”受到了来自国王和保守的神职人员的反对，因为在他们众多的主张中有这样一条，即他们试图取消教会的等级结构，剥夺王权任命教会职务的权利。结果，英国宗教派系之间的关系日益紧张，随着一些热切的传道者鼓励下层阶级进行叛乱，以及一些非贵族议员将由君主控制的教会等级制度的崩溃看作是增加自己政治权力的途径，这些宗教派系之争与社会和政治问题紧密地交织在了一起。

由于种种原因，伊丽莎白允许英格兰存在实质上的宗教多样性，但这种政策导致了分裂和紧张的加剧。当詹姆斯·斯图亚特（詹姆斯一世）在1604年登上王位时，他面对的英格兰在社会叛乱及宗教和政治无序方面似乎都对他造成了威胁。这也正是托马斯·霍布斯的观点。毫无疑问，皇族对于英格兰即将崩溃的恐惧是有妄想成分的，但是由于斯图亚特家族旨在通过压制宗教异议并将皇家意志强加于国会和宗教阶层的方式将英格兰建成一个专制国家的政策，很快迫使所有反对势力变得更加强硬，事实上导致内战一触即发。

古代原子主义、机械论哲学、霍布斯心理学与政治学

当霍布斯在19岁离开牛津，成为威廉·卡文迪许的家庭教师时，
39 他对于数学或自然哲学并无兴趣。总的来说，他的态度似乎反映了意大利人文主义者科鲁乔·萨卢塔蒂的观点。随着霍布斯对英国政治进程关注的加强，他的第一反应是一种典型的人文主义者的反应。在1628年，他将修昔底德（Thucydides）的《伯罗奔尼撒战争史》（*History of the Peloponnesian Wars*）一书译成了英文，在很大程度上是因为它似乎如此完美地展现了民主所固有的危险。不久之后，霍布斯和他的学生一起去了欧洲大陆。在那里，他经历了认识上的理性转变，先转向了信仰几何学，后来是机械论哲学。他没有失去对政治问题的兴趣，而是将自然哲学应用其上，并在17世纪30年代初制订了他的计划，即从三个层面建立一个完整的哲学体系。第一层面研究的是运动的*物体*或物质。第二层面是将*人*看作是一类处于特定运动状态的物体。第三层面主要涉及*公民*概念，并研究如何利用关于人类特性的知识来建立一个稳定的国家。

霍布斯的几何学方法论和机械本体论融入了他的各类著作中，但为了阐述的简单性我会将两者分开来介绍，首先将讨论其体系关于机械论方面的内容，在此方面他更偏向于基于心理学的动机，而在他的政治论著中，如对人类特性进行分析的代表作《利维坦》（*Leviathan*，1651年）中，几何学方法则最受关注。

霍布斯希望发展出一种关于人类心理的机械论解释的尝试在17世纪中叶绝不是孤立的。笛卡儿在其著作《论灵魂的激情》（法文为 *Les passions de l'âme*，英文为 *Passions of the soul*）和《论人》（法文为 *Trait é de l'homme*，英文为 *Treatise on Man*）中提出了关于人类感觉的机械解释，梅森及不少笛卡儿主义者们也是这么做的。其中有一个人，弗朗索瓦·普利安·德拉巴雷（François Poullian de la Barre），甚至在其1673年的著作《关于两性平等的自然与道德论述》（法文为 *De l'égalité des deux sexes: Discours physique et moral*，英文为 *A physical and moral discourse on the eguality of the two sexes*）中将分析方法用于实现一个明确的社会性目标，他认为因为妇女具有与男性相同的感觉器官，以及在解剖学上无法区分的脑部，所以二者并不存在显著的智力差异。[①]但是霍布斯与这些笛卡儿主义者们不同，他既要探寻道德和社会方面更加透彻的结论，又坚持纯粹唯物论的心理学解释。

笛卡儿主义者们将身体与精神或心灵区分开来，他们在解释感觉器官如何工作，以及物理刺激如何从身体传递到大脑的时候，采用的是机械论的方式，但是当他们解释心灵或精神是如何为了实现有意识的目的而调用知觉时，则又放弃了他们坚持的唯物论。即使是伽桑 40
狄，古原子主义的复兴者，也坚持认为存在一个非物质的精神领域。但霍布斯却并不回避纯粹的唯物论，这在很大程度上是因为未经改造的原子论中的唯物论观念与他的反教权态度相当契合。

根据霍布斯的观点，“无形实体”这一概念在字面上是无意义的，物质需要具有广延性并且因此需要是实体。他认为，牧师将无形实体的概念灌输给那些无知的人，他们试图利用人们对无形力量的恐惧，

① 参见 Linda Schiebinger, *The Mind Has No Sex? Women in the Origins of Modern Science* (Cambridge, Mass.: Harvard University Press, 1989)，第175～179页中关于普利安·德拉巴雷的论述。

然后宣称他们拥有一种特殊能力，来面对这种力量。“借由他们对魔鬼学的研究、驱魔术的使用，以及其他的一些附属仪式等”，霍布斯在《利维坦》中写道，牧师“拥有，或自认为他们拥有，使民众敬畏的力量……（并以此）减少臣民们对其国家君主权力的依赖”。[1]与伊壁鸠鲁和卢克莱修的观点一样，霍布斯认为，消除这些有害信念的最好办法是提供一个令人信服的新的宇宙论，在其中应避免引入虚构的精神或无形的存在物。

虽然霍布斯的唯物论哲学是受古原子主义启发而提出的，但它不仅仅是古典学说的重现。例如，他的物理学拒绝了原子主义者关于空间间隙存在的主张，并且结合了最新的笛卡儿主义的论证，即不存在空洞，因为广延是物体的定义属性，没有物体，就不存在空间上的广延。就本书讨论的目的而言，更重要的是他的心理学批判性地以威廉·哈维（William Harvey）在其 1628 年的《心血运动论》（德文为 *De Motu Cordis et Sanguinis*，英文为 *On the Motion of the Heart and the Blood*）一书中所做的最新生理研究为基础。

霍布斯是通过表明所有生物体正是因为存在内部“生命运动”而区别于无生命物质这种方式来展开他关于人的理论的，这种内部运动就是哈维已经证明了的“血液在静脉和动脉中永久循环的运动”（*EW*，1：407）。所有生物，包括人类，都有一个主要目标：保持其生命运动不停或保持它们自己是有生命的。唯一区分人类与其他动物的是，他们有更大、更复杂的大脑，这为他们提供了更好的记忆力，以及想象和理性思考的能力，以帮助他们完成保持自我生命力这个根本任务。

41 当人处于容纳有不断运动的物体的环境中时，人会与该环境产生

[1] Thomas Hobbes, *The English Works of Thomas Hobbes*, ed. Sir William Molesworth（London：1839），vol.1，675，693. 后文中引用时简写为 *EW*。

相互作用，因为他们的感觉器官会与那些物体相互碰撞并被激发。有些感觉，如味觉和触觉，与被感觉的物体的接触是直接的；有些感觉，如视觉和听觉，被感知的物体造成它们周围的气流振动，然后将该振动传播到人的眼睛或耳朵。一旦感觉器官被激活，它们的运动又通过神经传递到大脑，在那里这些运动中的一些会形成“幻觉”、观点或想法，这只不过是“一些知觉的内部运动，它们由客体的某些内部运动引起，并通过所有媒介传输到人体器官的最深处”（*EW*，1：391）。我们将很快返回来讨论大脑中产生幻觉的过程，但在这之前我们必须先考虑那部分我们能感受到的，但不会对大脑产生作用的运动，因为它们更加重要。

这些运动被传递到心脏，在那里它们会通过“加速或减缓，或者换个说法，帮助或阻碍”心脏运动的方式，来增强或削弱人体的生命运动（*EW*，1：406）。在这一点上，霍布斯又深入了一步，正是这一步产生了巨大的道德和政治影响。他声称，只要这些运动增强了生命运动，它们就会带来生成我们称为*快乐*的感受，当他们削弱生命运动时，就会产生我们称为*痛苦*的感受。由于人类存在的主要动机就是保持其生命运动不停歇，因此，人类行为必然是以增加快乐而减少痛苦为目标的。最后，霍布斯认为，我们将那些在身体中产生快乐感受的东西，称为*好*的东西，我们说自己*喜欢*它或渴望它。将那些在身体中产生痛苦感受的东西，称为*恶*的东西，我们说自己讨厌它或*恐惧*它（*EW*，1：410）。

对于霍布斯来说，人类是否会避免疼痛并寻求快乐的问题，从根本上来说不是一个有关经验的问题。我们不能通过观察人们做什么来回答这个问题；相反，作为要维持生命的有机体来说，我们推断他们服从于人类的天性，必须以这种方式来行动。当人们看起来违背这一原则时——就像自杀者，或者忠于宗教的殉难者，以及为了自己的国家献出生命的人那样——我们必须得出的结论是，一些反常状况出现了。要么是身体内部出现了一些问题，要么是一些外部因素的作用，例如，神父等人灌输给人们一些欺骗性的概念，从而造成人的正常心理功能的扭曲。

霍布斯将善与恶的道德概念转变成心理上的快乐和痛苦的概念——最终转变成了使运动增强或减弱的物理概念——这对 17～18 世
42 纪的道德和政治话语产生了巨大的影响。几乎没有人接受他将快乐和痛苦等价于不过是运动的改变的观点。但是，关于人类从根本上来说就要避免痛苦和追求快乐的认识，以及与之相伴随的关于善恶在根本上是根植于快乐和痛苦的解释，不仅激发了严肃的讨论和争辩，甚至成了 18 世纪占支配地位的道德理论的基础。

霍布斯心理学中道德最重要的含义之一是善恶只与个人相关。因此，我们就不可能谈论具有社会或公共属性的善，因为它不仅仅是个体的善的集合，而且因为“政治统一体”是没有办法感受到自身的快乐或痛苦的。正如约翰·贝彻所说的，谈论那种为了共同利益而牺牲个人利益的需要，就如同谈论无形实体一样，是没有意义的。个人首先必须被理解为纯粹的利己主义个体，只为维持自己的生命。

那么，怎样才能理解个人与社会秩序及国家的关系呢？霍布斯认为，维持自己生命的本能驱使人类永不停歇地尝试获得更多的权力：“我将指出一个人类都具有的普遍倾向，那就是对于权力永无止境的渴望，只有死亡才能将其终止。其原因并不总是因为一个人希望得到比他已经获得的更强烈的快乐，或者他不能满足于普通的权力，而是因为如果他没有获得更多权力的话，那么他就不具有保持生命得以良好持续的力量和手段。”①

① Hobbes，*De Cive*，ed. Stering Lamprecht（N. Y.：Appleton-Century-Crofts，1949），161.

不管一个人有多强大，或多聪明或多么“至关重要”，他都不可能足够强大到抵挡一群人对其生命或财产的侵犯。为了保障自身的安全，人们必须结成社会联盟或参与到公民社会中去。

在他的所有著作中，霍布斯始终坚持认为，国家或公民社会的存在只是为了保证民众生命和财产安全。正是因为他的这种观点，他为法学传统开创了令人敬重的先河，因为大多数近代法学家认为，法律的意义不在于让人从善，而是为了不让人们相互作恶。但是，通过关注正义的概念，霍布斯反对自柏拉图和亚里士多德以来的丰富政治论 43
著形成的传统，这种传统认为城邦旨在为人们提供好的生活，而不仅仅是让人生存。此外，他有意识地抛弃了基督教认为的人类具有为他人谋福利的正面责任的道德传统。他完全赞同在公民社会的法律规定限制下，人们进行有限的安排，以开展各种能带来福祉的活动。但他坚持认为，狭义的正义是国家的唯一合法功能。许多英国政治理论家都在这个问题上受到霍布斯的影响。晚至杰里米·边沁（Jeremy Bentham，1748—1832），英国的政治理论仍然更注重刑法和刑罚学，而不是社会福利问题，并且英国的理论对政治实践产生了重大影响。例如，虽然德国早在18世纪就已经由国家承担公共初级教育的责任，法国在法国大革命期间也是这样，但直到1870年，英国人却仍然坚持认为，教育是一项私人事务。

最终，霍布斯继续认为，只有一种方式能使公民社会拥有足够的力量来确保其成员可以和平共处，即除了直接的自我保护之外，所有个人都必须将他们所拥有的其他权力交付于一个单一的、不可分割的主权，它可以制定并执行可被人接受的行为规则。除此之外别无他法，因为没有一个稳定的公民社会，人类就没有希望享受自己的劳动果实，没有一个不可分割的主权，任何公民社会都不会是稳定的。如果国王和贵族都拥有权力的话，类似荷兰起义或者法国投石党运动那样的内战就会发生。如果各宗教派别都拥有权力的话，那么类似德国内战的情景就会出现。如果君主和绅士阶层都拥有权力，如 17 世纪早期的英国那样的话，内战就是不可避免的。

正如传统的善恶道德观念借由霍布斯的唯物主义心理学而表现出了新的含义，传统的解放和自由的政治观念也被改变了。在古典传统中，自由的概念主要与能够参与社会活动的主动权利相关。例如，政治自由首先与罗马公民参与自治的权利有关，公民自由与参与经济、宗教和其他社会活动的权利有关。然而，在霍布斯关于人的机械论解释中，这种解放或自由的概念并没有什么意义。霍布斯坚持认为，自由一词的使用只是为了表明不存在阻碍运动的外部障碍。在这个意义
44 上，任何“不带锁链和不在监狱”的人都可以自由地做任何他或她想做的事情（*EW*，3：199）。因此，法律不能以任何有意义的方式“授予”人民自由。解放或自由只有在国家法律不做限制或规范的情况下才是有意义的：“所以，一个人的自由只表现在国家并未禁止做的那些事情上：例如，买卖交易的自由，以及以其他方式与他人签订合约的自由，选择自己的居住、饮食、生活方式的自由，以自己认为合适的方式教育子女的自由（*EW*，3：199）。

因此，霍布斯通过他关于人性和国家的机械论理解表明，自由既与政府的参与无多大联系，也与政府避免干涉的领域关系不大。由于后来英国大量的自由主义传统的出现，这种相信自由主要通过限制政府在经济和社会活动中的参与程度的方式来获得的观念，就变得司空见惯了。

霍布斯对几何、理性与国家的认识

霍布斯对人性及人与国家关系的描述深深地植根于古老的原子主

义哲学和新近的威廉·哈维的机械生理学。但霍布斯不同意哈维采取的应用于自然哲学的实验方法，却赞成一般来说是与笛卡儿有关的几何的及“理性主义”的方法。事实上，正如史蒂文·夏平（Steven Shapin）和西蒙·沙弗尔（Simon Schaffer）已经非常详细地说明过的那样，霍布斯对波义耳和早期皇家学会的实验哲学发起了一场单边的论战（*LAP*，各处都有提到）。这不是说霍布斯否认经验的重要性或实用性及它所提供的知识。事实上，霍布斯完全愿意承认哲学或科学知识是建立在经验基础上的。然而，经验是一套不确定的行动指南。它能满足我们所说的谨慎的要求，这是非常重要的，它通常能为我们提供最好的知识，但它不能提供确定性。

直到 1630 年左右发现欧几里得几何之前，霍布斯一直都悲观地认为我们不可能获得某种确定的知识。但是正如笛卡儿一样，霍布斯在几何学中发现了一种能让人乐观的新原因，因为它不仅提供了表明确定性有可能实现的证据，而且还提供了一种洞察力以揭示实现这种确 45
定性的方式。以数学作为模型，霍布斯将哲学或科学定义为“关于结果或现象的知识，我们通过真正的*推理*由已知的原因或形成过程来获得这种知识，［或者］我们先认识到某些结果或现象，然后再倒推出其原因或形成过程”（*EW*，1：3）。

几何学成功的第一个关键点在于其术语的精确性和无歧义性。几何学的定义是纯粹的外延性定义，它们没有模糊的内涵，霍布斯要求所有的科学语言都应该是这样的。几何学成功的第二个关键点是严格受限的推理方法，它保证我们能从定义和初始公理出发推导出结论。

霍布斯曾在许多地方讨论过他对理性的定义，但是从没有比在《利维坦》中说明得更清楚或更简洁，其中的叙述涉及了我前面提出的那个问题：当一些感官运动传导到心脏时，会对“幻觉”或大脑中的运动造成什么影响？这些运动保存下来，在大脑中逐渐衰弱，在那里它们构成我们所说的“记忆”，当我们说大脑在思考或推理时，它们正是大脑操作的对象。大脑可以利用这些记忆做有限数量的一些事情。大脑可以重新产生对它们的关注，这就是我们所称的在想象它们。大脑还可以赋予它们语词或语言符号。大脑还可以组合和比较它们。如果就像偶尔在梦中发生的那样，这种组合不受任何特殊规则约束的话，我们将不会得到知识，而是某种幻想。但是，如果我们以某种方式限制思想的组合的话，我们就会说我们是在对它们进行“推理”，这种推理在它们之间建立了确定的关联。

霍布斯非常清楚哪类精确的心理活动构成了推理。它们就是并且仅仅是那类在数学中可被允许的活动：

> 当一个人在推理时，他只是进行通过加法得到总和，或者通过减法得到余数的活动……这些操作不仅仅是针对数字而言的，而且也可以应用于所有的各类事情……算术家们讲授数字的加减法；几何学家讲授的是与线、（立体和平面）图形、角、比例、时
> 46 间、快慢程度、力、功率等方面有关的加减问题……政治作家们则通过加减的方法来寻求人的责任；律师所做的则是关于法律和事实的加减法，由此来探寻私人行为中的是非对错。总之，无论在何种方面，只要保留有加减法的位置，就会存在推理；要是加减法不出现的话，那就与推理无关。（*EW*，3：29-30）

如果我们以这种方式正确地进行推理的话，则我们的结论必然为*真*。因此，通过对无歧义且有意义的术语进行推理而构建的任何科学，包括霍布斯在《利维坦》中声称要发展的政治科学，也应该符合这个结论。

一般来说，自然科学应该开放地面对那些既不属于数学科学也不属于政治科学的问题的挑战，因为我们永远不能绝对确保我们关于自

然客体的经验囊括了它们的所有属性。但几何学和国家都是人类自己的创造物。既然如此，那么除了由它们的人类创造者设计的那些属性外，它们可以不包含其他任何特性，因此它们可以被人完全认知。正如萨卢塔蒂在之前的两个多世纪时所宣称的那样，霍布斯认为“几何是可以证明的，因为我们所推理的直线和图形等对象是由我们自己绘制并描述的；公民哲学（civil philosophy）也是可以证明的，因为是我们自己建立了联邦”（*EW*，7：184）。

然而，霍布斯并不接受笛卡儿和其他一些人所确信的观点，即在数学中，直觉可以确保定义的正确性，或者说如果每个正常的人仅是努力地遵循于适当的规则，那么他或她就能自然而然地做出正确地推理。在试图理解我们如何确定正确的定义和正确的推理适用于发展任何科学论证时，霍布斯展示了他关于数学方法的概念与他关于不可分割的政治主权的观点之间的相关性有多密切。

几何学家之间并不存在协议，是因为诸如线、平面和圆之类的术语对于所有人来说都是直观上显而易见的，并且因为只存在一种先天形式的自然推理，其结论总是正确的。相反，一种默而不宣的协议表现为所有的几何学家都同意接受欧几里得所定义的术语的含义，并使用他所建立的关于推理的约定。因此，欧几里得作为一种权威的代表，既创造了几何学的对象，又建立了使它们产生相关性的规则。在
创建和裁决国家的法律时同样需要这种权威。正如霍布斯在论述过数 47
学之后写道，“当法庭上存在争议时，当事人双方就必须按照他们自己的协定，将他们双方都信任的仲裁人或法官的推理当成正确的推理，否则的话，因为缺乏自然的合理推理，他们之间的争论要么就必须诉诸武力解决，要么就会悬而未决；无论是什么样的争论都会是这样的结果”（*EW*，3：30-31）。

因此，霍布斯反对实验哲学家的说法，即某些命题的真理可以建

立在一定数量的证人的证词之上。因此，他还认为“建立联邦并维持其正常运行的技能在于某些如算术和几何那样的规则，而不是在（像网球运动那样的）实践中……”（*EW*，3：195-196）。

霍布斯表述的理性概念，与笛卡儿、莱布尼茨、斯宾诺莎，以及17世纪许多推动社会“科学”发展的学者们是一致的，在历史上它具有非常重要的意义。它不仅使有关道德和政治的问题看上去以一种新形式的论述方式得以合法化，而且它还将注意力转到量化问题上，因此导致了一个很有问题的假设的提出，即那些可被计量或度量的对象都是非常有意义或非常重要的。例如，霍布斯按照这种观念的认识，指出一个人的生命的价值可以通过估算这个人死亡后将会导致的未来收入的损失来确定。他亲密的朋友威廉·佩蒂针对一个普通英国人进行了这种估算，我们将继续把这个概念用于政治方面，即使它与之前所有的宗教和道德传统都是相违背的，因为在那里价值是道德问题而不是经济概念。

霍布斯心理学与政治学中的激进倾向

霍布斯在《利维坦》中所反映出的目的是保守的。他试图挽救那个在他看来正在被一些篡权者群体攻击的君主政权，他认为那些权力本应是属于国王的。的确，英格兰从来没有建立过绝对的君主制，所以严格来说霍布斯并不是期望回到某种状态，而是要试图阻止君主权力和权威被持续侵蚀。然而，他为实现这个目的所采取的策略却是激
48 进的。这些策略坚持要对每一个有关政治论述的术语在最基本的层面上进行分析，这挑战了长期以来一直都被认可的、关于政治生活的几乎所有假设。在这个过程中，霍布斯式的分析破坏了几乎所有可替代君主政权和传统社会等级制度的方案，并为创建越来越平等的社会理

论和政治理论提供了关键资料。

他彻底的唯物主义观点必定会破坏所有君权神授的理论。事实上，他对心-身二元论的反对似乎让许多反对者将他也放在他们的共同阵营中，如理查德·奥弗顿（Richard Overton）那样的平等主义者，也是从古代原子主义概念中抽象出这样的认识，“人是一个复合体，这是与普遍将心灵与身体做出划分的观点相悖的”[①]，他还将这个概念与纯粹的民主政治规划联系了起来。也许更重要的是，他那种心理学基底上的个人主义也动摇了那些基督教化的亚里士多德理论，即那种认为人们只有作为相互协作的共同体的一部分才变得重要，共同体的利益高于其个体成员利益的理论。最后，也许最重要的是，这种个人主义改变了所有那些认为贵族天生就是贵族的观点，因为在霍布斯的系统中，每个人都具有大致相同的身体和心理结构，他们与君主之间的关系是与其他人完全相同的。这种影响也受到了其他保皇主义者的反对，如克拉伦登（Clarendon）伯爵就抱怨霍布斯“对贵族造成了极大的中伤，而他却一直都是靠贵族供养的”。[②]

斯宾诺莎及其对机械论和数学主义的根本影响的考察

霍布斯所发展的数学化的和机械论的哲学要素在英国内战期间被一些激进的教派成员如奥弗顿等所借用，但第一次大规模地将这种观点用于支持民主主义运动的广泛开展的尝试是由巴鲁赫·德·斯宾诺莎发起的。斯宾诺莎于 1632 年出生于阿姆斯特丹的一个富有的犹太商

---

① 引自 Lewis Feuer，*Spinoza and the Rise of Liberalism*（Boston：Beacon Press，1958），53-54. 后文中引用时简写为 *SRL*。

② 引自 Christopher Hill，*The World Turned Upside Down：Radical Ideas During the English Revolution*（Harmondsworth，England：Penguin Books，1975），387。

人家庭，在他的启蒙老师玛拿西·本·以色列（Manasseh ben Israel）带他走进学术之门后，斯宾诺莎转而向笛卡儿主义者、背弃基督教信仰的自由思想家弗朗西斯·范·登·恩德（Francis van den Ende）学习
49 拉丁语。恩德不仅是一位优秀的老师，他向他年轻的学生推荐数学和笛卡儿哲学，而且他还是一个政治激进分子，由于参与了在法国北部建立平等主义联邦的活动而在1674年被处决。虽然斯宾诺莎从未认同他老师关于暴力的宣传，但他确实做出了践行平等主义原则的坚定承诺。因此，他辞去了家族企业负责人的职位，成了一名制作透镜的工匠，并参与了一群奉行自由主义的共和主义者们组织的各种活动，他们是约翰·德·维特（Jan de Witt）的追随者，而他也倡导对政治问题进行数学的和科学的研究。

由于持有这种观点，1656年斯宾诺莎从阿姆斯特丹的犹太社区被驱逐了出去。名义上，斯宾诺莎因为在神学上背离了信仰被开除了教籍。因为他做出了机械论的哲学承诺，他坚持认为所有人绝对平等，否认犹太人作为上帝所选择的人具有特殊地位的观点。此外，他的两个犹太“朋友”揭发他，说他告诉他们“既然在《圣经》中没有提到非物质或非实体的东西，因此我们应该无可反驳地相信神是有形的”（*SRL*，34）。但神学上的异端邪说在阿姆斯特丹犹太社区是很常见的，很少有人因此而被惩罚。他被惩罚的真正原因几乎肯定是因为他支持自由主义的共和政治活动，该活动威胁到了阿姆斯特丹犹太人群体当时所拥有的有利但很脆弱的地位。

由于16世纪80年代的反抗运动，荷兰北部被一小部分加尔文主义商人家族所控制。在这种政治背景下，如同整个欧洲的其他地方一样，犹太人被限定不能占据公职岗位，也不能成为强大公会的会员，只能从事一些卑下的体力劳动或从事商业活动。因此，当斯宾诺莎的老师玛拿西·以色列被迫失去其犹太教拉比的地位时，他必须成为一

个商人，他抱怨说“我从事贸易活动，除此之外我还能做什么”（*SRL*，6）。但在荷兰，和其他地方一样，他们的商业活动为犹太人提供了巨大的经济机会。尽管犹太人的数量很少，但他们在荷兰东印度公司和荷兰西印度公司中拥有约25%的股份，他们的平均应税财产几乎是阿姆斯特丹非犹太人口的两倍（*SRL*，6）。当然不是所有的阿姆斯特丹犹太人都是富有的，但最富有的人控制了犹太教堂；他们与作为精英的加尔文主义政党的成员之间建立了密切的商业联系，他们最终希望的是破坏当时的政治状态。斯宾诺莎的激进主义既令人不安也是 50
一种威胁，所以社团的领导人首先是设法贿赂他，想令他保持沉默。当他拒绝这一要求时，他们就把他逐出了教会。

年轻的斯宾诺莎试图通过借用他直接从霍布斯的《利维坦》中获得的观点，上诉至行政当局，以反抗教会对他实施的驱逐行为。他认为只能存在一个主权，并且由于他的公民权利是因他作为犹太社团成员的地位而获得的，因此该社团只有在国王设置的省级政府授权的情况下才能驱逐他。政府当局没有将这种权力授予犹太教堂的法官，所以他们无权驱逐他。此外，国王如果将这种权力授予任何宗教机构，那将是一个可怕的错误，因为这将如同授予了这种机构杠杆，让他们能“撬动民心”（*SRL*，24）。

毫不奇怪，斯宾诺莎的上诉失败了，他离开那里去了莱茵斯堡的门诺斯村，在那里他开始写作他那些最重要的基于几何方法和机械论哲学来研究政治和伦理道德的小册子。其中第一本，1670年匿名出版的《神学政治论》（拉丁文为 *Tractatus Theologico-Politicus*，英语为 *A Treatise on Religion and Politics*）似乎是唯一一本广为传播的斯宾诺莎作品，但它将恐惧深深地植入了各地保守的政治和宗教领袖的内心中。在其中，他主张实行民主政治制度，并公开反对宗教拥有一切权威是道德存在的合法基础的说法。莱布尼茨声称这样的观点“为全面革命做好了一切准备，这种革命会使欧洲受到威胁”，斯宾诺莎的追随者将能够“令地球的四角都燃起战火”（*SRL*，256）。守旧者的恐惧在某种程度上是合理的，因为斯宾诺莎的观点对法国启蒙运动的反教权和反君主主义著作产生了重大影响。“对那个时期作家影响最大的，”伊拉·韦德（Ira Wade）写道，“是斯宾诺莎，他的影响力是如此之大，事实上，人们看到的是在整个运动中斯宾诺莎主义表现出了相对于其他形式思想的巨大胜利。”[①]

斯宾诺莎和霍布斯在处理政治问题上的策略非常相似，这种相似性几乎无处不在，但在斯宾诺莎关于其目标的最基本的陈述中却并未
51 表现出这种相似性。“我将我的思想应用于政治并不是为了给出任何新的或从未有人提出过的建议，而是因为其是建立在合理的、令人信服的推理之上的，是从人的真实属性推断出来的，除了最符合实践的规则和制度外，我的思想中别无其他。”[②]

在某些情况下，斯宾诺莎和霍布斯得出了不同的结论，只是因为斯宾诺莎更严格地遵循由一般假设得出的结论。但在一个绝对关键的论据上，斯宾诺莎明确地违反了霍布斯的假设，导致他倡导了一种完全不同的政治组织形式。霍布斯明确表示，所有人类行为的驱动力是保持生命运动不停歇的需求，但斯宾诺莎增加了另一个方面的主要原因。他认为，“人之所以作为人而存在，并不是因为基本的血液循环及所有动物都共有的那些其他生命过程，而主要是由于理性、真正的美德及心灵的存在”（*PW*，311）。任何令人满意的国家不仅必须要维护其公民的生命安全，而且还必须让他们的理性能有所发挥。“一个国

---

① 参见 Ira Wade，*The Clandestine Organization and Diffusion of Philosophical Ideas in France*（Princeton：Princeton University Press，1938），269-270。

② Benedict de Spinoza，*The Political Works*，ed. A. G. Wemham（Oxford：The Clarendon Press，1958），263，后文中引用时简写为 *PW*。

家，如果其和平只是建立在民众对一切都漠不关心、像羊一样被指挥、像奴隶一样什么都不学的基础之上，那么这里则更适合被称为荒漠而非国家。”（*PW*，311）

斯宾诺莎将运用理性以保持生命力视为人类能得以生存的第二方面因素，这不仅仅是一个基于古老的亚里士多德思想的无端假设，尽管毫无疑问这确实是部分原因，但这更是根植于他与笛卡儿相一致的那种认识，即我们最原始且最根本的经验是我们自己的智力活动，这些经验不能以任何可信的方式还原为大脑某部分的运动。与此同时，斯宾诺莎同意霍布斯的观点，即绝对没有理由相信独立于物质载体的灵魂、精神或心灵存在。斯宾诺莎是以这样的方式得到这种认识的，即心和身体都不能相互分离而独立地存在，这只是我们理解同一件事情的两种不同方式。用他的术语来说，就是它们是存在的不同形式，二者都是必要的。从这个角度来看，人类在死亡之前不能停止思考，就如同他的心脏不能停止跳动一样。此外，正如霍布斯坚持认为的，理性在保持自我生存的过程中发挥着关键作用，因为只有通过使用理 52
性，人们才能认识到建立权力由君主统一的公民社会的必要性。

霍布斯认为，一旦处于单一主权的控制下时，人类可以而且必须放弃由自己来决定如何获取个人最大利益的权利，也就是说，他们必须放弃自己的理性。相反，斯宾诺莎认为，那些具有足够推理能力、能认识到需要为某些目的而服从君主权力的人，不能停止他们的推理，而盲目地在所有事情上服从于君主意志。霍布斯所要求的那种绝对权力完全不符合人的本性。因此，斯宾诺莎重新考察了霍布斯提出的权力统一的问题。斯宾诺莎的方法是要弄清楚如何建立一个拥有足够权力的君主权威来尽其职能，而无需要求人们做一些他们不可能做的事情。

斯宾诺莎用两种截然不同的方法来解决这个问题，一种出自他的

《神学政治论》，另一种则出自他出版于1676年的《政治论》（拉丁语为 *Tractatus Politicus*，英语为 *Treastise on Politics*）。在第一种论证下，斯宾诺莎考虑在没有任何外部限制的情况下，如果不存在历史遗留下来的既定习俗和法律，人处于一种“自然的状态”，那么应该如何构建政权。在第二种情况下，他试图分析如果人们已经习惯于君主制或贵族政府统治，那么应该如何做才能最大限度地保证他们的安全和自由。

斯宾诺莎这两种方法的区别由于以下几点原因而显得非常重要。第一，这种区别自觉地植根于对由伽利略和笛卡儿发展来的机械论哲学的特殊理解中，因此它表明了如何将来自自然科学的研究策略改造为研究人类和政治问题的方法。第二，这两种方法实际上确定了18世纪由“心理学”驱使的社会科学与那些和哲学历史学或社会学等学科中的术语相关的研究在方法论方面的区别。第三，通过考察斯宾诺莎分析主权的两种方法，我们可以认识到，针对同一个问题，沿着两种不同的方法论路线，研究者以纯描述性的或“客观的”态度所做出的理解或至少是对研究的推进，是如何导致不同的规范性影响的。虽然我们注意到斯宾诺莎的著作中存在两条研究路线，但更重要的是我们要认识到，他是以《神学政治论》及其现代文译本而闻名的。斯宾诺莎主义几乎完全是具有心理学倾向的，尽管斯宾诺莎并不是这样的。

53 宇宙中的每个存在物，包括每个人，都可以被看作是一个实体，每个实体都可以从两个方面来认识，一方面就是将它理解为是由独立于其他实体的内部结构和运行规则构成的；另一方面就是从它与外部实体之间的相互作用，以及这些相互作用所满足的规则的角度来认识它。对任何实体的完全理解必须包括这两方面，即关于它如何独立于其他实体运行的知识，以及关于它如何与其他实体相互作用的知识。对于斯宾诺莎，以及霍布斯来说，他们很清楚这两种知识的获取是要有顺序的。除非通过实体间的相互作用，否则我们是不可能感受实体的，所以看起来合理的是，我们应该从更接近我们直接经验的那方面入手，首先关注的应该是实体间的外部关系。但是，伽利略对下落物体的研究及笛卡儿对分析方法的讨论，似乎表明了另一种策略才是威力巨大的，这种策略最先要做的是将研究对象从其环境中抽离出来——将其在思想上与其他物体隔离——并且首先考虑它在这种与事实相反的或者说假设的隔离状态下的行为。在伽利略考虑了物体在真空中是如何下落的之后，他就可以考虑当下落物体与黏性介质相互作用时，如何对理想化的下落运动进行修改。同样，斯宾诺莎和霍布斯都认为，我们应该首先分析人类的本性，因为我们可以设想人的本性独立于外部而存在，但这又不是一种真实存在的自然状态。当然，这里说的自然状态并非历史上存在过的状态，这只是一种将一些社会性的构成因素与核心属性相分离的策略。因此，尽管斯宾诺莎承认一些群体和另一些群体的特征并不相同，但他坚持认为“这是个体的问题，而不是自然所创造的人与人之间的普遍区别”，并且他认为人存在一些与语言、法律和习俗等无关的共性，尽管这些共性也会略有不同（*PW*，181）。这就是为什么斯宾诺莎和霍布斯要从研究个体的心理学开始，然后才转向对社会及政治互动的分析。

两位思想家都同意，保持生命运动不停歇或者说使自我生命得以保持的规律就是控制个体的基本自然规律，并且他们都赞同将激情（passions）视作大多数人类活动的驱动力。此外，两者都同意，虽然人类的激情是以令人快乐或增强生命力为目标的，但是如果不以理性来引导的话，人们往往会误入歧途，甚至会导致痛苦的产生。但斯宾诺莎和霍布斯在理性与激情之间的关系上产生了根本的分歧，正如我们上面所看到的，斯宾诺莎认为，理性的应用本身是快乐的来源，在某种意义上，就控制行动而言它是与其他激情相竞争的，而霍布斯则认 54

为理性的作用纯粹是工具性的。

我们再次聚焦于个体以便更好地理解斯宾诺莎所认为的理性的特殊作用，这里我们将独立个体看作是以思想的方式而非以身体的方式存在。从这个角度看，保持自我生命延续的驱动力表现为一种自我主动做决定的驱动力。斯图亚特·汉普希尔（Stuart Hampshire）特别清楚地总结了斯宾诺莎就这个问题所做的复杂论证："个体——可被设想为有思想的生命体——（保持生命运动）的自然倾向……就是其心灵（mind）所具有的一种本质和自然的倾向，即它能够保持主动思考并获取知识，能够抗拒那些以想象为基础的被动观念的倾向。某人自己的一系列观点，如果越不依靠自己思想之外的原因就能解释，那么他就越主动且越自主。"[①]

其他情绪则通过不完美、不适当的"联想"来指导人类行为，并且这些"联想"经常还是对以想象为基础的观念的错误解释。例如，在我们的头脑中，快乐是与摄取食物有关的，所以我们才会吃东西。但我们也会倾向于饮食过度，无意间就会导致痛苦，只有通过理性地分析我们的行为后果，考虑长期及短期的影响，我们才能积极引导自己合理饮食。仅仅是有充分依据地运用理性这件事本身就能产生它所寻求的快乐，当人们被允许依据他们以理性方式确定的目标行动时，我们就会说他们是"自由的"。

当斯宾诺莎考虑这种分析在政治方面的影响时，他得出的结论是，唯一一类既能保护人民不使其陷入因纯粹的激情而导致的弱肉强食，又能保证领土上的人民自由的政府就是民主制政府，因为在民主制度下，每个公民都同意根据共同的决定来行事，每个公民也都保留了思考及表达其观点的权利，并且在重大事务上还能凭自己的良心来

① Stuart Hampshire, "Spinoza and the Idea of Freedom," in Marjorie Grene, ed., *Spinoza*（Garden City, N. Y.: Anchor Books, 1973）, 304.

投票。“这种组建政府的方式无疑是最好的，”斯宾诺莎认为，“因为它与人类的天性最匹配……［在这种制度下］因为所有人的想法不可能全都相似，所有他们赞同得票最多的提案具有法令效力，但同时他们又有权撤销这些法令，如果未来出现了更好的法令的话。”（*PW*，239）

斯宾诺莎关注人的本性，不关心每个人出生后就存在其中的那些复杂的社会和历史背景，这导致他声称这个特殊政治约定，即民主制 55
比任何其他制度都更好，因为它独自就可以同时满足安全与自由这两个人类的“客观”需求。

我们将会看到，18 世纪几乎每一个尝试从个体视角或利用分析人类本性的方法得出关于社会和政治的观点的著作者，无论他们是否知道斯宾诺莎的观点，都最终支持共和或民主的制度结构。从另一个略为不同的视角看，在霍布斯和斯宾诺莎的作品之后，几乎每个试图为共和主义或民主制度辩护的人都发现，以关于人性的个体主义理论为基础来做出论证比任何其他选择都更引人注目也更有说服力。

当斯宾诺莎在《政治论》中分析主权问题时，他仍坚持公民的安全和自由是任何政府最重要的目标这种观念。但在这里他关注的是这些目标如何能够与已经建立的社会和政治制度相适应，并且是在这种制度已经通过已有的法律和习俗塑造了人们的态度，使他们既不能认识到民主制度的优势地位又不会希望在传统实践的基础上建立民主制度的情况下。

在《神学政治论》中斯宾诺莎已经认识到了传统在维持任何特定政府形式方面所具有的力量。在讨论为什么习惯了民主制度的人不能接受国王或暴君之后，他继续论证道：“尽管我们很清楚某个国王是一个暴君，但是废除掉国王也同样是危险的。习惯了王权统治，并且只有国王能将其控制的人，会轻视和嘲弄任何一个更弱小的当权者；因此，就像古代的先知那样，如果一个国王被废除掉的话，那么我们就会发现有必要用另一个来代替他……这就是为什么人民虽然经常能够将一个专制君主换成另一个，但从来没有能够废除君主制，用不同的宪法形式取代它。”（*PW*，201）在《政治论》中他完全放弃了对民主的偏好，在书的副标题中他承认需要视情况而定。副标题是：在其中我将说明君主制和贵族制必须以怎样的方式来运行，如果这种制度不退化成残暴统治，并且公民的安定和自由不会受损的话。似乎斯宾诺莎放弃了那种他早期作品中常见的对自然状态做理想化和公认的反事实假设的方法，在这里他非常赞赏马基雅维利的现实主义，甚至承认，在有些情况下，人们被直接告知要顺从于暴君的意志，因为残暴
56 统治是不可避免的（*PW*，313）。斯宾诺莎从未放弃对政治改革的希望，实际上，《政治论》中的几乎每一段话都旨在表明不完美的政府如何能够被改良，以便更接近于满足公民对安全和自由的渴望。但他坚持认为，有关习俗和法律的传统会将改革限制在特定人群不可能超越的基本模式或形式之内。斯宾诺莎坚持认为某些特定的传统形式是不可违背的，在这些传统形式的范围内，人们可以做出有限的修改，斯宾诺莎预言了某种应用于社会研究的“哲学-历史”的或社会学的方法，这些方法后来是由孟德斯鸠和埃德蒙·伯克等人充分发展起来的，并且后来的心理学理论学家认为该方法在本质上是保守的，因为它不可避免地包含有一些想要维持现状的思想成分。

第五章
17 世纪英国的实验力学哲学、政治算术学和政治经济学

在 17 世纪 20 年代，英国经历了严重的经济衰退，主要是由于三十年战争破坏了欧洲大陆经济，这导致英国实际上失去了羊毛和纺织品的主要国际市场。持续几年的粮食歉收加上人口增长，迫使英国在出口下降的同时还需进口粮食，所以伴随着就业和生产力的下降，大规模的通货膨胀发生了，这降低了大多数民众的生活水平，并使得王室需要更多收入来应对支出的增加。正如德国那样，以道德经济为基础的传统认识几乎无法深入了解英国经济出现问题的原因，也提不出什么解决方案。然而，在英国当时的状况下，知识分子们做出的反应与官房主义者们在类似情况下的反应有很大不同，这主要源于以下几方面的原因。

首先，皇家权力的弱化与议会权力的日益增长所导致的局面是，针对经济政策进行公开辩论不仅是可能的，而且是不可避免的。此外，在议会内有不同的派别，他们分别代表完全不同的经济利益。特别是商业协会成员和土地所有者，这两个团体在国家对商业活动的监管方面持有不同态度。最后，在整个 17 世纪，英国识字率的增长非常

迅速，特别是在商业活动水平较高的地区，这种高识字率使得人们非常渴望了解政治和经济信息。在此之后，从 17 世纪 20 年代开始，英国就出现了关于经济问题的文献作品的暴增，并且这种增长在整个 17 世纪都一直持续着。[①]

这些文献中有一些是专家们为回应王室或议会的咨询请求而写的。例如，托马斯·曼（Thomas Mun）于 1664 年才出版的《英国得自对外贸易的财富》(*England's Treasure by Forraign Trade*）一书，是与 1623 年在国王枢密院展开的研究“国家贸易衰退和硬币稀缺的真正原因”紧密相关的（*ETI*，37-38）。约翰·洛克（John Locke）1691 年的《降低利息和提高货币价值的后果》(*Some Considerations of the Consequences of the Lowering of Interest and Raising the Value of Money*）是应议员约翰·索默斯（John Somers）爵士的要求而写的，用来报告关于调整法定利率的法案的辩论情况。[②]许多文献要么是公开地要么是略作掩饰地为维护商业利益做出特定的辩护，或者像贝彻的《政治论述》(*Politischer Discurs*）一样，那些对资助和权力感兴趣的人会主动向国王或议会提出建议。然而，无论目标和受众如何，随着时间的推移，经济著作者们越来越频繁地宣称他们的方法是科学的因而是毫无私利且具有真实性的，试图以这样的方式来为他们的主张辩护。正如威廉·莱文（William Letwin）所说的，“修辞学的需求产生了经济学理论的方法”(*OSE*，105)。

在许多企图将其特殊诉求包装在科学斗篷下的人中，以及那些主动将其所认为的真正的科学分析应用于经济问题的人中，最重要且最

① Joyce Oldham Appleby 在她的著作 *Economic Thought and Ideology in Seventeenth-Century England*（Princeton：Princeton University Press，1978）中指出已经查阅了不少于 1500 本 17 世纪的英文经济书籍和小册子，见该书第 4 页。后文引用时简写为 *ETI*。

② William Letwin，*The Origins of Scientific Economics*（Garden City，N. Y.：Doubleday，1964），179，后文引用时简写为 *OSE*。

有说服力的人是才华横溢但又性格古怪的威廉·佩蒂，以及他的密切伙伴约翰·格兰特（John Graunt）。并不像其他人那样对经济理论化的政策影响感兴趣，似乎佩蒂和格兰特真正关心的不仅仅是要实现这些影响，而且更关心必须公正地*实现*。正如佩蒂在给他的表兄罗伯特·索斯韦尔（Robert Southwell）的一封信中写到的，他的目标是“不掺杂任何情绪或利益，团体或党派；相反，正如我认为的，依据不变的法律及真理的考量。”①事实上，佩蒂对冷静分析的坚持往往使他看起来那么冷漠和麻木，以至于会使他的读者反感而不能吸引读者。59
因此，尽管他的著作《爱尔兰的政治剖析》（*Political Anatomy of Ireland*，1672 年）支持那些旨在改善爱尔兰底层人民生活条件的政策，但其语言的冷酷无情使其成了乔纳森·斯威夫特（Jonathan Swift）在 1729 年的《温和提案》（*A Modest Proposal*）中挖苦讽刺的完美对象。

佩蒂与实验力学哲学在政策研究中的应用

佩蒂于 1623 年出生于英国南部港口小镇拉姆西的一个裁缝家庭，他后来在一生中都宣称他在年轻时曾迷恋工匠的工作，他经常缠着当地的铁匠、钟表匠和木匠，“直到他可以从事他们的工作为止”②。他在英国商船上当了一小段时间的服务员，在 14 岁时当他的一条腿骨折之后佩蒂去了法国。在接下来的几年里，他上了卡昂的一所教会学院，并通过为法国海军军官们讲授数学来谋生。1641 年，他加入了皇

① 引自 Lord Edmund Fitzmaurice，*The Life of Sir William Petty*（London：John Murray，1895），158。

② 引自 Charles H. Hull，ed.，*The Economic Writings of Sir William Petty*（Cambridge：Cambridge University Press，1899），vol.1，xiii，后文引用时简写为 *EWSWP*。

家海军，但在 1643 年又去了荷兰，在那里他与笛卡儿式的解剖学家科尼利厄斯·范·霍根兰德（Cornelius van Hoogelande）一起开展医学研究，在霍根兰德的影响下，佩蒂似乎对实验解剖学，包括标本解剖和活体解剖都产生了特别的兴趣。这种以实验为基础的医学训练对于他下一个阶段的学术发展来说特别重要。

1644 年年底或 1645 年年初佩蒂到达巴黎，在那里他加入了以梅森和托马斯·霍布斯为中心的自然哲学家圈子。[1]当他在 1646 年离开巴黎时，佩蒂在保留其实验主义者身份的同时，还带走了从霍布斯那里学来的一套文学和隐喻表述方式。在物质方面，他带走了一台了不起的显微镜。在精神方面，他带走的是对机械论哲学的彻底认同，以及对人类行为做自我—个人主义解释的巨大兴趣。

回到英国，佩蒂加入了由塞缪尔·哈特利布（Samuel Hartlib）和约翰·杜里（John Dury）领导的伦敦知识分子群体。哈特利布小组大量地从约翰·安德烈（Johann Andreae）的赫尔墨斯主义著作和弗朗西斯·培根的纲领性著作中获取观点，他们给予许多发明家和教育改革者以鼓励。在哈特利布的圈子里，佩蒂与罗伯特·波义耳之间建立了
60 友谊，他开始着迷于发明，并具有了企业家精神，在 1647 年他获得了一个机械设备专利，该设备可被用于将手写文件同时复印多份拷贝。[2]

这个永远精力充沛的年轻学者于 1647 年年底来到牛津大学。在那里，对于其他科学家来说，他已不再是一个年轻的科学家，而是他们的知识领袖。他在 1648 年获得了医学博士学位，并于 1649 年被聘为解剖学教授托马斯·克莱顿（Thomas Clayton）的副手、初级教授。同

① 参见 Robert Frank，Jr.，*Harvey and the Oxford Physiologists*（Berkeley and Los Angeles：University of California Press，1980），102。

② 参见 Alessandro Roncoglia，*Petty：The Origins of Political Economy*（Armonk，N. Y.：M. E. Sharpe，1985），3，后文引用时简写为 *P*。

一年，在佩蒂的领导下，牛津实验哲学俱乐部，伦敦皇家学会的主要前身之一，开始在他的住处召开会议。

1650 年，27 岁的佩蒂成为牛津布拉塞诺斯学院的副院长，以及解剖学专业的汤姆林讲席教授。他在这里经历了一段很舒适的学术生涯，并且有一个很有能力的科学同事团队的陪伴，他们既钦佩他又能为他提供灵感。他的解剖学讲座首次将哈维关于血液循环的见解，以及以法国新机械论哲学为基础的解释性理论引入到英国的医学教育中，这似乎正在将学生吸引到医学领域，此外，在牛津，他对利润丰厚的医学实践所做的前景展望也是令人瞩目的。

然而，在一年多之后，受包含商人约翰·格兰特在内的伦敦格瑞萨姆学院董事们的邀请，佩蒂又来到了格瑞萨姆学院，成了该学院的音乐教授。不到一年，他在保留格瑞萨姆学院职位和薪水的同时，又离开了伦敦来到爱尔兰，在派驻爱尔兰的英国军队中担任首席医生，这支军队是为了保证当时的英国议会政府能重新获取对爱尔兰的控制权而被派驻到那里的。

在爱尔兰，佩蒂的职业生涯发生了新的变化，并最终导致他将自己在游历中获得的科学视角应用于政府决策和金融方面的问题。驻爱尔兰的英国军队解决资金和人事问题依赖于一个承诺，即爱尔兰反政府武装答应通过转让或出售他们没收的土地来偿还贷款和薪金。但是，如果没有大规模的土地调查，就不可能进行土地的销售或分配，爱尔兰测量局预计这种调查需要近 13 年才能完成。面对不能忍受的债权人和未领到薪水而焦躁不安的军人们，这样长时间的等待令人绝望。佩蒂看到了这个可以利用他的数学知识和分析技能为公共利益及私人收益服务的机会。这个管理方面的挑战令他着迷。他向总督提议，如果授权他训练和调用军队中的一些人来做这项工作，那么他可 61
以在 13 个月内完成土地调查。在他开展调查的几年后，他对此回顾道："我希望将我的实验范围从身体扩展到心灵，从个人的行为扩展到某类人的行为，从而理解情绪及人心躁动的原因，因此，这会让我感到非常高兴，好像那些从医学开始就一直伴随着我的有创造力的朋友们从来都没有离开过。"①

佩蒂采取了笛卡儿式的分析策略，按照从最初的仪器设计到最终的地图绘制的顺序，将复杂的调查过程，分成了数百个简单的任务，并相应地选择工作者进行培训。佩蒂在劳动力方面进行了严格的分工，在管理和质量控制方面又应用了各种创新，整个调查工程从 1654 年 12 月 11 日持续至 1656 年 3 月 1 日，在 15 个月内得以完成。并且该工程还在测量的准确性和精确性方面树立了标杆。佩蒂个人也因其努力而获得了超过 9000 英镑的奖励，他立即用这笔钱在爱尔兰岛购买了一些精选的土地，而这些土地的价值要比他付出的钱高很多。到 1657 年年底，佩蒂已经拥有了超过 70 000 英亩（译者注：1 英亩≈4046.9 平方米）的爱尔兰地产，成了英国最富有的普通人之一。与此同时，佩蒂也以他在爱尔兰担任这个职位的经历为依据创作了他的第一本经济学著作。

爱尔兰军政府做出了一项决定，将整个康诺特省作为事实上的集中营，用来安置所有被迫离开他们土地的流离失所的天主教徒。1655 年，佩蒂与他人合著了一本名为"论对移民至康诺特省的反对"（*A Discourse Against the Transplantation into Connaught*）的小册子，认为这是一个不明智的举动。首先，他和他的合著者，议员文森特·戈金（Vincent Gookin）爵士，以惊人的远见指出，如果将信奉天主教和新教的爱尔兰人划分为两个分立且敌对的阵营的话，将会给英国制造一个导致紧张局势的永久来源。从佩蒂的角度来看，同样严重的事情

① 参见 Emil Strauss，*Sir William Petty：Portrait of a Genius*（Glencoe，Ill.：The Free Press，1954），110。

是，如果将天主教农民从英国土地所有者所在的地区赶走的话，那么政府就会使土地所有者丧失他们获取廉价劳动力的最主要来源，同时也剥夺了天主教徒的就业机会（*P*，5-6）。这样的政策会伤害到每个人。正如几乎佩蒂所有英明的政策建议所受到的待遇那样，政府忽视了他的这条建议。

在短短几年内，佩蒂自己也成了一名议员，在余下的时光里，他大部分时间都在伦敦，在那里他为其关于爱尔兰的声明进行诉讼，购买并开发土地，还担任过一段时间的海军特派员，并活跃于皇家学会和议会中。从1660年起到他去世的1687年，他的研究越来越多地偏 62
向于对经济政策问题进行科学分析。他的大多数成果直到1691年才得以发表，但其中的一些早已相当广泛地在政府和科学知识分子之间传播着。

佩蒂对自己的理论观点最清晰的陈述出现在《政治算术》（*Political Arithmetic*）的序言中（完成于1676年，出版于1691年）。在说明了他的目标之后，他论证了在财富和武力方面，英国相对于其他两个主要竞争国荷兰和法国来说是处于优势地位的，他写道：

> 我做这项研究所采用的方法，并不是很常见；因为我不仅仅在语言方面使用一些比较级和最高级的词汇，以及进行理性的论证，我采取的做法是……以数量、重量或度量的方式来表达自己的观点；只使用有意义的论证，并且只考虑那些以自然方式可感知的原因；至于将那些从属于个别人的易变的想法、意见、欲望和激情等原因，纳入到对其他人的研究之中的方式：我真的承认自己不能满足于这些理由（如果它们可以被称为理由的话），就像自己不能预测掷骰子会掷出几点一样，也不能（在未经长时间练习的情况下）仅凭借《投掷与投射》（*De Projectilibus et missilibus*）这本书中所描述的至今仍是最详尽的概念或者仅知道

入射角和折射角，就可以很熟练地打网球、台球或保龄球。（*EWSWP*，1：244）

第一点要注意的是，它公开地拒斥了霍布斯式的观念，即人们需要理解人类的本性（“个别人的易变的想法”），以获得关于政治经济学或政策问题的重要知识。总体行为存在可量化的规律（我们现在称为统计规律），即使我们不能准确地知道每个个体事件是如何发生的，我们也可以凭经验发现这种规律。佩蒂在皇家学会里认识的克里斯蒂安·惠更斯，在1657年的《赌博中的理性》（*De ratiociniis in ludo aleae*）中曾谈到过有关骰子和纸牌游戏的规律性。佩蒂试图将其用于政治目的。

63 第二点要注意的是佩蒂坚持认为，量化研究为政策提供了一个更令人信服的基础，这是任何形式的能言善辩都不可能提供的。早在1660年，佩蒂就敦促查理二世建立关于土地、商品和人口的登记制度（荷兰*地籍制度*的扩展，它仅注册土地），理由是对信息的需求，这种信息的“基础是感觉到并通过超结构（superstructure）数学推理出……有那么多政府勉强维持，令生活于其中的忠诚国民感到极度失望”[①]。

研究经济思想的历史学家针对佩蒂的工作常常提出的批评意见之一是，在其关于量化研究和数学推理的重要性的所有论述中，佩蒂的数据来源非常随意，看起来通常是凭空挑选的，并且他没有发展出用来处理他所使用的数据的新数学技巧（见 *OSE*，123，144-145）。虽然这或许确实是个问题，但是这种抱怨与那种将他视为定量化观念的推动者及统计技术发展的激励者的认识无关。佩蒂非常清楚地意识到了他自己的信息来源和他自己的数学技巧的局限性。他认为自己是在倡

① William Petty, *The Petty Papers: Some Unpublished Writings of Sir William Petty*, ed. the marquis of Lansdowne（London: Constable and Co., 1927), vol.1: 111，后文引用时简写为 *PP*。

导一种有待他人改进的新方法。

这种自我认识在佩蒂写给约翰·格兰特的信《关于死亡率报表的……自然与政治观察》（*Natural and Political Observations...Upon the Bills of Mortality*，1662 年）的前言和结论中表述得最为清楚。佩蒂强调这样一个事实，即伦敦的死亡率报表是一个信息非常有限的且不可靠的信息来源，他称其为"贫乏的且无须重视的"[①]；此外，他认为，在他们的分析中仅用到了"零售店水平的算术"（*OBM*，7）。他隐晦地指出，格兰特及其著作的全部作用，只是作为一个说明模型，以表明用他的方法在仅具有有限资源并仅使用了有限数学技巧的前提下就能实现多大的目标。因此佩蒂在该信的最后再次向格兰特请求系统地收集统计信息，以提供更可靠的政策指导建议（*OBM*，778-779）。

在某种非常重要的意义上，格兰特的著作确实完成了他和佩蒂所希望做到的事，尽管这花费了比他们预期更长的时间。法国*科学院*于 1666 年对其第三版进行评估之后，立即成立了一个部门，专门收集巴黎地区的人口动态统计数据，并很快收集到了农业、社会和经济方面的统计数据，编辑在了 1697～1700 年的《管理备忘录》（*Memoires des intendents*）中。[②]在德国，它几乎肯定促进了官房主义者们如贝彻发起 64
的但中途就夭折了的早期商业统计尝试。在英国，它提供了直接的模型，并促使格雷戈里·金（Gregory King）完成了其伟大著作《对英国现状和条件进行的自然和政治观察及其结论》（*Natural and Political Observations and Conclusions Upon the State and Condition of England*，

① John Graunt, *Natural and Political Observations... Made Upon the Bills of Mortality*, ed. Walter Wilcox（Baltimore：The Johns Hopkins Press，1939），78，后文引用时简写为 *OBM*。

② 参见 Karl Pearson，*The History of Statistics in the Seventeenth and Eighteenth Centuries against the Changing Background of Intellectual，Scientific，and Religious Thought*（London：Charles Griffin，1978），33。

1696年），该著作直到今天仍然是获取17世纪晚期英国人口和经济信息的主要来源。

在18世纪期间，自封的政治算术家们有好几次试图在英国建立一个官方政府统计信息登记部门，但他们的多次尝试都受到了保守团体及激进团体的有效抵制，这些团体相当正确地认识到了收集这些信息将导致国家更趋向于中央集权状态。①

佩蒂多部著作的主要目标之一都是在强调与土地相比，劳动力对于国家财富的重要性。在他1665年左右所写的著作《献给英明人士及论人口的价值》（*Verbiem Sapienti and on the Value of People*）中，他提出了一个巧妙的定量方法来确立他的观点。他首先估计英格兰和威尔士的人口约为600万。然后他指出，这些人每年的花费大约为4000万英镑，他称其为年度支出。接下来，他估计英格兰和威尔士的总资本（我们称为资本资产）为折合1.44亿英镑的土地、3000万英镑的住房、300万英镑的船舶、3600万英镑的牲畜、600万英镑的现金，以及3100万英镑的耐用品，总资产2.5亿英镑。租金、贷款利息和投资到股份公司的收入每年的回报率大约都在6%，所以佩蒂计算出，所有资产使用的年回报率应当约为1500万英镑。这个数字和每年4000万英镑的支出之间的差额为2500万英镑，这必然来自人民的劳动；因此劳动力占了英格兰和威尔士年收入的近2/3。

此番论述不仅直接促使理查德·坎蒂隆（Richard Cantillon），以及重农主义者们和亚当·斯密对土地、劳动力及资本在创造财富方面的相对重要性进行了分析，而且也成了几乎所有后续将人视为商品的论述的模板，认为人的价值可以用纯货币来衡量。佩蒂继续争辩说，如果人类像其他形式的资本一样被假定为每年回报率约为6%，那么英格

① 关于对集中式人口普查的反对，详见Peter Buck's "People Who Counted：Political Arithmetic in the Eighteenth Century," *Isis* 73（1982）：28-45。

兰和威尔士的人口资本价值约为 41 666 万英镑。他估计实际上只有 65
50%的人具有劳动能力，因此每个生产性劳动者的价值约为 138 英镑。通过对当时拍卖市场上年轻成年奴隶的出售价格进行考察，佩蒂确证了他的估计（*EWSWP*，1：105-108）。

在上述例子中清楚地展现出的对人类的客观化描述只是佩蒂著作整体特征的一个方面，这种整体特征被佩蒂所举例论证、鼓励支持并传递给了后来的政治经济学研究者。传统的道德经济思想将经济讨论纳入道德和政治话语的广泛背景下，侧重于服务的协作性交流，目的是在等级社会中保证社会稳定。此外，正如我们在第三章中所看到的，即使欧洲大陆的官房主义经济学对某些社会角色进行了重新诠释，但它仍是在宽泛的道德语境下处理经济问题的。但是，佩蒂及那些追随他的人对量化方法和分析策略的新强调倾向于将经济学思考与其原先的宽泛背景分开。在短期内，佩蒂对背景的漠不关心限制了其著作的影响范围，但在更长的时间范围内，可以预测量化方法和对脱离更宽泛背景的经济因素的分析将是成功的，它们将会超越这些对背景的关注，并使得决策者能更加独立地进行狭义的经济分析。

佩蒂在做政治算术及研究后来的政治经济学时所采用的方法产生了令人瞩目的影响。一方面，通过强调汇总数据和统计平均值，政治算术使个体差异变得难以区分，因此在某种意义上，它假设了约瑟夫·熊彼特所称为经济行为者的分析性特征。这个假设经常在其他经济著作中明确提出，以便简化分析；因此毫无疑问，政治经济学促进了某类特定的社会均衡，这种均衡会忽视社会地位差异等问题。与此同时，对汇总数据的强调倾向使得早期政治经济学家将注意力集中于确保数量，如国家的总财富量最大化上，这就使得他们很难处理大的政治实体内部的分配正义问题。尽管佩蒂偶尔也会考虑资产在较大集体内重新分配的问题，但早期政治经济学的总体趋势是简单地假设如果国家的财富增加，那么所有的居民都会过得更好。

然而，在一个关键的情形下，佩蒂的分析确实利用了这样一个事
66 实，即富人和穷人的经济行为方式相当不同。这种情形涉及对一个社会中最优货币量的分析。与同时代的德国人不同，佩蒂没有将对金钱的无尽积累看作是国家的主要目标。虽然关于金钱他说了很多，但是他始终坚持两个核心观点。第一，货币的主要功能是放缓食品和消费品等其他商品的生产与消费。第二，存在与生产货币本身相关的成本。货币短缺必然降低生产力水平，所以有足够多的货币是非常重要的。但同时，因为生产货币是有成本的，生产太多货币是一种浪费，因为生产额外的货币的费用可用于生产消费品。为了知道多少钱就是“足够的”，佩蒂发明了一个新的概念，即货币“流通的速度”，或者叫货币的“释放量”（*EWSWP*，1：112-113）。

一个有固定年度总支出的社会所需的货币量将取决于货币用于购买货物的次数；因此，所需的货币量将取决于其流通速度。在特定的一段时间内，如果一定数量的货币有更多的人经手了，那么这些货币就起了更多的作用，相比富裕的土地所有者，较穷的工匠和工人会更频繁地获得报酬，并且也会更快地支出他们的收入。因此，从一个角度来看，穷人相对于富人的比例越大，社会对钱的需求就越小；从另一个角度来看，在一个社会中当货币更多地分配在工匠和工人手里，而不是集中于富有的土地所有者手中时，有限数量的货币将会提供更强的生产力。因此，佩蒂提倡收入“平衡”，或者说使财富向更低阶层转移。

尽管他声称政治算术应该独立于任何有关个人动机的理论，但佩蒂还是对人性和心理学做了一个重要的假设。事实上，他采用了霍布斯式的概念，即人类只是为了自我利益而行动，他将其归因于一种纯粹的霍布斯式的计算理性，人们用这种理性来确定他们的利益。这些

观点由查尔斯·戴夫南特（Charles Davenant）、约翰·格兰特、皮埃尔·布阿吉尔贝尔及理查德·坎蒂隆等人直接或自觉地继承于佩蒂和霍布斯，之后又被纳入了亚当·斯密的著作中，在后来政治经济学的基本假设中占据了一席之地。

在佩蒂的《赋税论》（*Treatise on Taxes*，写于 1662 年）中，这种 67
概念最引人入胜的应用之一是从经济方面对刑事司法所做的分析。鉴于他假设人是一种宝贵的经济资源，佩蒂强烈反对死刑和非生产性监禁。对于那些必须被监禁以保护他人的罪犯，他建议了一种类型的强制“奴隶制”，这种方式将会使国家更富裕，而不是剥夺其人力资源（*EWSWP*，1：68），对于那些可以安全地放其自由的罪犯，基于他假设的利己主义的计算理性，他提出了一系列罚款措施。罪犯，特别是盗窃犯，是一定会从事反社会活动的，因为他们预期从这些活动中获利。按照佩蒂的观点，我们可以通过建立一系列罚款措施，来阻止这种犯罪活动或者将其转变为对社会有益的行为，因为这种罚款与盗窃犯预计的收益相抵会导致净损失。首先，我们确定任何特定类型犯罪活动的预期收益，然后再确定犯罪分子会被抓获的概率，这个概率乘以预期收益反过来就确定了盗窃犯的盈亏平衡点，如果我们对任何类型的犯罪活动的罚款比这个数字高一些的话，犯罪分子就不会再作案，因为他们意识到他们更可能因犯罪活动而受到损失。即使他们做出了错误的计算并且进行了犯罪活动，则罚款可以被用于赔偿受害者的损失，以及补偿国家在处理犯罪方面的支出（*EWSWP*，1：69）。佩蒂以这种简单粗暴的方式建立的犯罪概念无疑受到了嘲讽，但它们确实成为后来由意大利的切萨雷·贝卡利亚（Cesare Beccaria）和英国的杰里米·边沁及其追随者发起的实用主义刑事改革运动的起点。更重要的是，在这个论证中隐含的利己主义理性人假设成了几乎所有经济分析的共同起点。

佩蒂的医学模型与经济自由主义

对于后来的经济分析活动来说，与其提出的理性人的概念几乎同样重要的，是佩蒂对政府企图用来管理经济现象的限制政策的理解。佩蒂和所有17世纪的社会科学家一样，都拒绝了亚里士多德在实践知识和理论知识之间所做的区分，并坚持认为人类活动，如同无生命物质的活动一样，受自然规律的支配。然而，假设经济活动受自然法则
68 支配，就会产生一种悖论，因为如果这是真实的话，那么就意味着对经济领域进行干预以改变经济行为的企图是无望的。就这一点而言，一系列从医学中得到的想法在指导经济理论化方面发挥了核心作用，佩蒂在使这些想法明确化方面扮演了关键性角色。

在整个17世纪及18世纪早期，最有影响力的经济理论学家——包括英国的佩蒂和洛克，德国的贝彻和法国的弗朗斯瓦·魁奈（François Quesnay）——都受过医学训练，并曾是医学从业者，这并不是偶然的。事实上，帕拉塞尔苏斯的医学传统（贝彻曾受过该传统的训练）和笛卡儿的解剖学传统（佩蒂、洛克和魁奈所受医学训练的传统）之间的差异，或许可以解释为什么官房主义者贝彻的经济学方法与其他三人的“自由主义”会有如此之大的差异。

17世纪所有医学理论和实践的基本假设是，健康是正常和自然的状态，并且在大多数病例中，疾病是由自然过程治愈的。医师的作用就是协助并激发那些自然过程，最常见的方式就是通过治疗介入来阻断或消除异常的或病理的状态。帕拉塞尔苏斯传统主要强调通过适当的饮食和药物来协助自然力量；因此贝彻的重点是积极鼓励商业，这被理解为使正常的经济过程加速。佩蒂和洛克都受过佩蒂的朋友托马斯·威利斯（Thomas Willis）的训练。他们的分析，受其病理学解剖研究的影响，更关注的是消除病理状态。

当他把注意力转向政治经济学后，佩蒂不断地使用医学隐喻。例如，他将其对爱尔兰经济状况的分析称为*政治解剖*（*political anatomy*），并且他在谈到他的工作时，称其是为那种应该用于治愈国家的*政治医学*（*political medicine*）建立基础。此外，在他的《政治算术》中，他指出他的建议是为了“消除那些阻碍英格兰成为伟大国家的缺陷”。但他对医学概念的最有趣应用出现在《赋税论》中，在其中他应用这些概念来强调需要将不能正常运转的不适当法规去掉，因为它们“试图使水流自己涨到高过它的自然源头”。更进一步来说，他认 69
为，当干扰不可避免时，应该尽量使干扰最小。“一般来说，我们必须认识到，越聪明的医生越不会过多地干预他们的病人，他们宁可观察和遵从自然运动，而不是抵触性地强行施加自己的措施，因此在政治和经济学中，应该采用同样的［治疗方案］。”（*EWSWP*，1：60）

在这种我们现在称为保持人体健康的天然自平衡机制的医学观点下，佩蒂和其他受过医学训练的政治经济学家倾向于支持商人们那种无可否认的利己主义主张，即政府不应该干预自由的交易活动，而应该去寻求那种支配经济活动的自平衡机制的性质。虽然佩蒂从未针对这个问题进行过普遍性论述，但自称是其政治算术思想追随者的查尔斯·戴夫南特最先说明了利己主义经济主体之间的市场竞争是如何自然而然地确定商品价格的（*ETI*，187）。此后，戴夫南特声称“贸易天然就是自由的，它能找到其自身的路径，以最好的方式指引自身前行”（*ETI*，191），这成了自由经济学的一个教条。

乔赛亚·塔克（Josiah Tucker）就这个观点给出了一种最普遍的表述，作为在历史时序上从佩蒂过渡到亚当·斯密的学者，他的《贸易论》（*Essay on Trade*，1749 年）和《商业的要素》（*Elements of Commerce*，1755 年）是当时英国在政治经济学方面最重要的贡献。在《商业的要素》中，塔克写道：“为政治统一体（body）诊疗的医生可以学着去模仿为自然身体（body）诊疗的医生的行为，要去除那些由坏习惯或错误的治疗而导致的政体疾病，然后将剩下的事交给自然去做，它能够做到最好。若政体在已恢复到可以使用和行使其适当的权力和自然影响力之后，还要增加与商业有关的法律则是错误的做法，因为它终归是一种人为的处方。”[①]

在法国，弗朗斯瓦·魁奈所受的是外科医生式的训练，这使他更加倾向于从移除障碍以实现正常功能的视角来看待医学*和*经济学的功能。与他的英国前辈一样，他经常谈到有必要“借助于我们的医学知识”来分析经济问题，当他试图让政府干预经济事务时，几乎总是希望“清除掉（对经济增长）有害的因素”。[②]

70 尽管事实上佩蒂和他的追随者们在政治算术及政治经济学方面几乎所有的作品都是为了对政府的政策产生影响，但似乎他们的科学方法和假设更多的作用是导致了一种“自由”偏见的形成，这种偏见强调的是个体经济行为者固有的理性行为，以及干预所适用的极其有限的范围，只有在该范围内才有希望通过积极立法来控制经济行为。

---

① 引自 Terence Hutchinson，*Before Adam Smith*（Oxford：Basil Blackwell，1988），231，后文引用时简写为 *BAS*。

② 引自 Elizabeth Fox-Genovese，*The Origins of Physiocracy*（Ithaca：Cornell University Press，1976），115。

第六章
自然历史、历史法学及孟德斯鸠时代哲学历史学传统的诞生

18世纪初在欧洲形成了四种特色明显的社会科学研究进路，我们可以相当确定地指出其中三种起源于17世纪中叶的几十年。1640～1670年，官房主义、政治经济学，以及基于心理学的政治分析已经分别建立了与清晰的程序性表述相关的典型研究，这反过来导致了辩论及分析传统的持续发展。第四种进路，我称为社会学与人类学进路，在18世纪是在哲学历史学的名义下发展的，这是更复杂的一种研究进路。在17世纪50年代，至少有一项与某种方法论程序相关的典型研究可以代表这种进路，那就是詹姆斯·哈林顿的《大洋国》（*Oceana*）。但是，后来哲学历史学的发展并不是严格按照哈林顿范式进行的，这与其他的传统分别沿着由霍布斯与斯宾诺莎、佩蒂与格兰特、贝彻与冯·施罗德的典型研究划定的进路前行有很大不同。当第一个内容丰富且影响广泛的哲学历史学研究著作，孟德斯鸠的《论法的精神》（法语为*L'esprit des lois*，英语为*Spirit of the Laws*），终于在 72
1749年出现时，它包含至少两类先于《大洋国》而存在的源头中的重要成分。其中一类是由对欧洲以外的旅行者、贸易商及传教士带来的

风俗和习惯的记述构成，这些记述在17世纪晚期以一种自然历史的形式被整理出来。第二类成分是法学中的自然传统和历史传统，这种传统在16世纪晚期至17世纪影响广泛，法国法学家让·博丹（Jean Bodin）的著作对其传播起到了特别的推动作用。

旅行文学、高贵的野蛮人和民族志的发展

旅行文学的流行，以及关于美国土著和非洲人民究竟应该被视为“高贵的野蛮人”还是“卑微的野蛮人”的那些最初的辩论并不在我们的讨论范围之内，但是16世纪中期关于野蛮人道德属性辩论所体现出的重要性，在17世纪、18世纪的哲学历史学中发挥了非常重要的作用，以至于我们需要简单地对其进行探讨。

最早如哥伦布（Columbus）和亚美利哥·维斯普奇（Amerigo Vespucci）那样的旅行者的报告已经倾向于将美洲原住民以典型的方式划分为贵族群体和蛮族群体。在16世纪中期的几十年，这种对立的分类由巴托洛梅·德·拉斯·卡萨斯（Bartolem é de las Casas）和希内斯·塞普尔维达（Gines Sepulveda）之间的一系列冲突而得以加强和巩固。拉斯·卡萨斯原是一名多米尼克僧人，最终成了恰帕的主教，在他对西班牙人对待加勒比地区土著美国人的方式感到震惊，并放弃土地成为印第安人权利的代言人之前，他曾作为伊斯帕尼奥拉的种植业主参与到对新世界的殖民化过程中。

在他的许多报告及两部主要著作，即出版于1546年的《印第安的毁灭：简述》(*The Devastation of the Indies: A Brief Account*)，以及1552年的《印第安人的眼泪》(西班牙语书名为 *Apologias y discursos de la Conguistas Occidentals*，1656年被译为英文，题目为 *The Tears of the Indians: Being an Historical and True Account of the Cruel Massacres and Slaughters of above 20 Millions of Innocent People by the Spaniards*）中，拉斯·卡萨斯着重突出了西班牙殖民者和官员的邪恶与堕落，将 73 他们的行为与印第安人的绅士作风和真正的贵族精神相对比，他将印第安人描绘为“……非常和蔼、非常亲切的人……他们可能无法承受痛苦，并且的确会因感染任何疾病很快就死去，但是如果像那些在我们周围成长起来的孩子和高贵的人一样，有足够的物质、舒适和精致的环境的话，那么他们将不会再像那个国家的人那样软弱：确实是这样，即使他们只是劳工的孩子。他们也是非常贫穷的普通人，拥有很少的财物，而且也并不渴望获得更多世俗的财富，因此他们也不会那么傲慢无礼、野心勃勃、贪得无厌”[①]。

关于这种对印第安人非常正面的看法，殖民奴隶主和*征服者*的支持者，拉斯·卡萨斯的辩论对手，菲利普二世的宫廷历史学家希内斯·塞普尔维达提出了反对意见，他将印第安人描绘为“野蛮的、未受过政府文化和艺术教育的人，彻底愚昧、毫无理性的人……是邪恶和残忍的人……这样的性格，正如自然所训练的，他们生来就是受他人的意志所支配的”[②]。

因此，将印第安人视为人类中最高尚者或最堕落者这两种截然不同的描述，是西班牙人在如何对待其殖民地上的印第安人方面产生的政治冲突的结果，这种对立的描述也因其在政治方面的功效而继续存在着。16 世纪 70 年代，许多荷兰作家都聚焦于控诉西班牙对那些无辜且高尚的人民犯下的罪行，以此来为他们自己反叛西班牙政府的行为辩护。另外，西班牙在菲利普二世的统治下，在殖民地上针对印第安人的

① Bernard Sheehan，*Savagism and Civility*（Cambridge：Cambridge University Press，1980），26. 拉斯·卡萨斯的很多文献收录于 George Sanderlin，ed.，*Bartholeme de Las Casas：Selected Writings*（New York：Knopf，1971）。

② 引自 Sanderlin，ed.，见上条注释，p.11。

暴行又增多了，理由是如庞塞·德·阿科斯塔（Jos é de Acosta）等人所描述的，印第安人举行肮脏的魔鬼崇拜仪式。

1703 年，在加拿大旅行并战斗了近 20 年的路易斯·阿尔曼·德·洛恩·达斯阿尔塞，拉翁唐男爵（Louis Armand de Lorn d'Arce，Baron de Lahontan），在他的《拉翁唐男爵航行记录补遗，作者与一个有旅行经历的聪明的野蛮人之间的奇妙对话》（*Supplement aux Voyages du Baron de Lahontan ou l'on trouve des dialogues curieux entre l'auteur et un sauvage de bon sense qui a voyagé*）一书中，他用一个聪明的印第安人的例子来猛烈地攻击欧洲社会及其文化，这使得“高贵的野蛮人”这种表述有了新的内涵，也越来越普遍地被人们所使用。由拉斯·卡萨斯和拉翁唐推动的认为野蛮人很高贵的观点大概在 1755 年卢梭（Rousseau）的《不平等论》（*Discourse on Inequality*）中达到了顶峰，之后则因布丰（Buffon）的美洲退化论而黯然失色，因其建立了对当地生命的一种新的负面解释。①

74 虽然在政治文学中确实还存在着最早期那种对野蛮人的夸张描绘，但它还是有助于人们在更加学术化且更具鉴别力的层面上维持对非欧洲人民的兴趣。与辩论术相并行的是，大量民族志研究成了一种重要传统，其重点关注于对婚姻实践、宗教仪式、服装、亲属关系结构、管理方式、男性和女性在经济及生活礼仪中的角色等方面的比较

① 布丰的体质人类学，提出于他 1749 年的《自然史》（*De la nature de l'homme*）和《人类史》（*Variétés dans l'espèce humain*）中，并在其 1777 年的《人类以外的物种史》（*Addition aux Variétés dans l'espèce humain*）和 1778 年的《自然纪元》（*Epoques de la nature*）得以发展，这对于人文科学特别是种族理论的发展影响极大。本书在很大程度上忽略了它，因为它重点强调的是生物性而不是社会性，还因为它在社会学方面的影响直至本书所涉及的时期之后才开始显现。任何关于人文科学的研究，如关于 19 世纪法国学术传统的研究，都不能如此漫不经心地对待布丰的著作。对布丰人类学著作感兴趣的读者应该从阅读 Michele Duchet，*Anthropologie et Histoire au siècle des lumières : Buffon，Voltaire，Helvetius，Diderot*（Paris：François Maspero，1971）开始。

研究。1692 年，罗伯特·波义耳在其著作《一个国家自然历史的总概括，无论国家大小，供旅行者和探险家使用》（*General Heads for the Natural History of a Country, Great or Small, Drawn Out for the Use of Travellers and Navigators*）中，给出了（特别是英语国家中）这种传统最一般的组织原则。虽然他们主要是对新发现的土地上的一些原材料产品的商业潜力感兴趣，但波义耳和他的科学同事们确实开展了一些具体的民族志研究工作。

就本书的目的而言，更重要的著述是教会学者的报告，他们发回了详细的情报，旨在提供更多信息，以便能利用当地习俗来进行他们的传教活动。这些资料大部分出版于 1702～1776 年，构成了 34 卷本的《耶稣会传教士外国布道团所写的有益且奇妙的书信》（*Lettres édifiantes et curieuses, écrites des missions étrangères par quelques missionnaries de la Compagnie de Jesus*）。反过来这些文字又提供了大量详细的民族志信息，孟德斯鸠及其他 18 世纪的哲学历史学家们将其吸收到了他们的作品中。

历史法学及让·博丹的环境决定论

如果说印刷机使近代欧洲人能够接触到来自世界各地的令人眼花缭乱的各种文化的话，那么它也为他们带来了一种认识自身历史的新途径，并且令他们意识到欧洲各国人民之间也存在着各种各样不同的地域习俗。这种新认识对法律思想产生了特别深远的影响，因为它引发了关于普遍的法律原则与当地习俗比较起来哪个更具有相对重要性的长期辩论。这种辩论与另一个并存的问题是密切相关的，那就是法学究竟是真正的科学还是一门人文学科。这两个相互关联的问题的重 75
要性在近代欧洲达到了一个新的高度，因为君主集权制的兴起导致了一些关于程度的争论，即在何种程度上君主有权违反约定俗成的惯例来改变法律，或者在何种程度上当局能够违反一些法学家所认可的那种更基本的自然法原则。

这些法律方面争论的一个结果就是一种法律民族主义的兴起，这种民族主义认为当地传统要优先于罗马法学派学者们所支持的占支配地位的且是普遍主义的法律主张。因此，法国法学家伯纳德·奥托米（Bernard Autome）在他 1610 年的《法国法与罗马法的比较》（法语为 *La Conference du droict françois avec la droict romain*，英语为 *Comparison of French law with Roman law*）一书中写道，“查士丁尼（Justinian）从未踏上过法国半步……相反，他被法兰克人击败了”[①]。他在这里含蓄地指出，法国的法律习俗不应服从于罗马法律。无论在哪里，只要是法律民族主义占据主导地位的地方，就会在研究地方和区域惯例及权利的历史发展方面取得进展，并且对于法律传统历史根基的探寻也迅速传播到了罗马法学派那里，因为他们的人文和语言学训练使他们很自然地到罗马前基督教传统中寻找《查士丁尼法典》的根源。

历史判例法最重要的编撰者之一是让·博丹，他提出了一种不寻常的立场，即法律应该是一门科学，但是罗马法并没有体现出自然的理性。相反，他坚持认为，法律在不同地区可能是不同的，同时，在科学上又是可以解释的。此外，正是从关于“所有已知社会的特征和风俗”的历史研究比较中，人们才可以发现真正的普遍法原则。[②]在 1566 年的《轻松理解历史的方法》（法语为 *Methodus ad facilem*

① 引自 Donald Kelley, *The Human Measure: Social Thought in the Western Legal Tradition*（Cambridge, Mass.: Harvard University Press, 1990）, 203。

② 关于对波丁的目的的描述，请参见 Donald Kelley, *Foundations of Modem Historical Scholarship*（New York: Columbia University Press, 1970）, 137-138。

historiarum cognitionem，英语为 *Method for the Easy Comprehension of History*），以及 1576 年的《关于共和国的六本书》（*Les sex livre de la république*，1604 年被译为英文 *The Six Books of a Commonweale*）中，博丹最先提出了一种创建作为历史科学的法律的方法，并且开始实施他的计划。

博丹的著作对政治和法律思想产生了重大影响，尤其是在英格兰。他将主权概念与立法权（传统上君主权威被理解为司法权）联系起来，他主张主权是绝对的且不可分割的（在这个问题上霍布斯无疑从博丹这里借鉴了大量观点）。但是，博丹明确指出，理论上最好的政府形式在特定情况下可能并不是最好的，而且正是用这种方法，他证明了需要对法律做出调整以使其适用于那些我们最关心的地区及人群。

博丹认为，虽然政府的行动可以改变支配权和习俗，但是君主所 76
能希望实现的事情仍是有限制的，将近一个世纪后的斯宾诺莎也是这么认为的。与斯宾诺莎不同的是，博丹试图解释这种限制是如何出现的，他尝试从自然科学和医学中获得这方面的知识。因此，在试图理解特定人群的不可改变的特征时，他认为要超越他们的态度如何被制度所定型这种观点，而思考更基本的东西。“让我们从自然中，而不是从人类的制度中，来探寻人的特征的来源，这些特征是稳定的，除非受强大的力量或长时间的训练的作用，否则它们就不会发生变化，而且一旦它们被改变，则最终不会再回到原初的特征状态。古罗马或古希腊的学者们从未涉及此知识领域，因为他们对于那些直到不久前才被开发并有人居住的地区是一无所知的。”①

---

① 引自 *Methodus ad facilem historiarum cognitionem* by Clarence Glacken in *Traces on the Rhodian Shore: Nature and Culture in Western Thought From Ancient Times to the End of the Eighteenth Century*（Berkeley and Los Angeles：University of California Press，1967），445，后文中引用 Glacken 的著作时简写为 *TRS*。

博丹的讨论主要来自通过翻译经典著作而成的一些近期成果，但同时也涉及许多最近的关于欧洲历史的讨论，并严重依赖于一些16世纪的旅行记录和百科全书著作。最关键的是，他将所有这些不同来源的材料合并成一个独立的综合理论，说明了在那些会对体液平衡造成影响的不同物理环境下，人的心理特征为什么会存在差异。

根据经典的体液理论——源于希波克拉底（Hippocratic）的著作《论人的本性》（*On the Nature of Man*）——宇宙由四个基本要素组成——具有热和干特性的火、具有热和湿特性的空气、具有冷和湿特性的水，以及具有冷和干特性的土。人体也包括四种基本物质，或者说体液：血液，它是热且湿的；黄胆汁（choler），它是热且干的；黏液，它是冷且湿的；黑胆汁（melancholy），它是冷且干的。在健康的人体内这些体液保持着适当的平衡，而疾病则是体液失衡的结果。通过*空气、水及地域*，希波克拉底以简单且直接的方式将体液理论与气候联系了起来。温带气候是最健康的，因为它们保持热和冷，以及湿和干的平衡。炎热、干燥的气候往往会增加黄胆汁；湿、热气候，增加血液；湿、冷气候，增加黏液；干、冷气候，增加黑胆汁。

早在亚里士多德和盖伦（Galen）时代，他们就通过将人的气质定义为各种体液的多少，使上述整个概念体系与心理概念建立了关联。
77 到了文艺复兴时期，一套完善的体液心理学已经建立了起来。黏液质的人虽动作迟缓，但性情坚强而执着；多血质的人善于社交且性情活跃，但缺乏耐心且欲望过强；胆汁质的人士行动迅速，但过于肤浅且体质较弱；抑郁质的人思想深邃且智力过人，但过于消沉，无法与他人合作。[①]

在不同地区，人们的体液比例也是不同的，这导致了不同的人将

① 对文艺复兴时期体液心理学的非常清晰的描述，请参见 Pincus Lockyer，*Shakespeare's World*（New York：Continuum Publishing Co.，1989），5-15。

必然具有不同的气质，因此习俗和法律必须与他们相适应。[①]一般来说，博丹写道："一个国家最重要的基础之一，或许也是首要的基础，就是使其社会阶层水平与公民的体液状态相适应，使其法律、法规与地方和人的特征及时代背景相适应。"（*SBC*，547）因此，罗马帝国的皇帝们试图对所有国家不加区别地实施单一法律，是他们犯的一个大错（*SBC*，558）。

虽然博丹所采用的体液理论在18世纪早期被人们所抛弃了，但他关于地方的特定习俗和法律可以由某种环境决定论来解释的普遍性论证，成了孟德斯鸠哲学历史学著作的一个构成特征，并经由约翰·赫德（Johann Herder）的发展而延续到了19世纪的研究中。在任何其他作者那里，这种传统的保守特征都没有比博丹表现得更加明显的，因为博丹对环境决定论的每一次强调，都是为了解释为什么不能为了与那些被公认为在抽象意义上更优越的制度相一致，而改变已长期存在的习俗。

詹姆斯·哈林顿及哲学历史学的经济决定论推动力

如果说在哲学历史学确立的历史过程中，有一个唯一的孟德斯鸠之前的思想来源比任何其他思想来源更重要的话，那么我们几乎可以肯定地说它就是詹姆斯·哈林顿出版于1656年的《大洋国》（*The Commonwealth of Oceana*）。博丹沿袭了与《查士丁尼法典》的研究有关的、长久以来形成的自然法法理学传统，并通过尝试以环境决定论这种特定理论为基础，对关于法律和习俗的地域性变化做出科学描述的方式，使其发生改变。几乎同样地，哈林顿沿袭了同罗马帝国与共

---

① Jean Bodin, *The Six Bookes of a Commonweale*, ed. Kenneth D. McRae（Cambridge, Mass.: Harvard University Press, 1972）, bk.5, ch.1, 563-564，后文引用时简写为 *SBC*。

和国相关的长期保持的审慎的政治辩论传统，并通过尝试基于经济决
78 定论这种特定理论，对政府形式随时间变化的情况给出科学论述的方式，改变了这种传统。

在解释哈林顿为什么及如何修改那些已被波利比奥斯（Polybius）和马基雅维利清晰阐述的古典共和主义概念之前，至关重要的是先解释共和理论的一些主要特征。按照共和理论家的观点，在任何政体中，都存在着与不同的人群、政治德行及行为方式有关的三种不同原则。三种原则可以总结为针对某个特殊人物的原则、少数人的原则，以及大多数人的原则。在古罗马时期他们分别对应于执政官、参议院阶级和*人民*（*plebes*）阶层，在近代世界，则分别与亲王、君主、贵族和普通公民阶层相对应。每个个体或群体应该具有哪些德行是因阶层的不同而不同的。一般来说，领导力是那个特殊人物应该具备的首要德行及履行其职责的方式。智慧或审慎、荣誉感及远大抱负是少数人阶层应具备的主要美德，立法活动是其在政治上实践其美德的主要方式。诚实及对习俗的敬畏是多数人阶层应具备的主要美德，扛起武器为国战斗被认为是他们在政治上实践其美德的主要方式。

与身体的健康取决于其体液的适当平衡非常类似，国家（在这种情况下，不论政体、不论政府结构，都是一样）的稳定性或健康程度取决于维持三项原则处于适当的平衡。既是不可避免的又是必要的一个事实是，在任何国家，这三项原则中的一项应该占主导地位，但在健康的国家里，主导原则总是受其他两项原则的约束和平衡的。因此，合法政府可能表现为君主制（由一个君主统治）、贵族制（由少数人占主导地位）或民主制（由多数人占主导地位）的形式，但在每一种情况下，都会有两个群体来确保政府将继续服务于整个政体的利益，而不是那个占主导地位群体的利益。哈林顿以不同的方式且稍带有些误导性地为三种主要的政府形式贴上了标签，他分别将其称为绝

对的君主制、混合的或封建君主制及共和制；但是即使在他所谓的绝对君主制下，哈林顿也承认三项原则之间存在着某种平衡。

不幸的是，根据波利比奥斯的观点，每次原则间的平衡最终都是 79
不稳定的。一些*命运中的*偶然事件（机会或财富）可能在任何时候都会导致某种理想的政府形式出现恶化，在其中，两项从属性原则被削弱，以至于主导原则为了扩大与其相关的群体的利益，而对其他两项原则形成压迫。在这些条件下，代表优势原则的阶级将不再为了国家的共同利益而努力。君主制将退化为暴政，贵族制将恶化为寡头政治，民主制将沦为无政府状态。

在这个总体规划中，每个群体履行其适当的政治作用是重要的，这基于两个相关原因。首先，在行使其特定的美德时，人类在古老的亚里士多德意义上完善了自己（见第二章）。其次，同样重要的是，如果任何群体未能行使其特定的美德，原则的平衡将会失去，合法的政府就是不可能形成的。对于马基雅维利和后来的哈林顿及其追随者们来说，近代世界合法政府面对的最大威胁是雇佣军取代公民军队成为常备军队。这种发展剥夺了许多人正当地参与政治活动的权利，并使他们受到某个人或某些人的压迫。

马基雅维利著作的一个伟大目标是找到如何使合法政府形式的生命力能够更加持久的方法，但他承认，长期来看，每个合法政府终将会腐化堕落。一个关键的问题是，国家如何能够使其政府从恶化的形式重新回到合法的形式上来。按照马基雅维利的说法，这只能由这样一种方式实现，即一些其他与*命运*相关的事件使得某些少有的聪明议员能够建立一个合法形式的政府，并且没有理由能说明这个议员选择某个合法形式而不是另一个。

直接促使哈林顿创作《大洋国》的一个因素似乎是 17 世纪 50 年代初奥利弗·克伦威尔（Oliver Cromwell）试图将护国公转变为另一种

名义上的君主，而他自己成为国王。虽然哈林顿曾经理解对国王的私人服务，并可能在早期是赞同君主制的，但是到了 1654 年，他已经与一个组织有了关联，这个组织是新模范军（New Model Army）的一部分，他们试图维护一种民主和平等的理想，反对克伦威尔想要夺取主
80 权的明显企图。[①]在英国护国公时期，《大洋国》试图借用共和主义的理论——该理论已经在保皇主义者和议员之间导致内战爆发的一系列论战中出现过——通过说明在一个合法政府中占优势地位的原则必须与相关社会财富分配情况相对应，来表明民主终将实现。在 17 世纪的英国，由于财富（特别是土地）的分配非常分散，因此只有民主这种形式可以成功，克伦威尔或保皇派人士想要恢复以君主（或任何其他形式的专制者）为主导政权的任何企图，注定都是失败的。即使查理二世复辟也没有影响哈林顿对其理论的信念，他在 17 世纪 60 年代继续争辩道，无论被贴上什么样的标签，英国政府必然成为事实上的共和政府（*PWJH*，“The Art of Lawgiving”一章）。

在他为修改古典共和主义的做法进行辩护的过程中，哈林顿认为必须直接指向霍布斯在《利维坦》和《论公民》（*De Cive*）中所给出的赞成不分割主权的论点，他选择基于自然科学的最新发展，在方法论层面上对其进行反驳。

哈林顿与霍布斯的方法之间最大差别在于，哈林顿无条件地坚持科学知识必须从自然的广泛经验中得出，而且他认为霍布斯式的几何推理无论是在自然哲学还是在政治哲学中都是绝对有害的，这也是人们将他与培根激进的经验主义和炼金术的传统联系在一起的原因。哈

① “我”所说的关于哈林顿的个人生活和协会活动的大部分内容出自 J. G. Pocock 所写的以历史性介绍为主的著作 *The Political Writings of James Harrington*（Cambridge：Cambridge University Press，1977）. 关于哈林顿的进步协会的讨论出现在 第 6～14 页。后文引用时简写为 *PWJH*。

林顿在《自然的运行方式》（*The Mechanics of Nature*）一书中写道："自然只能按照上帝指导的那样来运行，她不会听从任何人的话，相反她只会指导人类。"[1]对于霍布斯所认为的人们是通过一些人类公约来创造国家的观点，哈林顿回应道："制定原则或基本原理的工作，既不属于人们，也不属于国家或人类法律。（但是）按照上帝所确定的必然性或自然规律来建立这些原则或基本原理的工作，则真正属于人们、国家和人类法律。如果要以其他方式凭空提出任何基础原理，然后再在其上建立其他理论，那就无异于是在建造空中楼阁。"[2]而对于之前理论家"不是从自然原理中"得出公民的权利，"而是出于自己国家的实践，将其写到了他们的书上"的霍布斯式的反对意见，哈林顿几乎是以怀疑的态度进行回应的："这就像我们应该告诉著名的哈维，他所述的血液循环理论不是来自自然原理，而是来自对一个又一个尸体的解剖。"（*OOW*，38）对于哈林顿来说，经验是关于自然和社会现象知 81
识的唯一合法来源。这意味着，在研究社会和政治问题时，我们必须始终如一地在尽可能宽泛的语境下寻找可供比较的历史案例。

为了解释他的比较历史学方法的特点，哈林顿称其为一种政治"解剖学"方法，与霍布斯的政治几何学不同，它能够处理政治现实的复杂细节（*OOW*，429）。此外，他认为一个霍布斯式的君主只能存在于"由数学家组成的议会中"（*OOW*，514）。虽然哈林顿没有超越欧洲传统，将亚洲或新世界的经验纳入到考虑范围内，但是他确实详细地考察了希伯来民族、罗马、斯巴达、威尼斯和英格兰的历史。

虽然哈林顿在方法论层面，以及许多具体问题方面不同意霍布斯

---

① 引自 William Craig Diamond，"Natural Philosophy in Harrington's Political Thought," *Journal of the History of Philosophy* 16（1978）：390。

② James Harrington，*The Oceana and Other Works*，ed. John Toland（London：A Miller，1737），520，后文引用时简写为 *OOW*。

的看法，但他非常赞赏霍布斯这样的一个论点，即任何政府执行其法律的能力取决于它控制军事力量的能力。他基于这种霍布斯式的深刻见解，建立了自己的理论体系。哈林顿从霍布斯的结论开始阐述他的基本论点，即没有军事力量的威慑，法律条文只是一张废纸。哈林顿继续谈道，“但是军队又是一头食量惊人且需要不断补给的猛兽；因此，（对军队的控制）可归结为经济状况，而经济状况又可归结为资产的均衡，没有这些的话，政府之剑将空有其名，或者它不过是只呱呱乱叫的青蛙”（*OOW*，41）。

从弗朗西斯·培根的《亨利七世统治史》（*History of Henry VII*）中，哈林顿得出的结论是，当都铎王朝的君主们设法将土地的控制权从传统的贵族手中转移到绅士阶层手中时，英国封建贵族原先拥有的军事力量及政治权力就被侵蚀了。从亚里士多德对雅典宪法的讨论，即关于梭伦（Solon）的财产再分配导致了日益民主化的政府结构的讨论中，哈林顿的结论是，当土地分布非常分散时，民主政府必将出现。一般来说，在任何国家中，三个传统阶层中无论哪一个控制着大部分资产，它将会不可避免地成为主导的政治阶层。在佛罗伦萨，大多数“资产”以金钱的方式，而不是以土地的形式存在，商人阶层拥有最多的金钱，因此他们在那里占据主导地位。在17世纪的英国，普通人拥有近3/4的土地，所以哈林顿认为共和制是英国唯一可以保持稳定的政府形式。

82 后来的政治思想家不断将哈林顿的名字与这样一种普遍观点联系起来，即一个社会的政府上层结构必须反映更基本的对经济资源的分配。约翰·亚当斯（John Adams）认为，哈林顿的这项新发现“在政治学中是一条绝对真理，就如同在力学中作用力与反作用力大小相等是绝对真理一样"[①]。后来的共和主义理论家，如约翰·托兰德（John Toland），18 世纪的哈林顿政治著作编辑，就声称"这个平凡的真理……是所有政府的基础"（*OOW*，xvii）。

哈林顿在《大洋国》和其他政治著作中制定了详细的机制，通过确保没有特定团体能够拥有控制权的方式，来保证民主政府的稳定性，这些观点使他成为 18 世纪在英国共和主义者及辉格党人中最受欢迎的政治学权威之一[②]，而且在美国刚成立的前几十年宪法辩论期间，他的观点也极受欢迎。[③]然而，就我们本书的目的而言，哈林顿将经济决定论的论证思路引入到了近代政治论著中，才是最重要的内容。

---

① 引自 Charled Blitzer，*The Political Writings of James Harrington：Representative Selections*（New York：Library of Liberal Arts，1955），introduction，xi。

② 参见 Caroline Robbins，*The Eighteenth-Century Commonwealthmen*（Cambridge，Mass.：Harvard University Press，1959）。

③ 关于哈林顿的著作对美国殖民地及共和国建立过程的影响，请参见 H. F. Russel-Smith，*Harrington and His Oceana*（Cambridge：Cambridge University Press，1914），185-200。

第七章
牛顿、洛克及关于科学性质的观念转变

在整个18世纪，对自然科学的兴趣，以及对社会和经济问题的科学方法的应用出现了爆炸式的发展。[①]尽管人们表现出对科学日益提高的兴趣，以及科学扩展到人类感兴趣的众多领域中是基于多种原因的，但毫无疑问的是，两位英国巨匠艾萨克·牛顿爵士和约翰·洛克的著作一定起到了促进作用，他们一起改变了我们获取知识的方式，这既扩展了知识的应用范围，也使得知识成了更强大的力量。玛格丽特·雅各布及其他一些学者都认为，他们的著作在当时很受欢迎，因为它们满足了不断壮大的商业资产阶级的需要。[②]我推测，更重要的是，牛顿和洛克的著作与更普遍的人们对太平盛世的向往产生了共鸣，这种向往产生于英国内战期间，但宗派主义的宗教运动一直无法将其实现。每个人都看到了人类知识足以满足人类需求的时代到来的希望，人们将这些希望与牛顿解决了一系列长期存在的天文和物理问

---

① 有关18世纪初科学和科学文化快速扩张的历史介绍最好的著作之一是 Margaret C. Jacob，*The Cultural Meaning of the Scientific Revolution*（New York：Alfred A. Knopf，1988），这方面内容主要集中于第120～131页及第144～160页。

② 参见 Margaret Jacob，*The Newtonians and the English Revolution，1686—1720*（Ithaca：Cornell University Press，1976），书中对此有多处论述。

题的成功案例，以及洛克为 1688 年大受欢迎的光荣革命所做的合理辩护联系了起来。

虽然牛顿、洛克及他们的追随者向人们展现了在一些研究领域我们可以了解得有多深入，但是他们同时也坚持认为，在理解自然方面 84
任何科学尝试都有明确的界限，对他们来说，这意味着对自然的完全理解是做不到的。接下来，我们将要关注的是这种使启蒙运动的方法渗透到了社会科学中的新的知识乐观主义，以及新不可知论（admissions of impotence）的起源。矛盾的是，正是由于人们放弃了那种对人类知识的不切实际的期望，才解放了启蒙思想家，使他们实现了如此多的目标。

塞尔西奥·莫拉维亚（Sergio Moravia）认为，18 世纪的社会科学比其他任何研究领域都更加受益于洛克和牛顿的著作带来的（他所谓的）“认识论自由化”潮流。[1]为了理解他们如何加强了这种在他们之前就已经有人提倡的认识论自由化，以及为了更详细地探讨他们支持的那些认识策略，在这里我们将直接转向分析洛克和牛顿的著作。

洛克的科学哲学

牛顿最伟大的著作《自然哲学的数学原理》（拉丁文为 *Philosophiae Naturalis Principia Mathematica*，英语为 *The Mathematical Principles of Natural Philosophy*）出版于 1687 年，洛克在三年之后才出版了《人类理解论》（*An Essay Concerning Human Understanding*）一书。但牛顿的书只是在 18 世纪经过一系列推广后才变得广为人知。此外，他更加流

---

① Sergio Moravia, “The Enlightenment and the Sciences of Man,” History of Science 17（1980）: 247-268，在第 248 页，摩拉维亚确定了五个新的认识论选项，它们与仍然存在且影响力强大的笛卡儿对抽象、系统化和演绎结构的偏好有关。

行的著作《光学》（*Opticks*）直到1704年才出版。因此，当人们关注并讨论牛顿的观点时，他们是在洛克已出版的《人类理解论》的背景下进行的。因此，我们的讨论要从洛克开始。

对于社会*科学*的发展来说，洛克的《人类理解论》（1690年）比《政府论》（*Two Treatises of Civil Government*，1690）更加重要，即使后者在政治影响方面更加巨大也更直接，所以我将仅限于探讨《人类理解论》。在该书中，洛克声称他满足于“清除了一些在获取知识的道路上的垃圾”[①]。但是伏尔泰（Voltaire），作为他的知名崇拜者之一，曾陈述了18世纪读者对该著作的普遍认识，他谈道：“过去许多理性的作者，曾写下了大量关于灵魂的浪漫著作，直到最后一位真正的智者出现，他以一种最谦逊的态度，创造了历史。”[②]

洛克1632年出生于一个普通的乡村律师家庭，1652年进入牛津学
85 习，并于1658年获得神学硕士学位，然后作为导师留在牛津大学，后又与佩蒂的亲密朋友托马斯·威利斯一起进行医学研究。虽然他保持着在神学方面的兴趣，并且因其与辉格党政治家，后来成为第一任沙夫茨伯里（Shaftesbury）伯爵的阿什利（Ashley）爵士的关系，而对政治产生了浓厚的兴趣，但是他最感兴趣还是17世纪60～70年代的科学，特别是医学方面的研究主题。

1668年，他当选为伦敦皇家学会的会员，并很快就来到理事会开展工作。1675～1688年，洛克的大部分时间都与沙夫茨伯里一起在荷兰度过。在离开荷兰之前，他为让·勒克莱尔（Jean le Clerk）的《世界文库》（*Bibliothèque Universelle*）撰写了第一篇关于牛顿的《原理》

---

① John Locke, *An Essay Concerning Human Understanding*, ed. A. C. Fraser（Oxford：Oxford University Press，1894），“Epistle to the Reader，” 14，后文引用时将简写为 *Essay*。除了未引用引言外，本文引用了该书的多个章节，因此可能涉及了《人类理解论》的各个版本。

② Voltaire，letter on Locke from the *Lettres Philosophiques sur la Anglais*，in *The Portable Voltaire*（New York：Viking Press，1949），538-539.

的法语概要，同时他还完成了他的《人类理解论》、《政府论》及《论宗教宽容》（*A letter concerning toleration*），这些全部都出版于 1690 年。洛克对牛顿著作的赞誉不仅使欧洲大陆对牛顿的研究产生了兴趣，而且还巩固了两人之间至死不渝的友谊。

当洛克在威廉和玛丽统治期间回到英国后，他将更多的时间用于研究政治和宗教问题，但他的科学活动从未完全停止。他被罗伯特·波义耳的遗嘱执行人选中，于 1691 年编辑出版了波义耳的《空气研究史》（*General History of the Air*），并于 1698 年完成了名为《自然哲学的要素》（*The Elements of Natural Philosoph*y）的著作，于 1704 年他去世后出版。

在 1670 年左右撰写的关于医学技术的部分手稿中，洛克已经预先提及了他后来的《人类理解论》中的主要推论，即认为那些希望使医学知识系统化的人面临的最大问题是该领域内充斥着过多的错误知识。因为以前的研究者们对自身的局限性一无所知，这就好像一个想要制作地图的测量师不得不“在一块长满了灌木和荆棘的厚木头上进行绘制”（*Essay*，editor's introduction，xxiv）。洛克关于自然哲学的范围和局限性的早期想法并没有直接导致他写出《人类理解论》，相反，该著作是他与一些朋友关于道德原则和天启宗教展开的一系列讨论的结果，最初他们的讨论似乎是“远离”科学的认识论问题的（*Essay*，“Epistle to the Reader”，9）。然而，为了便于和朋友们进行讨论，在他试图写出他对这些话题的一些想法的过程中，洛克从他对自然哲学的思考中获得了灵感来源，并逐渐确信了这样一种认识，即我们获得道 86
德和宗教知识的方式最终与我们获得关于自然世界的知识的方式是相同的。通过一系列的调整，在近 20 年的时间里，洛克将这些原始想法转化为《人类理解论》一书，这是启蒙运动后对亚里士多德的*先验*和*后验分析*的首次回应。

在《人类理解论》的引言中，洛克将“*观念*”（*idea*）一词定义为“人思考时所理解的客体”（*Essay*，Introduction，section 8，32）。在第1卷中说明了观念不能先天存在于心灵中之后，他又在第2卷中谈到了我们如何确定地拥有某种观念的问题。对此，他的答案是只有经验才能产生观念，而且仅存在两类经验——感官经验和反省。“首先，我们的感官，在熟悉了特殊的可感事物以后，能按照那些事物刺激感官的各种方式，把各种事物的清晰知觉传达于人心……其次，经验还有另一个为理解力提供观念的源泉——我们还知觉到自己有各种心理活动，因为当我们用心灵来考察它所获得的那些观念时，心灵便获得了……我称为*反省*的经验……在我看来，我们理解力中的任何微弱观念都是来自这两条途径之一。”（*Essay*，2：1：3-5）。

洛克明确地声称，他并不想给出笛卡儿和霍布斯曾提出的那种关于心理功能的生理理论，也不想推测是否“任何或所有（观念），在其形成过程中，是由物质决定的”（*Essay*，Introduction，section 2，26）。事实上，他进而证明了没有任何可能的方式让我们知道感觉是如何产生观念的。然而，他关于知识的整个理论是依赖于承认心灵在空间上是与外部世界相分离的，而感觉是外部物体运动以某种方式形成于我们内心中的，这两者都是机械论哲学的基本假设，洛克对感觉的最普遍解释可能直接来自笛卡儿、霍布斯、伽桑狄或波义耳（*Essay*，2：8：12）。

洛克曾公开地请求大家原谅他“稍微有些偏离自然哲学”，但他的观点在实用性方面获得了证实，尽管在他破坏我们的观念与“真正存在”的事物之间的关系的过程中，理性的怀疑是必要的（*Essay*，2：8：22）。

洛克对感觉和认知的看法是基于机械论哲学的，但同时他又否
87 认，能够将运动转变为观念的机制可以被确定地认识到。因此，仅仅

做一点小小的修改，这种观点就成了 18 世纪所有大多数心理学理论家建立其论证策略的基础。

在第 2 卷中讨论了我们的观念的来源及其有限性的程度之后，洛克继续在第 3 卷中考察了与语言应用相关的问题。接着在第 4 卷中，他分析了我们是如何将观念融入“知识”中去的，并估计了我们可以理性地信任不同类型的知识的程度。

对于洛克来说，知识只不过是关于我们的观念相互契合或矛盾的一种知觉，知识可归结为四种类型。它们分别是关于同一性或差异性、关系、共存或必然的联系、真实存在的知识（*Essay*，4：1：3）。例如，我们可以认识到白色而不是红色，这是关于同一性或差异性的知识；具有相等底边和高的两个三角形彼此相等，这是关于关系的知识；铁能够被磁化也会生锈，这是关于一种物质是两种不同性质共存的知识；神存在，这是关于真实存在的知识。

在这一系列的例子中，应该相当清楚的是，我们说我们“知道”的理由在每种情况下都或多或少会有所不同，这导致了我们对知识的信任程度不同。对洛克来说，首要的且具有最高确定程度的知识是以直接的直觉为基础的。一旦我们意识到“红色”和“白色”的含义，我们就知道，它们不能代表相同的观念。这种直接且无中介的知识，洛克称为直觉的知识（*Essay*，4：2：14）。洛克认为的第二种程度的知识是解证的知识。当两种观念的契合或矛盾只有通过媒介的作用才能被发现时，这种知识就产生了。例如，当有两个具有相等底边和高的三角形摆在我们面前时，我们不能立即识别出它们是相等的。相反，我们首先建立“面积”的概念，它为任何三角形的底和高的乘积的一半，然后我们通过面积这个观念的媒介作用，将两个三角形关联起来。在这种情况下，通过一系列步骤来完成证明或演示，每个步骤必须具有直观上的确定性（*Essay*，4：2：2-10）。

感觉的知识不像直觉的及解证的知识那么具有确定性，但由于它
88 有重要的用途，因此它是极其重要的。当我们意识到那个对象的观念当即呈现在我们的头脑中时，我们说我们对一些外部对象有感觉的知识。在这种情况下，虽然我们有关于这个观念的直觉的知识，但严格来说，我们不可能用我们对这个观念的直觉来证明外部对象的存在性。然而，正常的人不会严肃地质疑存在性的问题，例如，质疑烧他（或她）的是不是火。因此，感觉的知识“与我们的快乐或痛苦［的需求程度］是一样强大的，超过这种限度，则我们有知无知都无大关系”（*Essay*，4：2：14）。由于自然哲学声称其关注的是一个实际存在的世界，因此我们可能拥有的最高程度的知识就是感觉的知识，而不是直觉的或解证的知识。

然而，我们关于共存或必然联系的知识，构成了最重要的一类科学知识，但是，它往往不那么确定，因为它涉及通过从一个或几个经验事实到未来的预期这个归纳过程所获得的感觉知识。因此，洛克在讨论一种物质例如黄金的各种性质的共存时，他写道：“我们虽然看到金色，而且经过一些试验以后又看到重量、可展性、可熔性、固定性等性质是集合于黄金中的，但这些观念彼此没有明显的依属和必然的联系，因此，我们并不能确知，这些观念中有四个存在时，第五个必然也会存在。这种推断固然是很可靠的，但最高的概率性也不能等同于确定性。”（*Essay*，4：3：14）

这种对概率的提及对于认识论的自由化来说是绝对关键的。由于几乎没有自然科学可能具有与直觉、证明或直接感觉相关的确定性，因此洛克坚持认为几乎所有的科学知识只是可能的。一方面，这可能降低了人们对科学的信心，但另一方面，它揭示了一种新的策略，即认同那些不可能满足关于科学知识的早期理论的要求的命题。

当我们希望确定某些命题是可能的时，我们必须提出一个论据，

它要“足以诱导头脑来判断该命题是真的还是假的，而不是相反”（*Essay*，4：15：1）。通过思考什么样的论据足以支持概率性的判断，洛克认为可证明的只是几个等级逐渐降低的概率程度。

第一等级也是最高等级的概率性知识是这样一些断言，它们完全 89
由做出这些断言的人直接的“知识、观察及经验”构成。例如，假设有人断言已观察到有人在冰冻的水面上行走，如果做出该断言的人看到过曾经在冰上行走的人，并且没有特殊理由能怀疑断言者的话，那么他们就必然判断这些断言为真的概率非常高。如果预期做出断言的人关于水已经结冰及其承受重量的能力已经有一定的经验，但从来没有见过一个人在冰上行走，那么他们就应该认为该断言为真的概率比较高，因为该断言与他们的相关经验具有相似性或可类比性。但是，如果一个来自热带气候地区的人，从未有过水会结冰的经验，听说这样的断言时，在没有进一步证据的情况下，他（或她）应该更愿意假设断言者是一个骗子，而不是相信他，因为这个断言违背了他（或她）积累的相关经验（*Essay*，4：15：4）。

在许多情况下，我们必须评估不能由我们的直接经验支持的命题为真的概率。例如，我们需要评估力学哲学或其他任何用来解释自然现象的假设为真的概率，而这些假设会要求我们的感官不能直接接触的那些实体是存在的。虽然洛克坚持认为我们“不要将可疑的系统当作完善的科学”（*Essay*，4：12：12），但他也绝对坚信，在科学发展中小心地应用概率性的假设，至少能以三种方式体现出其巨大的价值。第一，假设为记忆提供关键性的帮助，因为它使得大量本来相互之间并无关联的经验在思想上建立了关联；第二，他们在引导实验方面是有价值的，而实验可以导致新发现；第三，它提供了一种中介性的观念，“可以向我们展示其他不能直接比较的［非假设］观念的契合或矛盾”（*Essay*，4：12：14）。

鉴于假设的潜在效用，关键问题变成了什么类型的“进一步证据”使得我们临时认可或拒绝某个假设，也就是说，是什么使一些推测性的假设比其他假设更可能为真？一个明显的原因是假设所生成的命题系统的内部一致性。另一个原因则是假设在解释多种现象方面的一致性，或其较广的解释范围（*Essay*，4：12：13）。对洛克来说，比
90 其他任何一个要求都更重要的是这样一种要求，即任何假设的未被感知的实体或关系与另一些实体或关系之间应具有某种明确的相似性，而我们已确定地拥有关于后者的自主且非假设性的知识。“在这些问题方面，我们只能求助于*类比*（*Analogy*），”洛克写道，“只有从类比中我们才能得到一些概率性的根据。”因此，例如，他认为我们有理由假设“可燃物不可觉察部分被剧烈激发”构成了热和火，因为热和火可以由可观察物体的剧烈摩擦产生（*Essay*，4：16：12）。

从我们目前的观点来看，洛克对科学知识的讨论完成了两件基本的事情。他为人的知识领域设置了边界，在该边界范围内人类有希望在不借助假设的情况下建构科学知识，在该边界内我们关注的是经验描述这个中心问题。此外，他允许我们在科学中有限制地应用推测性假说，强调类比推理在提出概率性假设过程中的重要性。在这方面，洛克的著作非常明显地鼓励人们发展相对多元化的认知策略，丰富了理性主义者、纯粹的经验主义者们的研究思路，其倡导的哲学上的必然因果解释策略成了近代科学最重要的研究方法。

牛顿的自然哲学——对洛克认识论的验证

1672年，30岁的艾萨克·牛顿向伦敦皇家学会提交了他的第一篇科学论文《关于光和颜色的新理论》（*A New Theory about Light and Colours*）。他的才能早已被剑桥大学卢卡斯数学讲席教授、牛顿在年轻

时期最主要的科学老师伊萨克·巴罗（Isaac Barrow）所认可。当巴罗在1669年辞去他的教授职位，在伦敦接受教会任命时，他安排他的学生接任了他的教授职位。事实上，在1665～1666年仅仅接受了两年时间的剑桥大学本科阶段教育后，牛顿就进行了一系列出色的研究，这构成了他后来最受赞誉的三方面科学成就的基础。他一直独立研究，除了巴罗之外，在科学方面几乎不和其他人联系，他发现了二项式定理，并发明了微分和积分演算（独立于莱布尼茨，并使用他自己的“流数”符号）；他已经开始了他的光学研究，并已经推断出，白光是 91
由所有其他颜色的光混合而成的；并且他发现可以用一个统一的定律解释行星围绕太阳、月球围绕地球的运动，以及地球表面附近的普通物体的下落运动。最后的这个发现，他最终将其用公式表述为万有引力定律。根据他年轻时的直觉，牛顿用了将近40年的时间，建立了完整且详细的关于光学、引力及数学的理论，尽管在1666年，牛顿还几乎不为人知，但他已经准备好以他的方式成为有史以来最著名的科学家。

牛顿1672年关于光学的论文并未被广泛认可，但牛顿与其批评者之间的争论是值得研究的，因为这些争论用这个极简单的案例说明了他们关于假设和科学知识性质的不同态度。

牛顿第一篇论文的核心是一组实验，在这些实验中他让一束比较窄的太阳光照射到一个棱镜上，他观察到在棱镜的另一侧，即与入射光束相反的一侧有一面屏，在屏上出现了一道光谱或者说彩虹色图案的光束。类似的实验从中世纪晚期以来经常出现，但是牛顿与其他人的区别是他选择追踪光谱最初产生的原因的方式。牛顿将注意力集中于经验事实上，即光谱的产生是因为从棱镜射出的一些颜色的光线比其他颜色的光线更偏离其原先的光路。红色光线偏转最少，橙色偏转稍大，等等，而弯曲得最厉害的是紫色光线。

关于光线从棱镜射出后的轨迹，牛顿写道：“我开始怀疑光线并不是在经过棱镜折射之后，根据它们或大或小的弯曲程度沿曲线传播，最后分解为屏上的不同部分的。当我回忆起我经常会看到网球被一个倾斜的球拍击中，其轨迹就会被描述成这样一条曲线的情形时，我更加对此感到怀疑。”[①]牛顿明确地假设光线类似于网球那样，可能由球状物体构成。如果这样的物体通过棱镜后以某种方式获得自旋，那么它们应该类似于网球那样沿曲线运动，自旋越快的物体表现得弯曲程度越大。为了检测这种假设，牛顿改变了棱镜和屏幕之间的距离，发
92 现彩色图像的展开程度与屏和棱镜之间的距离成正比，因此不存在可以区分光线弯曲程度的曲率差。这个结果给牛顿展现的并不是一个新的假设，而是一组新的实验，通过这些实验，他能够证明被棱镜折射后，不同的光线仍是沿直线运动的，光谱的出现是因为不同颜色的光具有不同的“折射性”（折射率），并且每种颜色的光的折射率都是恒定不变的。从这些实验中，他进一步得出结论：“光本身是不同可折射光线的非均匀混合物，”（*NTLC*，51）并且光表现为白色的特性是因为“各种颜色的光混乱地聚集在一起，而各种颜色的光又是分别由各类发光粒子构成的”。

最后，在他的论文结尾处，牛顿推断出一个关于光的性质的批判性结论，并提出了一条重要的方法论意见：

> 事情就是这样，我们不需再争议，在黑暗中是否有颜色（不可能有），或者是否它们是我们看到的物体的性质［它们不是］，

① 出自“A Letter of Mr. Isaac Newton, Professor of Mathematics in the University of Cambridge; Containing his New Theory about Light and Colours,” *Philosophical Transactions of the Royal Society of London*, 8（for 1672），转引于 I. B. Cohen, ed., *Isaac Newton's Papers and Letters on Natural Philosophy*（Cambridge, Mass.: Harvard University Press, 1958），50，后面引用时将简写为 *NTLC*。

> 或者是否光是物质［它一定是］。因为既然颜色是光的性质，而光表现为整体且即时的光线，那么我们又如何能设想那些光线的性质呢，除非一个性质可能是下一个性质的主体，并维持着它，事实上应该称它为实体……但是要更确切地确定光是什么［类型的实体］，以什么方式折射，以及以什么模式或作用，导致我们头脑中产生颜色的幻觉，并不是那么容易的事情。*我不会混淆推测的东西与确定性的内容*。（*NTLC*，57，强调是“我”加的）

在许多方面，该文可能是洛克讨论适当科学程序的模型。首先，牛顿是从一个实验开始的。根据这个实验的结果（光线的弯曲），他基于类比（网球类比）提出了一个可能的假设，并提出了一个新的实验。但是，当实验的结果与该假设产生的预期不一致时，他放弃了它。在该文的其余部分，牛顿专注于描述后续实验的结果，并直接从那些实验中推断光的性质。最后，虽然他有信心从他的实验结果中推断出光是某种实体，但他拒绝断言超出他实验保证的更多知识，承认 93
他不能准确地发现光是如何折射，以及它是如何在我们的头脑中产生出关于颜色的想法的。

当胡克（Hooke）指责他假设光由球状体组成，并坚持认为其他假设可以平等地考虑他的实验结果时，牛顿愤怒地回答说，他的光学理论不依赖于任何假设。为了回应法国人帕迪斯（F. Pardies）提出的一个在整体上更加有力、但仍然是保守的评论，牛顿澄清了他关于他的科学论断的性质，以及假设在自然科学中的适当作用的观点。首先，他坚持认为，那些构成他的科学学说的关于光和颜色的断言“只包括对光的某些属性的观察和描述，而不考虑任何可以解释这些属性的假设”。然后他继续写道：“最好的和最安全的哲学方法似乎是首先要努力地研究事物的属性，并通过实验确立这些属性，然后才能缓慢地提出假设，以解释它们。假设在解释事物属性时仅是辅助性的，而不是用来确定它们的；除非它们离实验确证过于遥远；因此，如果假设的可能性是对事物真相和事实的测试的话，那么我看不出在任何科学中确定性是如何获得的。”[1]这里同时提出了两个断言。首先，假设仅在具有启发式价值的意义上是有用的。其次，对事物性质的描述构成了充分和可靠的科学知识，即使在没有任何解释来说明为什么这些属性应该像它们被实验所确定的那样的情况下。

牛顿坚持认为，他在 1704 年的《光学》中提出的主要结论也是独立的假设，但他在第一版《光学》中用 16 个“疑问”来结尾，用它们来呈现出其他学者可能希望研究的论题。在 1706 年的拉丁语版本中，这些疑问扩展到了 23 个，在 1717 年的第三版中，扩展为 31 个。

这些疑问，其中一些长达几页，包含几十个关于范围很广的自然现象原因的启示性假说，而对它们的探索，实际上为无数 18 世纪的自然哲学家和化学家提供了职业。事实上，科恩（I. B. Cohen）曾提出有信服力的论证，认为对于启蒙运动时期的实验哲学而言，对《光学》
94 的质疑有更大的影响力，而不是有更高权威性与声誉的《原理》。[2]这些质疑不仅表明了具体的研究计划，而且在更普遍的意义上它们也使启示性假设得以在整个科学，包括社会科学中能够被广泛使用——它们总是被要求基于重要的类比并经受逻辑一致性的检验，而在面对负面证据时则需要被修正或遗弃。

牛顿原理及其对普遍性与简单性的强调

如果对牛顿《光学》的质疑鼓励了启蒙运动期间的科学研究对启

---

① 引自 I. B. Cohen，ed.，*Newton's Papers and Letters*（见本书第 106 页脚注①），106。

② 参见 I. B. Cohen，*Franklin and Newton*（Philadelphia：American Philosophical Society，1956），这种观点在本书中随处可见。

发式假设的分析，那么他的《原理》及其他学者对《原理》的众多普及性解读，都关注的是科学表现出来的至少其他三个方面的特征。其中之一就是，实验哲学中量化和数学推理的结合，这在社会科学中是相对不重要的，除了在政治经济学中，不过在那里它也只是加强了以前就存在的趋势。另外两方面的特征——科学理论因其将更多的现象囊括到其解释范围内而具有了更高的价值，以及科学理论因其解释方案的简单性而具有更重要的意义——对社会科学产生了更大的影响，特别是对于那些希望用人类心理解释所有社会现象的人。

我怀疑，牛顿的《原理》，其所具有的全部的数学复杂性、严密的逻辑结构和牢固的经验基础的特点，相对来说并没有产生什么影响，实际上造成影响的是它通过创立一个非常简单且普遍适用的定律，成功地解决了天文学、力学及一般物理学中的一系列问题。在进行了数百页的数学证明，以及引用众多现象案例之后，利用《原理》第 3 卷中的命题 7，牛顿对他的论证进行了总结，即宇宙中每一对物体之间都存在相互吸引的力，这个力与它们的质量成正比，与它们之间距离的平方成反比。然后他继续论证道，这一个简单的定律能够说明所有的天体运动及地球上物体的自然运动。

这是一个令人惊叹且欢欣鼓舞的胜利。它促使达朗贝尔写道：“真 95
实的世界系统已经被认识到。”它导致亚历山大·波普（Alexander Pope）写下了这句被刻在威斯敏斯特教堂牛顿墓碑上的墓志铭：

> 自然和自然界的规律，隐藏在黑暗里。上帝说：让牛顿降临吧！于是，一切成为光明。

它促使许多研究者，包括埃蒂耶纳·孔狄亚克（Etienne Condillac）、让-安东尼-尼古拉斯·卡里塔特·德·孔多塞（Jean-Antoine-Nicolas

Caritat de Condorcet），甚至亚当·斯密，都坚持认为必然存在一个或几个简单的定律可用来解释所有人类相互作用的性质。

当他们借助于牛顿的成功先例寻找这样的定律时，大多数 18 世纪的著作者直接引用或改写了《原理》第 3 卷开始的几句话，在那里牛顿列出了他所谓的“哲学推理规则”。由于其重要性，我在这里用牛顿四个规则中的前三个来结束本章，因为这些规则包含了他认为在寻求简单和普遍性过程中应遵循的明确禁令：

> 规则一：除了那些真实且足以解释其现象的原因之外，不必寻求自然事物的其他原因。为了实现这个目的，哲学家们说，自然不会做徒劳无益之事，如果能言简意赅地说明问题，则无须更多解释，因为自然喜欢*简单性*，多余的原因不过是浮华的泡沫。
>
> 规则二：因此，对于同样的自然现象，我们必须尽可能寻求相同的原因……
>
> 规则三：物体的属性，凡是既不能被增强也不能被减弱的，又是我们实验所能及的范围内的一切物体都具有的，就应被视为所有物体的*普遍*属性。（*Principia*，397-398，强调是“我”加的。）

第八章

联想主义和感觉主义心理学、政治激进主义及功利主义（1700～1790年）

在《人类理解论》第四版（1700年）中，约翰·洛克增加了一个新的章节“观念的联合”，以解决他最初忽视的一个问题，但该问题在霍布斯和斯宾诺莎的心理学推断中都占据着重要地位。对于这两个早期思想家来说，知识是借助理性通过创建观念之间的联系而建构的，但是还有可能通过第二种几乎是意外的方式来建构，斯宾诺莎将其简单地称为“联合”。如果两个不同的想法同时或不间断地在我们的头脑中产生，仅仅是因为我们的初始感觉是同时的或相继出现的话，那么当这些想法中的某一个在头脑中重现时，另一个也会重新出现。[①]对于斯宾诺莎来说，这种偶然的思想联合可能会干扰我们建立一系列理性思维的努力（见第五章），因此它们构成了一个需要我们承认并面对的问题。

在处理观念的联合时，洛克重点考虑了两个方面。第一，他强调

---

① Spinoza's *Ethics*，part II，proposition 18，表述如下：“如果人体曾经在任意时刻同时受到过两个或多个物体的作用，那么后来无论何时头脑回忆起其中一个的话，就会回忆起另外其他的物体。”

了这样一个观点，即偶然的联合在被重复地强调之前并不是很牢固；
97 一旦*偶然地*发生了联合，这种联合就必须通过*习俗*得以加强（*Essay*，2：23：6）。第二，像斯宾诺莎一样，洛克认为，观念的联合主要是一种消极现象，这种现象很容易“使我们在行动中陷入僵局，在道德中及自然中都是这样”，我们应该不断地警惕其影响。实际上，他认为在我们的心理活动中没有什么比联合更具误导性和危险性（*Essay*，2：33：9）。因此，他嘱咐负有教育儿女之责的人“要勤勉地观察年轻人心中不适当的观念的联合，并且小心地阻止那种不适当的联合。[因为]这是最容易产生持久印象的年纪”（*Essay*，2：33：8）。

对于几乎所有18世纪的心理道德学家来说，洛克对于观念联合的重要性及其对儿童教育的重要性的认识成为他们讨论的中心主题。但他对联合几乎未变的消极态度在英国被两个最重要的人物转变为一种占据主导地位的积极观点，他们试图以此来建立人类社会学和政治学的科学心理学基础，他们就是大卫·休谟（David Hume）和大卫·哈特莱（David Hartley）。

将休谟和哈特莱的基本方法与人的本性和道德联系起来的主要有两方面因素。第一是约翰·盖伊（John Gay）牧师在“论美德或道德的基本原则”（*Dissertation Concerning the Fundamental Principles of Virtue or Morality*）中对观念的联合的重新评价，该文也作为威廉·金（William King）的《邪恶的起源》（*De Origine Mali*）一书的序言于1731年出版。在这篇短文中，盖伊出于宗教目的采用了霍布斯关于善恶的观念。以这种方式，他坚持认为“个人的幸福是我们所有行为期望实现的正确的终极目的”，幸福或快乐，仅仅通过联合的方式与某些对象或行为联系了起来。正是某些特定行为与快乐的联合，以及其他行为与痛苦的联合，才使这些行为被视为善良的或邪恶的。因此，一系列特定的联合就成了所有道德的基础。[1]休谟和哈特莱并没有盲目地接受盖伊的主张；相反，他们两人都将其视为一个刺激因素，以令他们在更广泛的意义上研究观念的联合在人类知识和人类行为中的作用。

第二是当休谟和哈特莱分析观念的联合是如何实现激发人类行为并使其活跃起来的这个问题时，他们都自觉地模拟了牛顿自然哲学的研究方式。休谟特别钦佩牛顿《原理》中谨慎的实验和非假设性的方 98
法；哈特莱则赞成牛顿在《光学》一书中“疑问”部分里所用的那种引出启发式假设的类比方法。

大卫·休谟的联想主义心理学

在他1739年出版的第一部主要著作《人性论：在道德学科中采用实验推理方法的一次尝试》（*A Treatise of Human Nature: Being an Attempt to Introduce the Experimental Method of Reasoning into Moral Subjects*，简称《人性论》）中，休谟应用了牛顿的方法，并继承了其期望，他坚持要寻找“那几个简单的原则”，以此作为人性，以及人类之间所有互动的基础。[2]

在《人性论》研究期间他得到的几个简单原则中，休谟认为观念的联合是最重要的，因为虽然我们不能解释思想如何，以及为什么会出现“特定观念之间的秘密联系或结合”，但这是一个经验事实，自然

① 引自Basil Willey, *The Eighteenth-Century Background* (New York: Columbia University Press, 1940), 140。

② Hume, *An Abstract of A Treatise of Human Nature*, appendix 2 in Charles Wendel, ed., David Hume, *An Inquiry Concerning Human Understanding With a Supplement: An Abstract of A Treatise of Human Nature* (Indianapolis: The Bobbs-Merrill Co., 1955), 183-184，后面引用时将简写为*Abstract*。

就是这样的。此外，这种联合构成了大量的人类想法、情感和行为真实且充分的原因。事实上，就我们的知识和情感而言，“这是将宇宙各部分结合在一起或将我们与任何他人或我们自己外部的物体联系起来的*唯一*纽带”（*Abstract*，198）。

在社会科学的历史方面，休谟关于我们的知识所不得不说的内容远不及他关于我们的情感所必须说的内容重要，因为他分析的主要结论是，道德和社会制度相对来说与理性和思维能力的关联性很小，而与我们的情感或情绪有很大关系。关于这种说法，休谟和他在英国的联想主义战线上的同人将社会理论建立在心理学基础上的方式与霍布斯和斯宾诺莎采取的方式截然不同。

对于早期的思想家来说，公民社会是建立在针对自我防卫和知识自由问题的理性分析基础之上的。对于追随约翰·盖伊和弗朗西斯·哈奇森［Francis Hutcheson，他 1725 年的著作《论美和德行观念的起源》（*An Inquiry into the Original of our Ideas of Beauty and Virtue*）及 1728 年的著作《关于爱和情感本性和行为论文集》（*An Essay on the Nature and Conduct of the Passions and Affections and Illustrations of Moral Sense*）也是激发休谟和哈特莱研究的主要文献］的那群社会理论家来说，公民社会的出现是基于人类的非认知情感特征，他们的观点在休谟和哈特莱那里达到了成熟。本质上，我们与他人相互联系，
99 并规范我们的行为，根本原因并不是由于我们会计算某些利益，而是这会令我们感觉良好。

对于休谟和他的大部分同人来说，为什么某些特定类型的行为会使我们感觉良好，而其他行为则使我们感到不好，这个问题最终是难以回答的。我们可以实现的最好的结果是根据经验来研究什么客体、事件及行动与哪类快乐或痛苦有关联，并以此来指导我们设计制度的活动，从而增加前者并减少后者。因此，社会结构和政策

的优劣必须依据其在生产快乐和减少痛苦方面的“效用”来进行判断。

为了判断社会制度的效用，休谟认为，我们必须考虑到全部范围的人类情感，而不仅仅是自我保护的需要，甚至不应该仅仅是自我保护与自我表达的需要。他表明，人类会受一些强烈的直接的情感，如悲伤、喜悦、希望、恐惧、沮丧和安全等驱使；还会受包括骄傲、谦卑、雄心、虚荣、爱、仇恨、嫉妒、怜悯、恶意和慷慨等非直接的情感驱使；还会被一些更加冷静的情感，如对美的欣赏和对畸形的厌恶所影响。[①]在从整体上判断行为和社会结构的好坏时，必须考虑这些情感中的每一种。因为理性对这些事项并没有贡献，所以我们必须转而依赖习惯和习俗这类我们最可靠的指导原则。

在对理性的怀疑及对习惯和习俗的依赖方面，休谟心理学在本质上坚持保守的目标，这与他自己的政治倾向是一致的。但坚持保守主义的休谟在以心理学为基础的社会理论家群体中几乎是孤独的，而且他的心理学也包含了这样一种暗示，这种暗示很快就使得其他人将联想主义学说塑造成非常自由，甚至激进的意识形态的基础。

休谟对直接和间接情感的区分是这种驱动观点的基础，因为它呈现了那些我们可以称为针对事件的直接反应、本能反应或自然反应之间的区别，不管我们多么努力地尝试，都不能改变这种区别，而这些反应是从习惯或习俗中*习得*的。例如，为了理解公民社会的起源，休谟认为，人们最初可能没有意识到通过生活在相互依赖的大群体中，他们可能获得在安全和经济福利方面的许多好处。但是，一个自然的动机是基于性吸引力的人与人的相互结合。性吸引力引发的这个过

---

① David Hume，*A Treatise of Human Nature*，ed. E. C. Mossner（Harmondsworth，England：Penguin Books，1969），pt.1，ch.1，328，后面引用时将简写为*Treatise*。所有的引用都会标注清楚部分、章节与页码，以供其他版本的引用者参考。

程，最终导致了一种更加普遍但却是人为的社会吸引力：

100 ……对于那些补救方法原是遥远的且不清楚的需要，恰好有另一种需要与之结合，这种需要有一种当即就能满足且比较明显的补救方法，因而能够正确地被认为是人类社会成立的最初的原始原则。这种需要就是两性间的*自然*欲望，这种欲望将人们结合起来，并维系他们的结合，直到他们因对共同子女的关爱而建立新联系。这种关爱也成了一条使父母和子女联合起来的原则，进而形成一个人数更多的社会。在这个社会中，父母凭其体力与智慧方面的优势，管理着家务，同时又由于他们对子女有一种*自然*的感情，所以他们在对其子女行使权威时，就受了限制。不久，*习惯和习俗*在子女幼小的心灵上产生了作用，使他们了解社会可带来的益处，并通过去除那些妨碍团结的倔强感情，逐渐将他们塑造成适应社会的人。（*Treatise*，2：1：5）

休谟并没有在这些原始的或自然的情感如两性之间、父母与后代之间的情感，同习得的或人为的情感之间做过多的区分。但是对于哈特莱这样的联想主义者来说，他并不像休谟那样对理性极端不信任，他相信人为联系具有可被操作的可能性，这为我们提供了一种希望，即人们可以制造一个使人类快乐程度极大化的社会，这个社会要比由无目的的历史过程导致的其他社会都更美好。

哈特莱、普利斯特里和英国的激进主义

在 18 世纪英国的心理道德学家中，拥有最多读者且最令人钦佩的毫无疑问是大卫·哈特莱，他的《对人及其结构、职责和期望的观察》（*Observations on Man，His Frame，His Duty，and His Expectations*）出

版于 1749 年。①虽然哈特莱温和的宗教观点使他看起来并不像无神论者休谟那样有威胁，但他仍然形成了一种基于心理的道德认识，这种认识造成了意义深远的政治和经济影响。事实上，艾萨克·克拉尼克（Isaac Kramnick）认为，哈特莱《对人及其结构、职责和期望的观察》在 18 世纪末成了激进改革者的一本“圣书”。②例如，因支持美国和法 101
国的革命而被从英国驱逐到美国的约瑟夫·普利斯特里（Joseph Priestley）曾写道：“除了《圣经》之外，我认为自己对这本著作的兴趣要比我读过的所有书都更强烈”，“哈特莱博士对于心灵世界理论的贡献比牛顿对于自然世界的理论的贡献还要大”③。年轻且激进的塞缪尔·泰勒·柯勒律治（Samuel Taylor Coleridge）给他的第一个儿子取名为大卫·哈特莱·柯勒律治（David Hartley Coleridge）。大多数 18 世纪后期英国重要的政治激进派作家，包括詹姆斯·密尔（James Mill）、威廉·戈德温（William Godwin）、詹姆斯·伯格（James Burgh）以及大卫·威廉姆斯（David Williams）等人，都认可普利斯特里的判断。19 世纪早期最重要的英国社会主义者罗伯特·欧文（Robert Owen）极度信赖哈特莱的心理学，我们将看到，哈特莱的联想主义甚至为早期的英国女权主义者凯瑟琳·麦考利（Catherine Macaulay）和玛丽·沃斯通克拉夫特（Mary Wollstonecraft）的论点提供了主要支撑。

休谟建立其联想主义心理学所使用的描述性且最终是保守的方法与哈特莱更积极的且是干预主义的方法，在目标方面的基本差异在哈

---

① David Hartley, *Observations on Man, His Frame, His Duty, and His Expectations*（London：Thomas Tegg and Son，1834，6th ed.），后面引用时将简写为 *OOM*。

② 参见 Isaac Kramnick，“Eighteenth-Century Science and Radical Social Theory：The case of Joseph Priestley's Scientific Liberalism”，*Journal of British Studies*，25（1986）：15。

③ 参见 Joseph Priestley, *An Examination of Dr. Reid's Inquiry into the Human Mind on the Principles of Common Sense*（London：1774），xv and xix。

特莱早期的初步概要《关于知觉、运动和观念产生的各种猜测》（*Various Conjectures on the Perception, Motion, and Generation of Ideas*，1746 年）中就已经介绍得非常清楚。在书中，他认为，“将联想学说作为原则来使用必须被理解为是伦理和道德的*修正*”。一旦我们通过联想的方式理解了我们的欲望和厌恶感的起源，那么我们就会发现我们有能力对它们进行修改，最重要的是，我们会发现“通过哪些方式，良好动机……是可以被培养出来的，而不好的动机则可被控制……特别重要的是，通过怎样的规范，孩子幼小的心灵能被完美地塑造为拥有美德和虔诚之情”[1]。哈特莱从道德和社会改革者的视角展开了他对人类心理学的讨论。

就像休谟那样，哈特莱从艾萨克·牛顿那里学到了他的方法。但与休谟不同的是，哈特莱建议遵循牛顿《光学》中疑问部分所提倡的假设方法，因为心理现象的复杂性使得《原理》中更加“正确”的方法变得并不可行。

为了研究联想现象，他采用了（牛顿《光学》第四版中的疑问 12、23 和 24 中提倡的）这种假设，即假设大脑白髓质内一种不易察觉的流质中的粒子振动对应于思想中观念的存在，因此当振动在频率、
102 方向、位置或强度上出现变化时，我们的观念将以某种相关的方式改变。继洛克和牛顿之后，哈特莱坚持认为振动假设仅仅应该被理解为一种启发式的策略，用于建立联想理论中的一些关系，因此，无论是否采用假设，从研究振动假设中得出的关于联想的描述性学说都将是真实的（*OOM*，261）。

哈特莱最初认为，当髓质振动的振幅增大时，它会产生更大的快乐，直到振幅变得如此之大，以使得其在髓质物质（*OOM*，23）中产

---

① David Hartley, *Various Conjectures on the Perception, Motion, and Generation of Ideas*（Los Angeles：Augustan Reprint Society，1959；reprint of 1746 edition），54-55。

生泪液或“持续性溶液”。这解释了为什么快乐和疼痛似乎彼此密切相关，以及为什么在许多情况下，如与热和声音有关的情况下，某种体验强度的增大会导致快乐感受的增加，直到达到某个点之后，疼痛就会发生。进一步来说，这把我们割伤时会感觉到的疼痛，解释成了在一些组织中产生的“持续性溶液”。

接下来，他说明了如何用振动假设解释一般的联想过程，以及简单观念的联合如何创造复杂的观念。假设每次体验在大脑中留下一组微弱的振动，就构成了记忆。相同经验的频繁重复将累积相同的振动，产生更强的残余振动。这就是为什么通常我们通过重复来实现学习过程（*OOM*，37-41）。一起发生的两个体验将留下彼此强烈联系的振动，因此，如果两个体验中的一个被回忆起来，则它将自然地带回不只关于一个体验的记忆，而且还有最初与它相连的另一个体验的记忆（*OOM*，41-46）。最后，由此可见，一系列复杂的观念可以由这样的方式相连接，就像词由字母组成一样（*OOM*，48）。但是在创造复杂观念的情况下，振动不仅仅是因为它们在大脑中彼此相邻的位置而相互联系起来；它们还可以通过在单个位置处两个不同振动的叠加得以构造。

因此，复杂的观念——我们称为理智而不是感觉——相比简单的观念可能会产生更大的快乐感受，但是它们产生痛苦的概率则会更小。哈特莱的理由是，虽然复合使它们变得更大，但事实上，它们在大脑中的分布更加分散，这也使得它们不太可能形成那些锋利的边缘，正是这种边缘产生了持续性溶液。这个事实解释了长久以来人们一直提倡获得精神上的快乐而不仅仅是身体上的快乐的道德传统。

对哈特莱来说最重要的是，如果我们能够分析我们复杂的情感是
如何产生的，那么“我们就可以学习如何珍惜和改善美好的情感，根 103
除掉有害的和不道德的情感，以及学习如何使我们的生活方式，在可

以承受的程度内，适应我们在智力和宗教方面的要求”。因此，联想的知识成了一类道德工程的基础，通过这种道德工程，人类可以完善自己。哈特莱甚至建议，通过对联想的适当操控，堕落的人类可能会回到那种“伊甸园式”（paradisiacal）的状态，在这种状态下，“纯粹的快乐将能被感知”（*OOM*，53）。当社会主义者罗伯特·欧文讨论这个问题时，这个论点被扩展为这样的论断：“从最好到最坏，从最无知到最有见识”，只要提供适当的经验，“在任何社会中都可能找到拥有任何特征的人，哪怕扩大到世界范围也是如此”。[①]

因为哈特莱认为人之所以为人几乎就是因为人所特有的那些经验，所以他认为所有人生来都是平等的，没有一个人或一群人应该比其他任何人更快乐。但是很显然现实情况却是，至少在一些情形下，某个人对快乐的追求会妨碍某些其他个人追求快乐。当这种快乐的感觉源于食物或性等方面的享受时，这肯定是真实的。而且当这种快乐与金钱方面的愉悦密切相关时，这也是真实存在的。至少在短期内，“如果一个人获得了财富，则另一个人必然会失去财富”（*OOM*，289）。因此，自私自利的行为或者对“恶劣的”自我利益的追求最终会导致自我毁灭，因为它剥夺了别人的幸福，并将他们变成敌人。“恶劣的自我利益，显然会倾向于剥夺我们因共鸣而生的快乐，它使我们陷入痛苦。贪婪浇灭了所有那些由良好意愿和宽容心所激发出的火花，并产生了无限的怨恨、猜疑和嫉妒。我们在世界上看到的绝大部分争执和相互伤害的发生，都是因为相对于以公平分配的方式分享快乐，争执的一方或双方渴望获得更多。”（*OOM*，492）

那么，如何实现整个社会的“快乐最大化及痛苦最小化”（*OOM*，504）呢？上面这段话就暗示了这样一种观点，即除非是在经济资源分

---

① Robert Owen，*A New View of Society and Other Writings*（London：J. M. Dent and Sons，1972；from 1813 original），16.

布相对均匀的社会中，否则快乐就不能被最大化，后来这种观点得到欧洲大陆联想主义者的发展，成为支持社会主义的依据。哈特莱给出了一种更全面的论证，从而使英国的联想主义能够被更自由地理解，当然也使其能够与他的千禧年主义及医学背景相一致。

如果人们没有经历过不适当的（我们可能说是病态的）经验，那 104
么他们将以这样一种方式自然地发展，即通过更高级的乐趣使他们关于自我利益的概念变得更加“高尚”。当人们在行动上与别人产生共鸣，并以善意的态度对待他人而不是卑劣地剥削他人时，他们就会发现一种新的快乐源泉，即源于被他人赞许和钦佩的快乐（*OOM*，291）。渐渐地，哈特莱认为，通过联想，我们甚至超越了高尚的自我利益，发现我们最大的快乐，以及整个社会最大的快乐，来自于那些由我们纯粹无私的爱心所导致的行为，而无私的爱心是由哈特莱所谓的我们的道德感所指引的（*OOM*，309-313）。这种道德感（最初由弗朗西斯·哈奇森定义）允许我们判断哪些行为真正有利于他人，而不仅仅是为自己提供一种自我满足感，或仅仅是为了使自己因慈善之名而被人钦佩。

由于哈特莱假设自然的心理发展会导致人们彼此相互配合，从而创造一个快乐最大化而痛苦最小化的社会，因此像佩蒂及 17 世纪的自由政治经济学家那样，哈特莱认为，政府对私人和社会生活的干预应限于保护私人权利和消除那些障碍自然发展的因素。像普利斯特里那样持不同教义的牧师们发现，这种学说对于反对英国将国教强加给人民方面显得特别有用。基于同样的原因，虽然哈特莱、普利斯特里，以及几乎所有的追随者都强调教育的至关重要性，但他们仍顽固地反对国家参与到教育活动中去，并极力推广私立的教育规划。

法国感觉主义心理学的起源

正如 18 世纪中叶洛克的心理学在英国得到了重要的发展，同时它在法国也同样得以扩张，这是从埃蒂耶纳·博诺·德·孔狄亚克的著作开始的。自 1746 年他出版了著作《人类知识起源论》（法语为 *Essai sur l'origine des connaisances humaine*，英语为 *An Essay on the Origin of Human Knowledge*）开始，孔狄亚克写了一系列关于洛克学说有影响力的评论和修正的著作，如 1749 年的《系统论》（法语为 *Traité des systèms*，英语为 *Treatise of Systems*）、1754 年的《感觉论》（法语为 *Traité de sensations*，英语为 *Treatise of Sensations*）、1755 年的《动物
105 论》（法语为 *Traité des animaux*，英语为 *Treatise of animals*），以及 1782 年的《逻辑学：思维技艺的首次发展》（法语为 *La logique：ou les premiers developpemens de I'art de penser*，英语为 *Logic，Or the First Developments of the Art of Thinking*）。

在许多问题上，孔狄亚克对洛克知识理论的发展要么与哈特莱几乎没有区别，要么虽然采用了不同的方法，但在社会科学方面很少或根本没有意义。然而，关于两个具体问题，他的研究方法有所不同，且对 18 世纪法国社会科学的发展产生了重大影响。

在他的第一部关于人类知识起源的著作中，孔狄亚克通过讨论关于抽象及对观念进行组合和分解的心理过程，为旧的笛卡儿式的及机械论的分解和组合策略提供了新的基础。在后来的著作中，特别是在《逻辑学》中，他使用单个术语*分析*来表示分解和组合的两个过程。“在区分心灵的观念时”，他认为，“我们有时会脱离主题来考虑其*本质*特征，这被称为*抽象*……这种操作对于有限的心灵来说是绝对必要

的，因为它一次仅能考虑少数的观念……”[①]

这里的关键论点是笛卡儿在更早之前就已经探讨过的。因为我们会被自己过于复杂的经验所迷惑，所以当我们想要理解它们时，我们必须首先将它们分开，并专注于它们最突出的特征。这种操作，取决于我们的抽象能力，我们称为分解。当需要重新整合那些我们曾孤立研究的观念时，孔狄亚克提出以下建议：“要正确地组合我们的观念，我们应该注意哪些观念是最简单的，它们应该如何，以及以什么顺序与其他观念关联起来。”（*PWC*，464）很快，我们将看到，后来在法国经过克劳德·阿德里安·爱尔维修（Claude Adrienne Helvetius）和马里埃-安东尼-尼古拉斯·卡里塔特·德·孔多塞的发展，这种抽象和分析的概念对于将心理学方法应用于道德和政治问题方面有多重要。

孔狄亚克知识理论的第二个特征对我们的讨论很重要，这与他对抽象及其在思想*系统*建构方面的作用的强调有密切关联。虽然孔狄亚克的《系统论》在很大程度上是对笛卡儿、斯宾诺莎、霍布斯等人喜欢的那类形而上学思想系统的攻击，但孔狄亚克承认假设系统，只要它们被正确地使用，他认为，使知识条理化的最好方式就是通过系统来实现，就像牛顿的《原理》那样，只以几条被经验很好地确证了的原则为 106
基础（*PWC*，1-3）。

关于全部*系统*的性质，只不过是“一门艺术或科学的不同部分按某种顺序进行的排列，这种顺序可以使它们全部能够相互支撑，而且最后的部分能够由最初的部分解释”，继牛顿之后，孔狄亚克也认为“一个系统所具有的原则越少，它就越完美，甚至希望将所有原则都简化为一个原则”（*PWC*，1）。出于这个原因，孔狄亚克批评洛克所假设

① Etienne Bonnot，Abbé de Condillac，*Philosophical Writings*，trans. Franklin Phillip and Harlan Lane（Hillsdale，N. J.：Lawrence Erlbaum Associates，1982），464. 后面引用时简写为 *PWC*。

的感觉和反应是知识的*两个*来源的观点，他整个《感觉论》的直接目标，就是证明所有的观念可以追溯到一个来源，即感觉（*PWC*，159）。这种对思维系统的简单性强调不仅在爱尔维修、孔多塞，以及所谓的*意识形态学*那里发挥了重要的作用，而且它似乎还是亚当·斯密所理解的科学理论建构过程中的简单化驱动力的主要来源。通过使用一个机器隐喻，斯密写道：

> 系统在许多方面类似于机器。机器是一个小系统，被制造出来用于实现那些在现实中工匠们有可能涉及的不同行为或效果，或者将这些行为或效果相互联系起来。一个［哲学］系统就是一台想象的机器，它被创造出来用于在虚构的世界中将那些在现实中已经实现了的行为和效果联系起来。最先被发明的用于执行任何特定行动的机器总是最复杂的，而后来的工匠们通常会发现，简化掉一些结构，或者简化掉最初曾使用的一些运行原理，往往可以更容易地实现相同的效果。同样地，第一个［哲学］系统，总是最复杂的……但经常发生的事情是，一个了不起的起连接作用的原理后来被发现足以将那些已存在的所有不协调现象统一起来，成为一整类事件。①

孔狄亚克和斯密都认为牛顿基于引力原理的系统，是现代世界第一个伟大的哲学系统。孔狄亚克认为他仅以感觉为基础建立的关于观念的理论，以及他仅基于通过信号实现观念的连接的观点，建立的关
107 于知识的理论，是社会科学中牛顿简单性原则的两个极好的例子。斯密明确地将其以自由市场运行为基础的经济学系统，解释为典型的哲学系统的另一个例子。

---

① Adam Smith, "Essays on Philosophical Subjects"（1795）, in Ralph J. Lindgren, ed., *The Early Writings of Adam Smith*（New York: Augustus M. Kelley, 1967）, 66.

并不是所有的法国启蒙思想家都顺应了孔狄亚克所引导的潮流。有些人，包括布丰和狄德罗，认为孔狄亚克同他自己批判的笛卡儿、斯宾诺莎等人一样，陷入到了同一类“系统精神”中。[①]但几乎所有从事心理学理论化研究的人都是从分析孔狄亚克的著作和观点开始的。

克劳德·阿德里安·爱尔维修及情感主义心理学与社会主义的联系

在所有把孔狄亚克的感觉主义心理学延伸到道德和政治领域的人中，最有影响力的无疑是克劳德·阿德里安·爱尔维修。关于爱尔维修知识的复杂性和独创性的评价差异巨大。孔多塞和安-马里埃·杜尔哥（Anne-Marie Turgot）都认为他们被他的“粗糙的功利主义”所困扰。[②]恩斯特·卡西尔（Ernst Cassirer）称他的思想为“无力的且非原创性的”，并认为他如此机械且僵化地遵循了孔狄亚克的一些方法论思想，以至于他实际上是“拙劣地模仿”了孔狄亚克的著作。[③]然而，在几乎每个重大问题上都与他观点不同的孟德斯鸠则写道：“我不知道爱尔维修是否意识到了自己的优势；但对我来说，他是一个能力卓绝的人。”[④]我自己读过的许多文献中，在众多社会主义思想家包括卡

---

① 参见，如 The discussion of Condillac's reputation in Ellen McNiven Hine，*A Critical Study of Condillac's Traité Des Systems*（The Hague：Martinus Nijhoff，1979），1-21。

② The correspondence between Turgot and Condorcet on Helvetius's works is discussed and cited by Keith M. Baker in his *Condorcet：From Natural Philosophy to Social Mathematics*（Chicago：University of Chicago Press，1975），215-216.

③ Ernst Cassirer，*The Philosophy of the Enlightenment*（Princeton：Princeton University Press，1951），25.

④ 引自 Robert Shackleton，*Montesquieu，A Critical Biography*（Oxford：Oxford University Press，1961），181。

尔·马克思（Karl Marx）和普列汉诺夫（G. V. Plekhanov）那里[①]，爱尔维修的两部主要著作，1758 年的《论精神》（法语为 *De l'esprit*，英语为 *On the Mind*）和 1774 年的《论人》（法语为 *De l'homme*，英语为 *Treatise on Man*），在以启蒙主义方式理解社会科学方面，足以跻身最富洞察力、最具原创力，且最有影响力的著作之列。

1758 年，在度过了享有特权且极其放纵的青年时期之后，42 岁的爱尔维修出版了他的第一部著作《论精神》，主要是作为对孟德斯鸠的《论法的精神》（*l'esprit des lois*）的批判性回应。《论精神》受到了审查机构的强烈抨击，部分原因是相比之前所有曾向官方政府申请出版的书籍，这本书更加公开地反对宗教和批评政府，另一方面的原因是 1757 年针对路易十五的暗杀企图，使得政府普遍对那些可能以任何方式被视为对当局不敬的著作过于敏感。该书受到了政府的谴责，并导
108 致一些之前已批准的著作，如伏尔泰、狄德罗和达朗贝尔等人的著作也受到了牵连。

《论精神》被谴责的一个后果是导致了伏尔泰、杜尔哥等温和的哲学家与爱尔维修、霍尔巴赫（d'Holbach）、卢梭等人之间出现了严重的分裂，前者仍然认为一个开明的君主制为实施他们的改革思想提供了最好的机会，后者则认为他们受到了政府不公正的镇压，因而变得越来越激进。[②]因此，例如，尽管爱尔维修在第一本著作中曾谴责专制政府，但他仍煞费苦心地辩称法国政府并不是专制政府。但是当《论人》于 1774 年爱尔维修逝世后（秘密地）出版时，它不仅认为法国“长期奉行专制主义”，而且认为法国的疾病是法律手段无法治愈的。

---

① 参见，如 G. V. Plekhanov's *Essays in the History of Materialism*（London：John Lane，1934）。

② D. W. Smith's Helvetius：*A Study in Persecution*（Oxford：Oxford University Press，1965），本书针对《论精神》事件引发的知识政治学进行了详细且精彩的分析。

这是最早的明确号召通过暴力推翻君主制的声音之一。[1]

为了理解爱尔维修著作的总体目标，我们必须首先认识到他与他同时代的学者丰特奈尔（Fontenelle）、霍尔巴赫和伏尔泰所具有的那种强烈的反教权主义观念，他那种卢梭式的对受压迫的法国农民的同情，以及他对孔狄亚克关于适当科学方法的理解的认同。

游遍了欧洲的宗教之地，爱尔维修并没有看到基督教博爱的证据，相反却只看到了由于教士精英企图将他们的权威强加给人民所造成的大屠杀惨象。[2]仔细研究了法国的经济区划图，他看到的是大批民众“比那些被文明人轻蔑的野蛮民族还要更不快乐……［因为］7800 万的人在痛苦中挣扎，就是为了使五、六千人能拥有成堆的财富并恣意放纵，这使得他们令人厌恶”（*DE*，17-18）。

鉴于发现苦难几乎遍及所有时间和地点，爱尔维修震惊于孟德斯鸠《论法的精神》中的观点。因为孟德斯鸠认为，关于法律在当前社会中实际上是如何运作的历史实证研究，必然是认识法律应该如何运行的第一步。他进而认为，法律必须适应“居民的宗教、他们的自然倾向——他们的习惯和习俗”[3]。爱尔维修愤怒地给他的这位私人朋友（孟德斯鸠）
写了一封信，在其中将他视为知识的叛徒：“我们的贵族和我们各个阶层 109
的小暴君们，如果他们理解你的意思，那他们将会对你赞美不已，这是我发现的你著作的原理中的严重错误……《论法的精神》在各个方面困扰着我们；这是一种以牺牲社会大众为代价的权力。我们正是被人以这

---

① Claude Adrienne Helvetius，*Treatise on Man*，trans. W. Hooper（New York：Burt Franklin，1969），vol.1，vi-vii；vol.2，311，后文引用时简写为 *TOM*。

② Claude Adrienne Helvetius，*De l'esprit*，*or Essays on the Mind and Its Several Faculties*（New York：Burt Franklin，1970；reprint of the 1809 American edition），183，后面引用时简写为 *DE*。

③ Montesquieu，*The Spirit of the Laws*（New York：Hafner，1949；from 1749 French original），2，后面引用时简写为 *SL*。

种世袭的强取豪夺的方式统治着。”（*SL*，xxvii）

在处理立法问题时，人们需要的是那种在诸如伽利略等科学家著作中展现出来的，并由孔狄亚克发展了的分析方法。当伽利略研究物体下落问题时，他首先对复杂问题进行了分析，并从中找出了其最基本的要素。因此，他一开始先计算物体如何下落，而不考虑周围流体的抵抗力。类似地，当力学研究者分析滑轮的效果时，他们首先考虑的是运动，而不考虑滑轮轴承中的摩擦。爱尔维修认为，当我们处理诸如立法这样的复杂社会问题时，必须采取同样的分析方法。首先，“……我们应该不考虑偏见（解读为宗教信仰）的*阻力*，或对立者及个人利益导致的*摩擦*，也不考虑已经建立的习惯、法律和习俗”。

为了发现那些“使人尽可能感到幸福，从而使他们获得与公共福利相协调的最大的愉悦和快乐感”的法律（*TOM*，2：279），我们必须像休谟、哈特莱和孔狄亚克那样，从对人类最基本的理解开始，分析是什么导致他们快乐或痛苦。只有在我们发现了基于人类需求的最好的法律之后，我们才可以转而研究“通过什么方式，才可能使人不知不觉地从遭受痛苦的状态转变为享受幸福的状态”（*TOM*，2：279）。

爱尔维修同意他之前的联想主义者所认为的人的所有行为受激情控制的观点，但与哈特莱不同的是，他认为并没有任何证据表明激情是以个人而非其他目的为导向的。“社会化”的激情，如友谊和爱国主义，最终基于我们希望被赞赏和被服从的心愿。爱尔维修坚持认为“所有的人都倾向于寻找他们的幸福；这是他们不可扭转的趋势；这种尝试将会是无果而终的，甚至结果会是危险的”（*DE*，124）。与哈特莱相信存在一个仁慈的神，它自然会对个人和整个社会的快乐进行协调的观点不同，爱尔维修坚持认为，只有当社会以这样一种方式组织，即当人们朝着增进整体福祉，而非削减整体福祉的方向行动才能感受
110 到更多快乐时，普遍幸福或公共福祉（聚集了所有个人的幸福）才会

最大化。因此，立法的功能是建立针对适当行为和不适当行为的奖惩机制，以使得只有当一个人为公共利益服务时他的个人利益才能被满足（*DE*，289）。

通过一系列很长但是易懂的论证，爱尔维修表明，从长远来看，只有在财富不会极端聚集的社会中，普遍幸福才能最大化，在这样的社会中，每个家庭只要其成员每天完成七八个小时的适度劳动，就都能满足其基本物质需求，所有的公民都能够接受充分的教育，所有成年居民共同管理公共事务，牧师不能将那些与公共事业无关的道德强加于人（*DE*，15，126，146；*TOM*，198，434-435）。知道了为使幸福最大化我们必须追求什么样的社会之后，我们才可以考虑现实究竟离理想有多远，以及理想如何可能被实现。

既然人类可以从友谊或别人的钦佩中获得快乐，并且由于同一家庭中的人或职业相同的人自然地彼此联合或者有共同的关注目标，因此，他们很快就会意识到，相比于在混合群体中或者由日常活动完全不同的人组成的群体中，他们在自己的这类群体中会更易受赞赏也更易被接受。爱尔维修写道："尽管几乎没有人会如此无聊，但如果一个人在选择朋友时会专门留意的话，那么他的一生都会伴随着崇拜者由衷地发出的一句句赞美；同时但凡理智的人，都不会不加选择地结交朋友，否则……他将会被视为傻瓜。"（*DE*，71）因此，人们对于赞赏的需求主要是在私人社团中或课堂上得以满足，在那里他们甚至基于共同的经历发展出了自己的语言体系。因此，同一个阶层的人认为他们彼此相同，并且认为与其他群体中的人是不同的。追求可在这些团体中共享的利益甚至会取代个人希望在食物、住所和性方面获得满足的个人利益，其成为激发团体成员行为的动机，因为这种共享的利益会不断获得其他成员的肯定。

爱尔维修把注意力集中在三个特定的群体上，这些群体已经获得了足够的权力，能够将他们的想法和目标强加于其他群体和整个社

会。这三个群体是牧师、富人和大臣。这三个团体中的每一个都试图
111 通过制定法律来维护自己的利益，以保持和扩大其能够与公共利益对抗的特权和权力。此外，他们密谋让大部分人保持在愚昧无知的状态，因为他们“非常明白，除了多数人的无知和软弱之外，他们的权力没有其他基础”（*DE*，172）。因此，如果改革想要成功，就必须揭掉这些团体所披着的为公众服务的面纱，并表明他们已经是“人类最残酷的敌人”（*DE*，177）。

在他的第一部著作中，爱尔维修认为教会精英是对人类幸福的最大威胁。但是，当他写第二部著作时，他看到富人和“普通公民”之间的冲突是更加重要的。此外，他认为普通人的利益与公众的整体利益是一致的，因为他们在数量上有巨大的优势。因此，他认为“从来没有一个国家，在那里普通公民阶级总是被压迫，但很少有压迫者不热爱和敬重美德。是他们的利益导致他们必须这样”。另外，在富人的利益中总是包含着“免受惩罚的不公，[以及]……扼杀人们心中每一丝要求公平的情绪”（*TOM*，2：88）。因此，人类的历史就是两个阶级之间，如贫富阶级、剥削者和被剥削者之间冲突的历史，公共利益总是由被剥削阶级来表达。这种观点后来被社会主义者克劳德·昂利·圣西门（Claude Henri de Rouvery de Saint-Simon）伯爵几乎未做修改地继承了下来，又从他那里传给了卡尔·马克思。

与他对阶级冲突的讨论有关的是，爱尔维修认为，有一些“学术型”的私人社团，其主要目标是使他们自己脱离强大的利益集团，并发展出适当的语言和方法来追求无私利的社会话语（*DE*，126）。事实上，让·达朗贝尔在1753年曾试图表明巴黎的法国科学院正是他《论学术社团与有权势者之间的关系》（法文为 *Essai sur lasoci é t é des gens de lettres et des grands*，英文为 *Essay on the Relationship between Academic Societies and the Powerful*）一书中所称的这样一个机构。爱尔

维修扩展了达朗贝尔的讨论，断言如果说有人试图通过教育公民使其认识到公共利益的存在并为之而努力的方式，来和平地改变社会，那么这类人必然是那些无私的科学知识分子（*TOM*，2：423-434）。圣西门采纳了爱尔维修的主张，认为只有由具有无阶级属性的科学知识分子引导“无产者”，法国大革命事业最终才能实现[①]；这种观点也成了19 世纪早期社会主义思想的核心特征。 112

感觉主义、联想主义心理学及女性主义意识形态

1790～1791 年出现了三部现代自由女性主义的重要奠基性文献，它们分别是凯瑟琳·麦考利的《教育书信：暨对宗教和形而上学主题的评论》（*Letters on Education：With Observations on Religious and Metaphysical Subjects*，简称《教育书信》）、孔多塞的《关于承认妇女公民权》（法语为 *Sur l'admission les femmes au droit de cité*，英语为 *On the Admission of Women to the Rights of Citizenship*），以及玛丽·沃斯通克拉夫特的《女权辩护》（*A Vindication of the Rights of Woman*）。它们都利用感觉主义和联想主义心理学的学说，来攻击当时强化女权附属于男权认识的运动，并强调作为同样具有理性和感知力的人，女人应该与男人享有同样的权利。

文艺复兴时期已经出现了大量的女性主义文学，攻击那种女性天然就低于男性的传统观念，为妇女的教育权利辩护，并论证她们在智力水平上和男性是平等的（有时她们还更占优）。[②]此外，笛卡儿的力

---

① 关于这个主题请参见 Frank Manuel，*The Prophets of Paris：Turgot，Condorcet，Saint-Simon，Fourier，and Comte*（Cambridge，Mass.：Harvard University Press，1962），114-116。

② 关于这个主题请参见如 Constance Jordan，*Renaissance Feminism：Literary Texts and Political Models*（Ithaca：Cornell University Press，1990）。

学哲学已经瓦解了传统的亚里士多德式的对女性智力低下观点的辩护。17 世纪中期，出现了一系列笛卡儿主义的对妇女平等的辩护，它们坚持认为男性和女性在灵魂或智力方面是相同的。[①]此外，特别是在法国，女性博学的传统得以迅速推广，女性*沙龙*逐渐在巴黎人的知识生活中起到重要作用。

这种运动从来不缺乏反对者，但是到了 18 世纪中叶，出现了一条由各种各样的男性恐惧所激发的主流反对意见，认为由于妇女试图从事不适当的职业，并放弃她们所应负的生育、教养和家庭的责任，因此整个知识界乃至整个社会正在变得混乱（*TMHNS*，214-237）。法国经济思想家们错误地相信了人口正在下降的论调，因而谴责有学问的妇女会忽视她们的孩子这种假想的倾向。在医疗人员的帮助下，他们推出了促进母乳喂养和提倡母性美德的规划，并劝阻女性不要有知识
113 和职业方面的野心。也许最重要的是，非常受欢迎的让·雅克·卢梭猛烈地批判了女性公开的自我标榜行为，他将这种行为的出现归咎于具有“性别混乱”倾向的误导性的“现代哲学的箴言”（*TMHNS*，220）。

在《爱弥儿——论教育》（*Emile, or On Education*，1762 年）第 5 卷中，卢梭用一种强有力的关于两性关系的新学说探讨了妇女教育的问题，为反女性主义基调提供了一个最普遍被认可的理由。根据卢梭的观点，一个性别并不是必然比另一个性别更高或更低。他们根本不可比，所以每个性别都有自己完美的形式，那就是二者应互为补充。“在两性的结合中，每一种性别的人都同样为共同的目的贡献其力量，不过贡献的方式是不同的。由于方式不同，所以在两性的精神上也就产生了一个显而易见的差别。一个是积极主动和身强力壮的，而另一

① 参见 Londa Scheibinger, *The Mind Has No Sex: Women in the Origins of Modern Science* (Cambridge, Mass.: Harvard University Press, 1989)，尤其是第 6 章“Competing Cosmologies: Locating Sex and Gender in the Natural Order”，后文引用时简写为 *TMHNS*。

个则是消极被动和身体柔弱的，前者必须具有意志和力量，而后者只要稍微有一点抵抗的能力就行了。如果承认这个原理的话，我们就可以说，女人正是为了使男人感到愉悦而生成这个样子的。”[①]同样如此的情况是，女性的正确目的应该是生孩子，她们应该关心的仅仅是家庭和家人。卢梭坚持认为“这是由自然和理性所规定的两性平等的生活方式”（*Emile*，362，366）。

18世纪后期试图反驳这种极端保守的性别思想体系的每次重要尝试，都是以联想主义心理学的改革导向传统为基础的，这些反对者坚持认为所有人，包括男人和女人都是一样的，因为他们都是有推理能力并能够体验快乐和痛苦的有感觉的人。这样看来，人都应该遵守完全相同的法律和司法制度，而且他们也应该享有相同的权利。因此除了与分娩和哺乳直接有关的差异外，男性和女性之间的其他所有差异，都被认为是基于根本不公正的习惯做法导致的。

凯瑟琳·麦考利在她的《教育书信》中非常明确地指出了这些想法：

> 教育的首要内容应该是基于长久不变的原理来教授美德，并且避免因混淆社会中存在的法律和习俗与那些以公平的正确原理为基础的责任而导致的混乱……对于由相同材料构成，且以相同方式组织，并受到类似自然规律支配的人来说，有且只有一条道 114
> 德规定……［那就是］一般被认为与女性特征不可分的所有这些恶习和缺点，并不能以任何方式源于性别方面的原因，而完全是环境和教育的影响导致的。[②]

---

① Jean Jacques Rousseau，*Emile，or On Education*，trans. Allan Bloom（New York：Basic Books，1979），357-358. 后文引用时简写为*Emile*。

② Catherine Macaulay，*Letters on Education*（New York：Garland Publishing，1974，reprinted from the 1790 London edition），201-204. 后文引用时简写为*LOE*。

同样，沃斯通克拉夫特坚持认为，对于所有理性的人而言，“只存在一条关于权利的规则”，那就是女人应该被视为与男人平等而不是附属于他们。[①]同样，孔多塞认为，“要么所有人类成员都没有真正的权利，要么他们都有同样的权利；那些因肤色、性别或宗教原因而反对他人权利者，也就自动放弃了自己的权利”[②]。

所有这些著作者都愿意承认男性在身体方面更强有力一些——尽管麦考利认为，即使身体方面的差异也至少有部分原因是男孩有更多的自由能够通过游戏来使他们的身体得以发育（*LOE*，47）——而且也愿意承认大多数妇女*目前*在知识和道德方面是稍逊一些的；但他们都坚持认为这是一种误导性习俗的产物，而且通过适当的教育是可以转变的。

一些现代学者如伦达·史宾格（Londa Schiebinger）等人，认为基于联想主义的女权主义者在他们的论证中对男性价值观给予了特别对待，不知不觉地在接受卢梭的观点，忽视了一些传统女性美德，包括她们抚育孩子的能力，以及她们相对较低的侵略性等特征所体现出的普遍积极意义。在某种程度上，这种抱怨无疑是合情合理的，但特别需要指出的是，麦考利认为男人可以也应该被再教育成更关心孩子的父亲（*LOE*，10-11）。在这个意义上，她倾向于比大多数早期自由女性主义者更平衡地看到性别问题。

切萨雷·贝卡利亚、杰里米·边沁和功利主义

在法国以外的欧洲大陆上的其他国家，最早也是最重要地应用了

① Mary Wollstonecraft, *A Vindication of the Rights of Woman*（New York：W. W. Norton, 1975；from 1792 original）, 36.

② Condorcet, “On the Admission of Women to the Rights of Citizenship,” in Keith Baker, ed., *Condorcet, Selected Writings*（Indianapolis：The Bobbs-Merrill Co., 1976）, 98.

爱尔维修思想的著作是切萨雷·贝卡利亚出版于 1764 年的《论犯罪与刑罚》(意大利语为 *Dei Delitti e della Pene*，英语为 *On Crimes and Punishments*)。在这本对整个欧洲的刑法制度改革都显得至关重要的著作中，贝卡利亚延续了爱尔维修的论点，认为对立法的阻碍几乎无处不在，这种阻碍主要来自那些通过反对促进普遍正义的法律而获利的 115
人。[①]

从纯粹的功利主义和联想主义立场出发，贝卡利亚主张在审判中不用酷刑，呼吁废除死刑，限制法官在解释法律和实施刑罚方面的自由，简化并公布法律，倡导针对证人的交叉审查权，认为应该根据罪行的严重程度而给予相应的惩罚，并根据可使罪行减轻的行为进行调整。这些改革措施中的大部分内容，除了废除死刑以外，在接下来的一个世纪里逐渐被纳入欧洲和美国的法律法规中，不过这是在杰里米·边沁及其追随者采纳并阐释了这些观点之后才出现的现象。

联想主义学说在政治方面最重要且最广泛的应用是由功利主义运动引发的，它由杰里米·边沁倡导，并受到了英国的詹姆斯·密尔和法国的艾蒂安·杜蒙（Etienne Dumont）这些追随者的大力推动。作为一场流行的政治运动，功利主义在 19 世纪的许多改革中发挥了重要作用。它为 1832 年大改革法案的推出提供了主要推动力，该法案使得投票权在英国得到了极大扩展，19 世纪上半叶英国几乎所有的公共卫生立法，以及监狱、司法程序和刑法的改革都要归功于那些自称为实用主义者的人们。

虽然功利主义在 19 世纪 20 年代之前并没有成为一支有影响力的公共力量，但其主要学说早在 1790 年之前就由边沁提出了。边沁从欧洲大陆思想家，特别是爱尔维修和贝卡利亚那里吸收了大量思想。事

---

① Cesare Becaria，*On Crimes and Punishments*（Indianapolis：The Bobbs-Merrill Co.，1963），8.

实上，他特别钦佩爱尔维修，以至于他认为“爱尔维修关于道德世界的成就就如同培根关于物质世界的成就”①。然而，他的基本倾向来自17世纪60年代初他对休谟《人性论》的解读——当时他还是一个在牛津就读的十四五岁的学生——及随后他关于普利斯特里就哈特莱理论所写的删节本的研究。从休谟那里，边沁吸取了所有道德科学都是“将实验推理方法从物理分支延伸到道德分支的尝试”（*EW*，101）的观点，同时，他坚持认为每一种行为都应该由其在公共效用方面的影响来评判。从哈特莱那里，他学到了一个独特的私权至上的认识倾
116 向，坚持认为几乎所有的公共服务都应该以私营的方式交付，政府能做的仅是监管私人活动，以确保他们不破坏公共利益。因此，功利主义一般都鼓励私立教育、私立医院、私立精神病院，甚至私人监狱，所有这些都由议会委员会监督，议会委员会的功能就是在绝对必要时通过调整法规来保护公众。通过对个人主义的强调，功利主义和自由主义政治经济相互促进，扩大了它们二者过去相互独立时所能产生的那种影响力，尽管功利主义对监管的倡导导致其对自由主义政治经济的无干涉主义倾向造成了挑战。

边沁在整个漫长的职业生涯中继续完善他的思想，但是像休谟一样，他在他最早的重要著作《道德与立法原则导论》（*An Introduction to the Principles of Morals and Legislation*）中就已经非常清楚地表达了他的基本观点，这本著作完成于1780年，但直到1789年才出版。从人类寻求快乐和避免痛苦的共同观念出发，边沁首先对这些观念进行了修改，他自问道，我们如何能够测量或量化快乐和痛苦，以便将某种有效的激励因素与另一种相比较。由于我们感兴趣的是预期在未来将会感受的快乐和痛苦，而不是过去曾体会过的快乐或痛苦，因此边沁

① 见 W. Stark，ed.，*Jeremy Bentham's Economic Writings*（London：Royal Economic Society，1952），vol.1，101，后文引用时简写为 *EWJB*。

论证了存在六种不同的测量参数，把它们能预期产生快乐或痛苦感受的有效性程度的高低作为行为的决定因素。第一是最简单的，即它的强度，即使并不是非常容易量化，但它是非常容易理解的。第二是它的持续时间。如果具有同样强度的话，那么我们预期持续更长时间的痛苦或快乐将比我们预期的短暂的痛苦或快乐产生更强的效果。第三是它们的确定性或不确定性。特别是当它们与犯罪行为有关时，如果一个人肯定会受到惩罚，而不是相对确定地会逃避抓捕和惩罚的话，那么某个特定的痛苦对于制止犯罪行为的发生具有更强的效力。第四是预期的快乐或痛苦“在时间上的远近程度”。如果我们可以预期某种行为当即就会受到奖赏或惩罚的话，那么这种奖赏或惩罚就是一种更有效的激励因素。

第五种和第六种测量参数略有不同，因为它们与所考察的行为更严格地相关，而不是相关于这些行为所导致的任何特定快乐或痛苦的程度。第五种是边沁所说的“繁殖力”，或者说这种行为将会被其他人所效仿从而产生更多同样的快乐或痛苦的可能性。第六种是行为的“纯度”，或者说它能够保证不会导致那些会造成相反的痛苦或快乐体验的其他行为的能力。最后，为了了解那些与整个社会的一些行为相关的快乐或痛苦的测量，我们必须考虑其*程度*或受影响的人数。[①] 117

当我们根据某些特定个体获得的好处或坏处来评价某种行为时，我们必须考虑上述六种因素，因此我们必须做到以下几点：“既要把所有的*快乐*之值加在一起，也要把所有的痛苦之值加在一起。如果快乐的总值较大，则差额表示行为与*个人*利益有关的、*好的*总倾向；如果痛苦的总值较大，则差额表示其*坏的*总倾向。”（*PML*，31）当我们想

---

① Jeremy Bentham，*An Introduction to the Principles of Morals and Legislation*，ed.，Laurence J. Lafleur（New York：Hafner，1948；from the 1823 edition containing Bentham's final corrections），29-30，后文引用时简写为 *PML*。

根据社会获得的好处或坏处来评价该行为时，我们必须重复地对每个个体进行统计，将所有好的倾向和坏的倾向相加，从而找出差额，以确定它是好的还是坏的。

边沁完全清楚，在任何特定情况下执行这种统计都存在巨大的问题，并且人们甚至很少会将这样的分析应用于他们的日常行为。“但是，我们总是可以考虑它，”他论证道，“而且，在这些场合某个过程实际被执行时越接近于与它相符，这个过程就越精确。”（*PML*，31）从某种非常重要的意义来说，在现代公共选择经济学中进行成本效益分析的每一次尝试都是这种边沁主义计算的一次近似。

政府的功能是提升整个社会的快乐程度，因此其面对的问题是，让个人沿着增强社会整体的快乐程度而不仅仅是个人自己的快乐程度的方式来行动。在这一点上，边沁极其认同爱尔维修。虽然他同意哈特莱的观点，认为需要存在一些非正式的“约束”，如社会认可和宗教信仰，它们会为那些有利于整个社会的行为增加特殊的快乐感，而为那些有害于整个社会的行为增加特殊的痛苦感受，但是他相信这种约束经常是不足的，因此政府才着手通过法律建立一些公共法令，以奖励那些为增加普遍快乐而做出的贡献，并惩罚那些有损于它的行为（*PML*，70）。

第九章
政治经济学与经济自由主义的巩固（1695～1775年）

整个17世纪，在红衣主教黎塞留（Cardinal Richelieu，1624～1642年）、尤勒·马萨林（Cardinal Mazarin，1642～1661年）和让-巴蒂斯特·科尔贝（Jean-Baptiste Colbert，1661～1683年）执政期间，法国的经济政策旨在增强法国的权力和威望，并巩固中央集权的君主制。[①]这一提升法国地位的政策，力图将法国王室打造成欧洲最强大的王朝，并想要侵蚀传统贵族的政治权力，挫败哈布斯堡王朝想要统治整个欧洲及新世界的野心，但是却耗资巨大。在路易十四统治时期，法国王室在壮观的建筑、景观美化项目，以及戏剧、舞蹈、歌剧和其他形式的景观与娱乐方面肆意挥霍，花费更多的是在17世纪末连续发动的几场反哈布斯堡王朝的战争，包括法荷战争（1672～1679年）和奥格斯堡联盟战争（1689～1707年）。

为了加强法国的经济实力，来支持那个可以产生足够多收入以便有可能满足国家庞大支出的税收系统，尤其是科尔贝，坚持执行那些

① 参见David McNally，*Political Economy and the Rise of Capitalism：A Reinterpretation*（Berkeley and Los Angeles：University of California Press，1988），74。

贴上了重商主义标签的政策，尽管那些政策并没有系统的理论化表述。科尔贝认为国家贸易是一种零和博弈，是国家之间的竞争，每个
119 国家的目标都是在贸易中实现顺差，即实现货币不断地净流入。为此，他设法禁止金银的出口，并禁止制成品的进口。他还设法保持工资处于低水平，以控制出口制成品的价格。

与此同时，他试图提高人口数量及生产力水平。为了鼓励人口增长，他调节粮食价格，禁止粮食出口；为了鼓励生产力发展，他制定了中央政府针对所有行业的详细法规，详细规定了应该采取哪些生产过程，并制定了质量标准。这些法规的目的是确保最有效的生产方法得以使用，并保证产品的高质量，以确保奢侈品市场中商品的可接受性。然而，几乎可以肯定的是，这么做的结果是扼杀了创新，阻碍了企业家的活动。

即使宫廷花费和军事开支并没有增长，科尔贝的政策是否能够成功地改善法国的经济仍是值得怀疑的，然而这些政策从未有机会在这样的条件下得以实施。当时支出的增长需要更多的现金才能满足，这导致政府采取了一系列的紧急财政措施，从而使法国陷入越来越深的萧条循环之中。据估计，到 1710 年，真正的国民收入已经减少到大约 1660 年的一半。此外，几乎最严苛的征税行动失败，导致王室四处借债。到 1707 年，仅仅债务偿还就占去了支出的 50%，而普通税收收入则不足年度支出的 50%。①

大多数税种的收入情况急剧衰退，贵族和教会的财产能够豁免多个税种。此外，粮食价格被人为地保持在低水平。结果是，对非贵族的农业生产者施加的沉重税赋不能转嫁给消费者，因此，在一个农业周期结束时，农民常常没钱购买种子或其他原材料以开始新一周期的

① Hazel Van Dyke Roberts, *Boisguilbert: Economist of the Reign of Louis XIV*（New York: Columbia University Press，1935），5，后文引用时简写为 *Boisguilbert*。

播种。农民逐渐走向破产，在一些地区，农民将他们的葡萄藤埋起来，以避免为并不产生收入的资产缴税。生产不足导致价格上涨，但随之而来的幸福是短暂的，因为增加的收入会被征收新的税收，这将逼迫农民进入一个新的贫困循环之中。

"贫困"（*La misere*）遍布于整个法国农村，但在城市地区的情况 120
几乎同样糟糕。例如，在奥弗涅，造纸量在 17 世纪的最后 30 年里，下降到其早期产量的一半。在都兰，在 1640 年运行的用于编织丝布的 8000 台织布机在 18 世纪初减少到 1000 台，部分原因是在其他地方生产出了便宜的细棉布和亚麻布，导致对丝布的需求降低了。在法国富裕地区之一的鲁昂，总体经济衰退的后果是，到 1700 年，70 万人口中只有 5 万人口能够获得足够的食物（*Boisguilbert*，8）。

在很大程度上 17 世纪末法国经济危机所导致一个结果是，关于政治经济的新颖且重要的著作的创作中心从英国转移到了法国，其中最重要的早期作者是鲁昂市的一位律师、农民、贵族兼本地公职人员——皮埃尔·勒·佩桑特·德·布阿吉尔贝尔。

皮埃尔·布阿吉尔贝尔和新法国政治经济

布阿吉尔贝尔主要写了四部著作:《法国的没落：法国福利缩减的原因及如何补救》（*La detail de la France: la cause de la diminuation des ses biens, et la facultie du remede*，1695 年）、《谷物论》（*Traitédes grain*，1700 年）、《法国的辩护书，或使国王获得八千万的简单方式》（*Factum de la France, ou Moyens tres-faciles de faire recevoir au roy quartre vingts millions*，1702 年），以及《论财富、货币和赋税的性质》（*Dissertation sur la nature des richesses, de l'argent et des tributs*，1704 年）。所有这些著作都以其复杂和晦涩的风格而闻名，除了十分专业的

读者外，其他读者只能望而却步。但是由于这四部著作，以及自1690年直至1714年去世前他写给法国首席财政官的一系列几乎没完没了的信件，布阿吉尔贝尔使法国的政治经济走上了一条虽然很缓慢但却持续增长了一个世纪的道路。

布阿吉尔贝尔研究经济问题的方法是把早期的几种社会科学思想融合在一起。作为其基础，他沿用了贝彻对于消费的强调，接受了他
121 关于专制主义和家长主义政治的假设，采纳了他坚持国王的财富最终取决于他的臣民的观点，并同他一样关注一个经济体中不同群体财富之间的相互依赖性。但是在这个基础上，他建立了一个看起来非常不同的结构。首先，他加入了一种从法国历史法理学流派那里获得的历史维度。其次，他吸纳了威廉·佩蒂的一些重要观点，特别是他对于流通性在调节货币需求方面的作用的强调。

在佩蒂学派中，他还吸纳了查尔斯·戴夫南特关于粮食自由国际市场如何建立自然价格的分析。这一点特别重要，因为布阿吉尔贝尔提出了一个强调农业在经济中独特的重要作用的新观点，这修正了官房主义者对商业的过度关注。最后，为了说明市场作为经济调节器的作用，他接受了詹森主义道德学家皮埃尔·尼古拉（Pierre Nicole）和法律学者让·多马（Jean Domat）关于私人经济动机与公共利益之间关系的理解。通过将自己比作哥白尼、伽利略和哥伦布（*Boisguilbert*, 28），布阿吉尔贝尔将所有这些因素结合起来，对经济的运作进行了系统的解释，对18世纪初法国经济呈现出灾难性状态的原因进行了强有力的解释。

同官房主义者一样，布阿吉尔贝尔最终将他所有的经济讨论都归结为支持专制主义国家的问题，并认为国家的财富取决于国民的财富。按照布阿吉尔贝尔的说法，君主有权从他的国民那里抽取尽可能多而又不会招致民众反对的税收，只要保证这些税收“不会对国家农

业和商业这两大命脉产业造成打击”即可（*Boisguilbert*，160）。

但为了明白如何保持税收不致破坏农业和商业，人们必须了解经济的运行方式，特别是不同要素之间复杂的相互依赖关系，以及它们普遍存在的对消费的依赖。像贝彻一样，布阿吉尔贝尔有时会借用政治统一体的概念，来证实他所强调的相互依赖关系的正确性。但是，与之前学者不同的是，他特别遵从这样一种印象，即认为一些经济要素比其他要素更敏感，可能需要给予更多的保护。因此他论证道：

> ……国家统一体（body）就像人的身体（body），鉴于一个部位的不适会很快影响到其余部位，并导致个体死亡，因此身体中的所有部位及所有器官必须一起运行以维持生命。各个部位在强韧度和活跃度方面并不是相同的，正是这种整体的相互依赖关系使得最坚实的部位得以凸显，甚至这些部位会主动承担一些打击，以保护那些一点点攻击都承受不起的最虚弱且最娇嫩的部位。 122

特别地，布阿吉尔贝尔试图表明，由于普通工人和劳动者是国家最薄弱的组成部分，因此富人应该更加心甘情愿地支持国家的经济需求，以保证整体经济的健康（*Boisguilbert*，177-178）。

紧跟威廉·佩蒂的脚步，布阿吉尔贝尔指出，如果货币被用作交换媒介，那么在其流通速度更快的地方，它就必然能做更多的事以推动繁荣。这一事实具有极为重要的政策影响力，因为一般来说，货币在穷人的手中比在富人的手中流动得更快：

> 穷人或小贩手里的 1 埃居在创造税收的效果方面要比它在富人手里强百倍，因为只有在前者手中，这部分资金才会每日连续不断地流转，而这种情况不会出现在富人身上，富人的巨额资金会数月乃至数年闲置在金库中，不会发挥任何作用……在这个保

> 管过程中，国王和国家统一体没有得到任何好处，这就相当于从他们二者那里窃取了资金。（*Boisguilbert*，171）

鉴于这一事实，税额应该是累加的，而不是递减的，对富人征收的税额应该高于穷人的，因为从富人那里所征的钱对消费并不会造成什么影响，而从穷人那里所征的钱必然会对消费造成严重的抑制作用。如果能以简单的方式让富人明白这个基本原理，那么他们就会欣然接受税务负担的转移，因为他们会意识到他们很快就会获得好几倍的补偿。不幸的是，由于狭隘的利己主义，富人迫使王室几乎将税赋的重担完全落到了相对贫困的群体身上，这导致法国出现了普遍的经
123 济衰退，并导致国家收入急剧下降。

布阿吉尔贝尔意识到，在短期内法国不可能建立任何类型的累进税收制度，因为任何这样的尝试都会被强大的特殊利益群体所阻碍（*Boisguilbert*，119-121）。他反而建议在初期采取一系列更为温和的改革措施，理由是“当面对非常严重的疾病时，医生一开始不会施予猛药，因为他害怕病人无法忍受它们强烈的药性”（*Boisguilbert*，156）。至少，税额应该是确定的，而不是任意的，应与收税对象的支付能力相称，收取方式应该更便捷，直接由人民支付给政府，而且任何贵族或神职人员都不能豁免。

鉴于所有这些原因，布阿吉尔贝尔建议，原先由数百个不同税种（大部分是面向财产和特定商品征税，大部分税赋都被转嫁给了“农民”）构成的复杂网络系统应该被单一的面向每个公民征收的10%的“人头税”或所得税代替（*Boisguilbert*，157）。这样的税收虽然不能导致个人收入立即增加，但布阿吉尔贝尔通过计算得出，它会使国家收入增加近20%（*Boisguilbert*，158）。在几年内，通过刺激普通人消费，税收将会多到足以偿还国家债务，并可允许税率下降。

布阿吉尔贝尔又将关注点从税收政策转到更为广泛的经济领域，

他指出，任何可持续的生产活动必须至少要产生足够多的收入以支付生产成本。在一些商品生产的案例中，生产者损失并不会造成什么大的问题，因为工人可以转向从事其他行业。但农业是一个特例，因为每个人都必须吃饭，并且因为大多数法国人都从事农业，所以农业衰退必然会蔓延到整个经济领域中去（*Boisguilbert*，135）。此外，尽管大多数税收问题的主要原因仅仅是人们缺乏对公共福利的关注，然而关于农民的特殊问题却是由那种出发点很好但本质上是错误的政府政策导致的（*Boisguilbert*，133）。

在科尔贝禁止谷物出口之前，从国外获得的谷物销售收入一直是法国国民收入的来源，也是法国繁荣兴盛的原因。但是，由于科尔贝实施了对出口的限制及对价格的管控，即在歉收年份设定谷物的价格上限，却不在丰年提供价格支撑，现实中谷物价格波动很大，这样从
长远来看，农民无法负担其生产成本。因此，不仅农民不能购买他人 124
的产品，导致消费下降，而且饥荒的出现也几乎是必然的事情。

为了改变这种情形，布阿吉尔贝尔坚持建立谷物的自由市场制度，因为自由市场将保证农民获得足够的利润。布阿吉尔贝尔在他的《法国的辩护书》中解释了这个原理是如何运行的：

> 没有一个工人不竭尽所能地尝试以三倍于其价值的价格出售他的商品，并期望以低于成本 1/3 的价格购买其邻铺的产品。在这些情况下维持公道本就是在刀尖上保持平衡之事，然而这却正是自然或神明所负责处理之事……*在有关生活的贸易中，自然或神明建立了这样一种秩序，只要听任自然安排，强者在购买穷人的东西时就无法阻止这种出售会给穷人提供生计*。正是这种行为维持着国家的富足，而他们之所以能够以符合其各自地位的方式生活，同样都是受惠于这种富足的。……我曾说过，只要听任自然安排，也就是说，顺其自然地，任何人参与这种贸易只是为了在

> 贸易中给所有人以保护而阻止暴力行为发生。（*Boisguilbert*，250-251，强调是我加的）

只要国家或其他中介组织不强迫任何一方接受非自然的协议进行交易，或禁止任何一方在市场上寻求自己的利益，那么所有交易都只在双方均从中受益的情况下才会发生（假设只有交易双方会受影响），因此每次商业交易都将会增加总体福利。所有那些限制卖家获取最佳交易价格或限制他们要价的尝试都需要面对的麻烦是，这种行为可能很容易导致卖方无法从交易中获益，从而破坏那种保证所有交易都会为社会带来整体利益的机制。

布阿吉尔贝尔的确认识到了无干涉原理也具有一定的局限性，这主要是由于他意识到了只有当交易双方在议价过程中具有同等自由时，市场才能施展其魔力。例如，以粮食市场为例，他认为，由于供
125 给波动不受控制，而且粮食是一种易腐烂的商品，不能长期滞留在市场上，所以当丰年粮食生产过剩时，农民并不是真正自由的，他们可能不得不接受那种他们无法承受的过低价格。为此，他赞成提供价格*支撑*（*Boisguilbert*，270）。布阿吉尔贝尔并没有意识到饥饿的穷人在食物交易方面同样是不自由的。

理查德·坎蒂隆与经济建模

尽管贝彻、佩蒂和布阿吉尔贝尔在研究中描述了经济的总体概况，但他们的研究更多是公开探讨某些政策问题。当代第一本旨在为经济生活提供一个不受争议的一般性理论的著作是理查德·坎蒂隆的《商业性质概论》（法文为 *Essai sur la nature du commerce en general*，英文为 *An Essay on the Nature of Trade in General*，简称《概论》），该书完成于 1728～1730 年，其手稿复印本曾在法国经济思想家间广为流传，

最终在 1755 年得以出版。虽然坎蒂隆始终寻求对所有经济问题采取公正的立场，但同时他也是一位极其成功的银行家和股市投机者，他对国际银行和货币市场的深入了解不仅使得他对货币经济学的调查研究比之前的学者更加全面，而且也使得他相比之前的大部分学者都更倾向于认同金融制度。

坎蒂隆的《概论》主要分为三个部分，其分析复杂性也是逐步增加的。在第一部分中，他定义了财富（是“维持生活、方便生活和使生活富裕的资料”[①]）；定义了财富的来源（土地和劳动）；定义了他所谓的内在价值（生产成本）和市场价值之间的差额，该差额由“生产量或出售的商品量与需求之间的比例”关系决定（*ENTG*，119）；并解释了在管理良好的经济体中，市场价格将围绕等于或大于内在价值的价格上下波动（*ENTG*，31）。总之，坎蒂隆定义并讨论了与生产有关的三类经济主体的作用：土地所有者，其收入为租金；劳动者，其收入为工资；业主（企业家），其收入为利润（*ENTG*，43）。此外，与之前的学者相比，他在更广的范围内讨论了企业家的作用。最后，他在 126
第一部分总结了人口增减的原因，这是早期政治经济学的一个核心问题（*ENTG*，65-85）。此外，他还简要讨论了贵金属如何因其自身的内在价值，而成了关于经济价值的普遍度量单位（*ENTG*，97-113）。

《概论》的第二部分致力于分析基于货币的市场经济运行机制。它对市场设定价格的功能进行了一般性的说明，然后转向了分析货币在不同阶级内部的流通情况，极大地扩展了佩蒂和布阿吉尔贝尔曾做出的简要讨论（*ENTG*，121-149）。事实上，毫无疑问，正是坎蒂隆关于货币流通的言词量化（verbal-quantitative）模型促进了*经济表*（*Tableau Économique*）中关于货币流通的图形表示的出现，这是后来由弗朗斯

---

① Richard Cantillon, *Essay on the Nature of Trade in General*, ed. Henry Higgs（London: Royal Economic Society, 1931），3，后文引用时简写为 *ENTG*。

瓦·魁奈和维克托·里克蒂，米拉波侯爵（Victor Riquetti，marquis de Mirabeau）提出并完善的，并在1758年后期首次出现在米拉波的《人民的朋友》（*Ami du people*，1759年）一书中。

坎蒂隆以讨论预付资本及有偿贷款在资本经济中的重要性，对《概论》的第二部分进行了总结。在这一节中，他认为，政府试图将利率人为地维持在低水平是绝对无益的，因为贷款人必须收取足够多的费用来弥补他们的风险，以及他们因丧失机会而导致的成本。如果政府试图将利率限制在自由市场利率以下，那么它将必然会失败。他从自己在银行业方面的经验出发，写道："契约双方只服从竞争的力量，或由放款人和借款人之间的比例所决定的现行价格，他们将会做秘密交易；而法律的限制只能增加交易的困难，从而提高而不是压低利息率。"（*ENTG*，221）

《概论》的第三部分专门讨论了由国际贸易、外汇汇率的波动，以及国家和国际银行创建等活动所引发的日益复杂化的问题。关于国际贸易，坎蒂隆是从传统的重商主义观点展开研究的，即认为在所有其他条件相同的情况下，人们会希望进行交易以实现货币的净流入。然而，正如在许多其他案例中看到的，坎蒂隆迅速转向了对"所有其他条件都相同"假设的质疑。例如，他认为，在没有金、银或现金转移的情况下，一个销售制成品和进口原材料的国家可以通过提供更多的资源来供养并雇用更多的人口，从而获得经济优势（*ENTG*，233）。更重要的是，坎蒂隆认为，既然货币具有内在价值，那么当一个国家的
127 确成功地增加了货币供应时，工资和价格就会增加，从而使该国家产品的国际竞争力下降，直到货币的流通方向相反。因此，长期来看，传统重商主义政策必然是无效的（*ENTG*，235-237）。

与布阿吉尔贝尔不同，坎蒂隆的著作不仅仅是对法国经济危机的一种回应。它还包括许多政策建议，为规模很小但特点明显的国际银

行家和金融家阶级提供了参考，并培养出了他们独特的经验。此外，坎蒂隆的《概论》还展现出了修辞学方面的优势，这使得几乎所有 20 世纪的经济史学家都认为，在亚当・斯密的《国富论》出现之前，它是经济学中唯一最伟大且最全面的论著。毫无疑问，坎蒂隆体系的全面性使其在那个时代具有很重要的吸引力。它能够使用很少的假设来解释一个前所未有的经济现象，并且所有这些假设在英国和法国已经受到了政治经济学家的广泛认可。其中最重要的就是那些与戴夫南特、布阿吉尔贝尔和曼德维尔所共享的假设，即假设每个经济活动者都会理性地计算他或她的自我利益，并且存在一种*自然的*机制，即市场机制，能保证双方都会在自由谈判交易中受益。因此，任何政府对私人自由市场交易的干预都是危险的，因为它使交易中关于平等性的唯一的自然保证变得无效。经由重农学者和亚当・斯密的著作，这些假设成为一种强有力的新政治意识形态的基石，这种意识形态被称为*自由主义*。

以经济学为基础的重农主义政治原则

在 1756～1774 年这段短暂的时期内，巴黎成了以弗朗斯瓦・魁奈为中心、以布阿吉尔贝尔和坎蒂隆经济理论的发展为基础的前所未有的政治运动场所。魁奈，领导这场运动的绝对权威，很晚才对经济和政治产生兴趣。1756 年，他在狄德罗和达朗贝尔的《百科全书》（*Encyclopaedie*）上发表了他的第一篇经济学论文，当年他已经 62 岁。1694 年，他出生在巴黎附近一个普通的农场主家庭，这使得他后来从
未失去对农业的兴趣。但因为农场主的经济前景非常黯淡，因此他的 128
家人在他 17 岁时送他去巴黎当雕工学徒。他的职业兴趣很快转向外科学，随后转向了医学。他成了一名非常成功的医生，先是当了蓬帕杜

夫人（Mme. du Pompadour）的私人医生，后来在1749年，成了国王的首位专职医生。他还成了巴黎外科研究院（Parisian Academie des Chirugens）的成员，并开始发表动物生理学方面的文章。这项工作使他成为法国科学院的一员，并与让·达朗贝尔成了朋友。魁奈的能力给达朗贝尔留下了深刻的印象，达朗贝尔了解到魁奈长期以来一直对农业感兴趣，因此达朗贝尔邀请他在《百科全书》中写了关于农民、粮食（小麦）、人及税收的文章，魁奈自此开始了他的新职业生涯。

为了给他的文章做铺垫，魁奈大量地借用了布阿吉尔贝尔对法国农业状况的分析。他还调查了英国最近的农业改良运动，由于他对英国发展的了解，魁奈在布阿吉尔贝尔论点的基础上提出了新的认识。英国农业方面的生产力在17世纪末和18世纪初明显得以改善，这主要是农业向大规模化和资本密集化转变的结果。新工具、牲畜、车辆设备、围栏等生产资料的投资，使单位面积的生产力几乎增涨为原来的三倍，而生产成本却只增加了一倍。结果是农场利润的增加带来巨大的净收益，同时也降低了商品价格。[①]

魁奈认为法国的农业也可以通过资本投资大大提高效率。但是，只有当农民的“*净产出*”（扣除生产成本后的净利润）足够提供必要的投资资本，同时还需要去除传统财产税所导致的投资抑制作用时，这样的事情才会发生。为了提供足够的净利润并鼓励再投资，魁奈极力主张对布阿吉尔贝尔所建议的政策进行稍加修改。首先，必须允许农民在自由市场交易中提高价格，并允许他们将粮食出口到国外市场。如果农民能够实现对农业的再投资，那么面包价格的短期增长将很快会带来生产力的提高，随之而来的会是价格下降，同时又能保证利润

① François Quesnay, “Corn,” in Ronald Meek, ed., *The Economics of Physiocracy: Essays and Translations* (Cambridge, Mass., Harvard University Press, 1963), 81，后文引用时简写为 *EP*。

不会减少。如果农民知道再投资不会被征税，他们自然会这样去做。

在发展其关于税收的思想时，魁奈非常依赖于坎蒂隆对流通性的讨论，这是他从他的第一位追随者米拉波那里学来的。魁奈和米拉波一起将 129
他们的流通性思想发展成了*经济表*（图 1）。米拉波认为这一新发明与印刷术的发明一样重要。虽然经济表相对于坎蒂隆的分析几乎并没有增添新的内容，但这种视觉形式使读者很容易理解其含义。例如，读者可以很明显地看出任何消费税都会产生负面影响，并且这种影响会随着交易频率的增加而增大，因此对消费环节征税是非常不可取的。事实上，在整个表中只出现了一次财产转让，它在每个年度周期中只会发生一次，即农民将地租交给土地所有者时。因此，魁奈认为应该仅对土地财产的收益收一次税，因为这样税收将既不会阻碍投资，也不会抑制消费（*EP*，107）。

在 18 世纪 50 年代末期，魁奈召集了一群致力于实施其政策建议的人。这些人每周都会在米拉波位于巴黎的公寓中会面，其中包括米拉波、梅西埃·德·拉里维埃（Merciere de laRivière）、皮埃尔·萨缪尔·杜邦·德·尼摩尔（Pierre Samuel Du Pont de Nemours）、路易斯-保罗·阿贝尔（Louis-Paul Abeille）、皮埃尔·鲁博（Pierre Roubaud）、纪尧姆-弗朗斯瓦·勒·德洛尼（Guillaume-François Le Trosne）、拉贝·尼古拉斯·博多尔（the Abbé Nicolas Baudeau），有时还有文森特·古尔奈（Vincent Gournay）、亨利·伦纳德（Henri Leonard）、让·巴蒂斯特·伯廷（Jean Baptiste Bertin）和安·罗伯特·雅克·杜尔哥。在杜邦·德·尼摩尔担任编辑职务这个便利条件下，他们在 1765～1766 年出版了《农业、商业和金融杂志》（*Journal de l'Agriculture, du Commerce, et des Finances*），在 1768～1772 年出版了《公民年鉴》（*Ephemeridies du Citoyen*）。杜邦作为这场运动的主要演说家和推广者，创造了*重农主义*（*physiocracy*）这个词，以彰显他们的雄心壮志。过去，政治理论家讨论的是君主制、贵族制和民主制。但

130

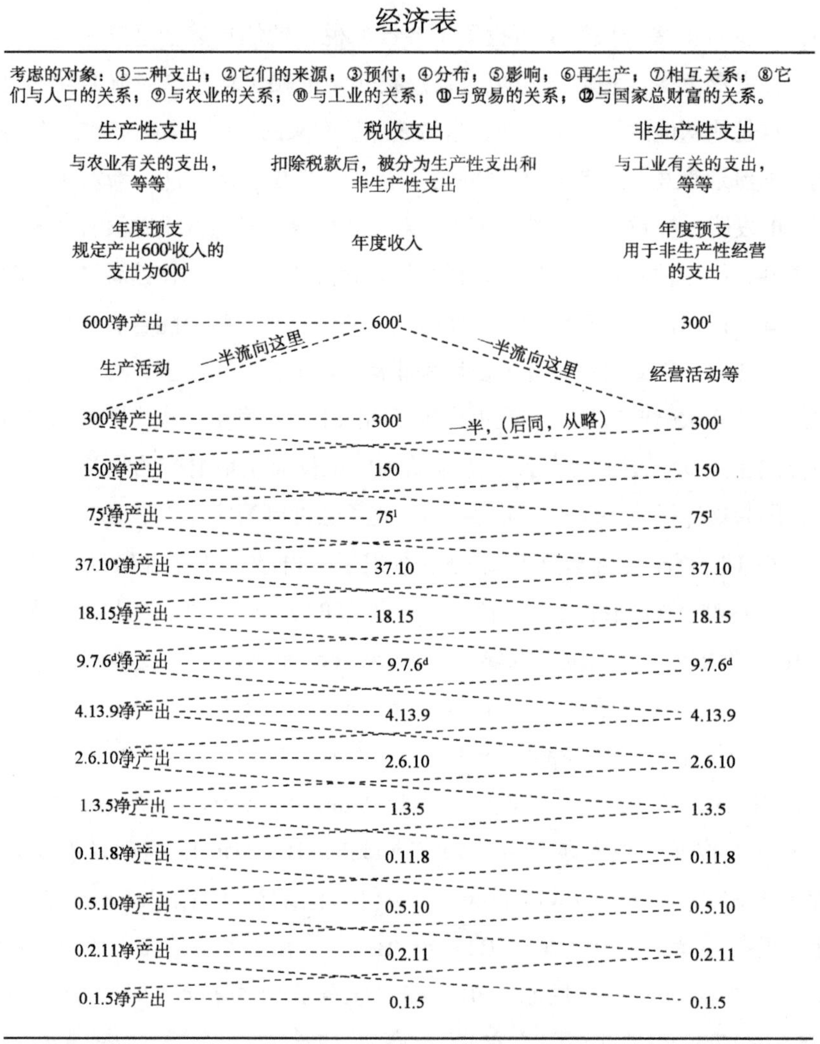

再生产总额……收入600l，加年度消费600l，以及农民原始预支的收益总计300l，这是从土地产出中获得的。因此，再生产总额为1500l，其中包括600l的收入，是其中最基础的部分。这里简化了所得税和年度再生产所需的预付款等费用。（译者注：文中l，s，d分别为18世纪法国货币单位利弗尔、苏、德涅尔。1利弗尔=20苏=240德涅尔）

图 1　魁奈的经济表示意图

引自 Marguerite kuczynski and Ronald L. Meek. London：Macmillan and New York：Augustus M.kelley Publishers，1972。

是，魁奈及其追随者现在将法国引向了重农主义方向，或者说引向了由*自然*来统治的道路。他们所寻求的正是建立并遵循“那种可以适用于也应该被用于所有文明社会的自然法则构成的科学”[①]。

虽然重农主义的兴趣显然不仅限于经济领域，他们的工作在一般的意义上被认为属于政治研究的那些领域，但更重要的是他们改变了传统意义上的优先次序，将政治建立在经济基础之上，而不是相反。首先，重农主义认为*生存*是所有社会的主要目标，而在现代社会中生存又主要取决于农业的发展。所有其他需要考虑的问题相比经济政策问题尤其是影响农业的政策都是次要的。因此，正如布阿吉尔贝尔、坎蒂隆和塔克（Tucker）曾详细阐明过的原因，公民应该享有经济自由，应该拥有按照自己的意愿出卖自己的劳动力或财产的自由，但他 131
们并不需要政治自由。的确，允许公民直接参与管理只会引起混乱。出于同样的原因，那种强调在政府中应该实行力量平衡或权力分立的主张是没有意义的，因为“这种权力分立会对政府秩序造成破坏……政府应该协调所有的利益，只为一个主要目的——确保农业这一国家及其所有公民的全部财富的源泉能够繁荣兴盛”（*EP*，231）。因此，重农主义者一般主张其所谓的“合法专制”，即由一个了解自然法则，并致力于实施管理以免法则运行受到干扰的人来统治国家。[②]

尽管重农主义者（在更普遍的意义上被认为是巴黎的经济学家）在作为一种手段的意义上支持绝对君主制，但是他们一贯认为并经常强调的重点是那种被视为普遍自然法则的经济自由原则。他们表现出

① Du Pont de Nemours 于 1815 年 4 月 22 日写给 Jean-Baptiste Say 的信，引自 Elizabeth Fox-Genovese，*The Origins of Physiocracy*（Ithaca：Cornell University Press，1976），10，后文引用时简写为 *OP*。

② V. Mirabeau，*Philosophie Rurale*，引自 Keith Tribe，*Governing Economy：The Reformation of German Economic Discourse，1750—1840*（Cambridge：Cambridge University Press，1988），122。

的教条主义，以及对他们以外的其他权威的不尊重，引来了许多敌意，特别是来自相对保守的知识分子的敌意。因此，有才干的意大利政治经济学家费迪南多·加利亚尼（Ferdinando Galiani）给他们贴上了“经济狗”（economic dogs）的标签，认为他们对自由主义学说的不断鼓吹是导致1770年5月30日巴黎严重公共骚乱发生的原因，当时，在协和广场举办的公共活动结束后，人群在离开时拒绝遵守警察的指令，不愿按特定的秩序离开。几个星期后，在写给伊皮奈夫人（Mme.d’Epinay）的信中，加利亚尼谈到这场骚乱时说：“夫人，我要控告这些经济学家，他们总是坚持宣扬财产和自由，他们如此努力地破坏着治安、秩序和规则；他们经常说，自然本身是如此美丽，运转得如此之好，要让其保持平衡，等等，最后，一旦每个人对街道的所有权及行走的自由得到确保，每个人都会想要从中获利。”[①]即使是通常温和的大卫·休谟也异常愤怒地批评这个群体，他认为他们“是现在最荒唐和最傲慢的人”，面对他的敌人，大卫·休谟要求“粉碎他们、重击他们，并将他们化为灰烬”（*BAS*，294）。

加利亚尼和休谟在基本理论问题方面就与重农主义者存在分歧，或许导致他们对重农主义者近乎偏执地厌恶的原因之一是这样一个事
132 实：重农主义者实际上在1762（当时伯廷被任命为财政总管）～1776年（当时曾任命杜邦·德·尼摩尔为其副职的杜尔哥被要求辞职）成功地对法国财政政策产生了重大的影响。在伯廷的管理下，1663年阻碍谷物在法国内部自由流通的禁令被废除，并且1764年禁止向外国出口粮食的命令也被废除。此外，伯廷的继任者杜尔哥在1774年终于说服新国王路易十六允许他取消对谷物的价格管控。但这些年粮食收成异常低，由于价格不受管制，面包价格快速地上涨，导致整个法国爆

① 参见 Steven Laurence Kaplan，ed.，*La Bagarre：Galiani's Lost Parody*（The Hague：Martinus Nijhoff，1979），22-23。

发了面包骚乱。因此，由重商主义金融家雅克·内克尔（Jacques Necker）领导的保守分子团体迫使重农主义对政府造成影响的阶段结束了。最终，重农主义对经济理论的长期影响是大于其在实践方面的直接效果的。

重农主义者与类似加利亚尼和休谟这样的保守经济学家之间的根本分歧，与我们在爱尔维修对孟德斯鸠历史相对主义的排斥中所看到的那种同一类方法论分歧直接相关。像爱尔维修那样，魁奈与其追随者（不是杜尔哥，也不是与魁奈建立关系之前的米拉波）反对通过对历史的研究来发现经济规律。因此，魁奈写道："我们不要仔细考察国家的历史或人的错误，因为那样只会导致混乱的局面……［这些研究］不能成为投射到黑暗中的光。"（*BAS*，284）梅西埃·德·拉里维埃在他 1767 年的《自然的秩序与社会政治的基础》（*L'ordre naturel et essentiel des sociétés politiques*）一书中，揭示了重农主义依赖于那种已经老旧的、笛卡儿式的对理性和自明性的关注。"我不把目光投向任何特定的民族或教派，我试图按照事物*本质上*的方式来描述它们，不考虑它们曾经如何，也不管它们在什么国家曾经如何。因为真理以其自己的方式存在，在所有地方和任何时候真理都不会变……通过仔细研究和推理，我们会自然而然地掌握真相，并了解到其所产生的全部实际结果，与这些结果不一致的案例就可被证明是不存在的。"（*BAS*，293）

无须惊讶，像休谟这样的经验论者，特别是坚定地追随洛克的反本质主义传统的经验论者，应该会认为这种论证是不可信的。同样无须惊讶的是，由于加利亚尼的观点深受维科和孟德斯鸠的历史传统的 133
影响，因此他也应该会认为这样的论证肤浅得令人震惊。对于休谟和加利亚尼，以及众多精于认识论分析的读者来说，重农主义者，至少在部分程度上，似乎是冒牌的研究者，因为他们的论证方式早已过时了。

尽管他们采用的是老式的研究方法，并且固执地坚持认为所有非农业生产都是“无益的”，然而，重农主义确实对经济发展造成了重大影响。首先，也许最重要的是，他们的著作激发了人们对经济论题日益增加的兴趣，并导致了流通性概念和自由市场交易观点的普及，虽然在重农主义之前，这些话题也被讨论过，但几乎没有对当时的政策产生任何影响。

其次，他们也是最先关注资本投资对生产率提高和经济增长的贡献的政治经济学家中的一分子。与他们对投资与生产力之间关系的强调相关的是，重农主义者们明确地指出人口增长本身并不是他们所希望的。相反，他们认为净产品，或收入超出生产成本的盈余部分，即资本积累，才是经济健康最重要的衡量标准。但是，盈余必须投入生产之中，而不能仅仅是被富人囤积。他们认为，再投资可以“最大限度地缩减消费，［并且］在最大可能地减少令人不快的劳动的同时，带来尽可能多的快乐”（*EP*，212）。

18 世纪后期，在杜尔哥下台之后，自由经济理论的主要阵地从法国转到了意大利和苏格兰。在意大利，特别是在米兰，重农主义主要通过与联想主义心理学相交叉而得以改良。在那里，爱尔维修哲学最早的阐释者、一本改革导向型杂志《咖啡馆》（*Il Caffe*）的联合编辑切萨雷·贝卡利亚和彼得罗·维利（Pietro Verri）也变得对政治经济产生了兴趣，并出版了关于该领域的重要著作。在苏格兰，联想主义心理学也影响了政治经济制度的发展。但更重要的是继承自孟德斯鸠那里的哲学历史学传统。它的影响非常显著，因此，在下一章中我们将先讨论孟德斯鸠，然后接着再讨论苏格兰的政治经济制度。

134　18 世纪与自由经济学相并列的官房主义经济学

18 世纪晚期在欧洲大陆，当重农主义很可能在普及政治经济方面，以及将经济话题推至所有非学术性社会科学论题的中心方面扮演着重要角色时，从贝彻、冯·施罗德和冯·霍明克（von Horningk）那里演化而来的官房主义经济传统，在使政治经济学成为大学教育中一个重要的独立学科方面发挥了重要作用。

在 1727 年，最早的官房学教授席位设立于法兰克福和哈雷，而且截至 18 世纪末，德国和奥地利已有 36 所大学拥有了官房学和经济科学教授。在德国大学的困难时期，一些大学几乎肯定已经关闭了，但是仍没有中断官房学专业的学生注册工作，除了家庭势力的因素外，从事重商主义研究已经成了进入官僚机构的首选途径。[①]

考虑到 18 世纪官房主义的学术导向，几乎所有官房主义者的著作都以教科书的形式出现，以供学生使用。基思·特赖布（Keith Tribe）确定了 60 多本出版于 1760～1790 年的这类教科书（*GE*，91）。虽然这些教科书在教学方法上相差很大，而且它们对各种主题的相对重要性的认识也有很大差别，但是它们在基本假设和基本经济学说方面具有明显的连续性。所有这些著作似乎都是在模仿一个单一范本：约翰·海因里希·戈特洛布·冯·尤斯蒂（Johann Heinrich Gottlob von Justi）的《政治经济学，或关于一国政府所必需的所有经济和行政管理方面的科学的系统论述》（*Staatswirthschaft*，*Oder systematische Abhandlung alter Oekonomis-chen und Cameral-Wissenschaften*，*die zur Reqierung eines Landes erfodert werden*），它首先出现于 1758 年。因此，我将跟随阿尔比恩·斯莫尔（Albion Small）和基思·特赖布的思路，用冯·尤斯蒂的著作来代表整个官房主义传统。

不像英国的政治经济学及坎蒂隆的政治经济学那样，为了分析简

---

① 关于重商主义在德国大学中的地位，请参见 Keith Tribe，*Governing Economy*：*The Reformation of German Economic Discourse*，*1750—1840*，尤其是第 91～119 页，后文引用时简写为 *GE*。

便性，试图将经济论题从更广泛的道德政治问题中分离开来，也不像重农主义那样，倾向于认为政治问题是从属于经济问题的，18 世纪的官房主义延续了 17 世纪的模式，将我们所谓的经济讨论纳入更广泛的政治政策问题之中。它的目的是培养那种致力于保障国泰民安的行政
135 官员或官僚阶级，他们所关心的国家利益并不仅仅是狭义的财富，还包括国家的安全，以及人民道德和体魄的健康。因此，当官房主义研究者关注粮食贸易时，他们关心的是如何在让农民获得足够多收入以维持经营的需求、给军队供应足够多粮食的需求、使身体健全的工人能够负担得起食物价格的需求、令农业劳动者充分就业的需求，甚至保证粮食不被污染以保障健康的需求之间实现平衡。

令人实在无法想象的是，被官房主义者理解为在无约束条件下引导经济行为的生产者和消费者的自我利益，却可以使公共福利实现最优化。因此，几乎有关经济的每个方面，冯·尤斯蒂都坚持国家干预和指导的必要性。例如，关于农业，他坚持认为“英明的统治者不会不顾国民的食物供应与就业情况，他将会明白国家需要系统化地实现富强”[①]。类似地，关于国内贸易，他认为：“商人的基本原则必须区别于政府的标准和目的。虽然商人只是为了获利，并不总是关心他的利益是否符合国家的主要利益，但一个明智的政府则正相反，必须要重点关注这个问题。”（*Cameralists*，348）由于商人利益和国家利益之间的差异，国家可能需要以商人反感的方式来管理贸易。冯·尤斯蒂承认，从长远来看，商人的成功是国家整体繁荣的必要条件，但国家必须采取措施使商人的福利与所有其他群体的福利相协调。严格地说，同样的原则也适用于外贸问题。“建立合理的关税和消费税系统，是明智的政府根据自身目的来指导对外贸易的原则性方法。为了不破

---

① 引自 Albion Small，*The Cameralists: The Pioneers of German Social Polity*（Chicago: University of Chicago Press，1909），342，后文引用时简写为 *Cameralists*。

坏贸易活动，由于相对于国家利益来说贸易商更关心自身的利益，而且让企业自己决定贸易的方式和手段将会导致严重问题，因此离开上述这种方法的指导、管理，以及一定程度上的推动的话，任何贸易活动都是无法开展的。”（*Cameralists*，355）

这段话的最后一句激起了人们对冯·尤斯蒂和18世纪官房主义者们的批判。他们不仅对管理和控制感兴趣，也关注促进和激励的问题，后者是贝彻那一代人关注的核心。例如，就制造业而言，冯·尤 136
斯蒂坚持认为，政府通常需要做的是通过奖励创新、通过直接支持相关科学研究，以及通过提高薪酬吸引学识渊博的外国人移民等方式来促进生产（*Cameralists*，352）。就矿产业这一他所认为的德国重要的潜在经济来源而言，冯·尤斯蒂甚至主张当其处于相对来说时间较长且无法盈利的起步阶段时，政府应该对矿产业给予补贴，因为许多人会从把金属原料转变成有价值的商品的过程中获利（*Cameralists*，360-362）。

最后，冯·尤斯蒂和他的官房主义同僚们特别强调政府在技术教育的支持体系，在为所有的主要产业，特别是农业和矿产业提供合格的劳动力和管理人员方面的重要作用，并且他们也在建构该支持体系的过程中扮演了重要角色。这种强调显然具有强大的长期影响力。以农业学院、矿业学校和科学研究机构为具体形式的教育基础结构，18世纪后期在国家的经费支持下得以确立，成为德国19世纪重工业和制药业崛起的重要基础之一。[①]

冯·尤斯蒂及他的官房主义同僚们在英国和法国的政治经济活动中经常会被提到。当涉及具体政策问题时，在许多情况下，人们会采纳佩蒂、塔克，以及重农主义学派的具体观点。但他们一般会更改国

① 参见，如 Joseph Ben-David，*The Scientists Role in Society*（Chicago：University of Chicago Press，1971），ch.7，108-138。

外论据的价值导向，以适应他们自己普遍的集权制和管理化的倾向。因此，例如，冯·尤斯蒂采用了几乎所有自由经济作家都认同的一个原则，即“一个明智的政府必须致力于清除所有那些会使商业陷入困境的障碍”。塔克和魁奈首先想到应该被清除的障碍是政府干预，如差别化的税务结构、价格控制和出口限制等，而冯·尤斯蒂则认为最急需解决的是材料稀缺和资本不足的问题。他指出，为了消除他理解的障碍，政府在鼓励采掘业与促进贸易平衡方面制定干预政策是有必要的（*Cameralists*，358）。

在整个 18 世纪，官房主义学说对西欧国家的政治经济几乎没有造
137 成影响。没有一本重要的官房主义著作被翻译成法语、英语或意大利语。苏格兰的詹姆斯二世党人，流亡者詹姆斯·斯图亚特（James Steuart），在居住于图宾根期间，撰写了他的不朽名著《政治经济学原理研究》（*An Inquiry into the Principles of Political Economy*， 1767 年）的绝大部分，这是唯一一本由政治经济学家完成并采纳了官房主义者主张的英文著作。斯图亚特认同官房主义者的观点，认为国家从根本上来看就是一个大家庭，其中君主“既是主人也是管家”，君主在其顾问的协助下“裁决不同经济规划的适用性，并逐渐塑造其臣民的思想，以便引导他们不被私利所诱惑，而一致同意执行他的计划”（*GE*，138）。

在德意志联邦之外，只有俄国的凯瑟琳大帝，充分实施了官房主义政策；在那里，这些政策为俄国 1762～1796 年朝向现代化的快速发展趋势提供了蓝图。[①]

---

① 参见 Marc Raeff，*The Well-Ordered Police State：Social and Institutional Change Through Law in the Germanies and Russia，1600—1800*（New Haven：Yale University Press，1983），part 3，“The Russian Experience”，尤其是第 229～230、249 页。

第十章
哲学历史学（社会学）和保守主义意识形态的兴起（1725～1767年）

在前面两章中，我们看到，像爱尔维修这样的社会主义心理学家和诸如魁奈这样的政治经济学家自发地发展出了一些解决社会科学问题的方法，以反对他们认为是由孟德斯鸠开创的历史方法。反过来，对重农主义最直言不讳的批评家——费迪南多·加利亚尼，他的许多批判性言论是以詹巴蒂斯塔·维科的历史方法为基础的。对于爱尔维修和加利亚尼来说，方法上的对立与政治承诺有着公开的联系。爱尔维修特别担心，孟德斯鸠对法律和制度的历史调查，事实上为他所认为的大革命前法国那种腐败的社会和法律结构提供了支持。另外，加利亚尼尤其担心，重农主义对传统权威的不尊重，会激发针对合法建立的政治主权的危险对抗，从而威胁到社会的安全与稳定。

在本章中，我们将探讨18世纪的哲学历史学传统，在其中维科和孟德斯鸠扮演了核心角色，这种传统所体现的文化相对主义倾向，似乎成了保守主义者攻击联想主义心理学的激进影响的基础，以及他们攻击主流政治经济学所具有的自由倾向的基础。这种传统是以何种方式发展的？本章将对此给予特别的关注。 139

自然法和普芬多夫的《论人与公民的义务》：为 18 世纪哲学历史学搭建舞台

哲学历史学兴起于 16 世纪晚期的最重要的历史标志之一就是让·博丹的《论共和国六书》（见第 6 章）中提到的科学法理学传统。这种传统随后由雨果·格劳秀斯（Hugo Grotius）在《论战争法权与和平法权》（法语为 *De jure belli ac pads*，英语为 *On the Law of War and Peace*，1623 年）和塞缪尔·普芬多夫在《自然法与万民法八卷本》（*On theLaw of Nature and of Man*，1672 年），以及其简略的教科书版本《论人和公民的自然法义务》（1673 年）中得以发展。

就本书的目的而言，普芬多夫的《论人和公民的义务》特别重要，因为它在法国、荷兰、英格兰和苏格兰被广泛地用于道德哲学的教学中，大大改变了整个西欧大学教育的核心内容。1727 年将普芬多夫引入苏格兰教育体系的格拉斯哥大学道德哲学教授格尔松·卡米凯尔（Geshom Carmichael）曾写道：道德哲学现在已经转变为“自然法学研究或者从关于事物性质和人的生存环境的知识出发证明人与公民的义务的活动”[①]。

普芬多夫著作的两方面特征对社会科学的发展有着特殊的影响。其中一个是将他的著作作为示范文本用于道德哲学研究导致了一系列新问题。第二个是他对自然法的处理方式特别强调了他所信奉的准则与现行习俗和法律现实之间的分歧。

通过将道德哲学的关注点扩展到罗马法所考虑的所有问题方面，

---

① 引自 James Moore and Michael Silverthome，“Gershom Carmichael and the Natural Jurisprudence Tradition in Eighteenth-Century Scotland，” in Istvan Hont and Michael Ignatieff, *Wealth and Virtue: The Shaping of Political Economy in the Scottish Enlightenment*（Cambridge：Cambridge University Press，1983），76。

普芬多夫更加重视私人生产和生活领域的道德，使之成了传统上经院道德哲学对“公众”道德强调的补充。但是，当道德哲学家试图在普 140
芬多夫所称的人类行为以普遍的自然法则为指导这样的背景下来理解所有人类制度和行为时，他们则受困于人类习俗具有的区域特殊性问题。正如威廉·佩利（William Paley）在《道德哲学原理》（*Principles of Moral Philosophy*，1785年）中所写的，道德哲学最大的问题之一是发现“既然自然法的准则是如此之少并且如此明显……而且自然规律的原理……也是非常简单且明显，那为什么在每个城市的法律制度中却又都存在……许多不确定性和公认的困难”①。

正如我们所看到的，联想主义心理学试图通过保留关于人性和自然法的普遍性要求，而将已知社会不能符合其标准的失败原因解释为人类的无知或恶意的方式，来回答这个问题。另外，哲学历史学或社会学挑战了普芬多夫和联想主义者的这种普遍性要求。从事这方面研究的学者要么否认在普芬多夫所假设的普遍性方面存在合理的、可作为基础的普遍定律，要么认为包括气候、生活方式、宗教传统和政府形式在内的一系列特殊条件都限制了这种普遍定律，限定了其在特定情况下以何种方式显现，因此只有经过复杂的分析，人们才可以发现明显冲突的习俗具有共同的基础。

虽然哲学历史学的研究范围得以扩大，包含了许多法律以外的内容——甚至包括文学品味变化方面的研究——但是直到18世纪末，哲学历史学仍是由受过法律训练的学者主导的。詹巴蒂斯塔·维科曾在那不勒斯接受法律训练，虽然他在那里担任修辞学教授长达42年（1699～1741年），但他却一直希望成为民法学教授。此外，他的主要

① 引自David Lieberman，“The Legal Needs of a Commercial Society：The Jurisprudence of Lord Kames”，in Istvan Hont and Michael Ignatieff，eds.，*Wealth and Virtue：The Shaping of Political Economy in the Scottish Enlightenment*，209。

著作《关于各民族本性的一门新科学的原则》（意大利语为 *Principi di una scienza nuova d'intorno alia natura delle natzioni*，英语为 *Principles of a New Science Concerning the Natu re of the Nations*，简称《新科学》，1725 年）第一版的副标题即为“凭这些原则见出部落自然法的另一体系的原则”（*par li quali si trovano altri principi del dritto naturale delle genti*）。孟德斯鸠也接受过法律训练，他的哲学历史学主要著作是《论法的精神》（1749 年）。在哲学历史学方面做出贡献的主要苏格兰学者，包括凯姆斯（Kames）勋爵、蒙博多（Monboddo）勋爵和约翰·米拉（John Millar）等人，他们要么是法官要么是法学教授。那些很少或没有
141 受过法律训练的人，包括亚当·斯密和亚当·弗格森都是道德哲学家，他们自觉地围绕着普芬多夫所涵盖的主题来组织他们的道德哲学课程。

维科的《新科学》与自然法传统观念受到的攻击

虽然整个 18 世纪维科的《新科学》在意大利之外几乎未被人所知，但它对意大利的几位作者确实产生了重大影响，至少其中的一些观点经由他们得以在法国、德国和苏格兰传播。就本书的目的而言，我们对维科很感兴趣，不仅因为他提出的研究人类社会如何出现的科学方法是 18 世纪最具原创性也是最复杂的方法之一，更重要的是因为这种方法混合地体现了对于几乎所有哲学历史学家都很普遍的那些特征。[①]维科的

---

① 自 1969 年开始，Giorgio Tagliacozzo 曾编辑出版过三本研究维科的论文集，分别为：*Giambattista Vico: An International Symposium*（Baltimore：The Johns Hopkins Press，1969）；*Giambattista'sScience of Humanity*（Baltimore：The Johns Hopkins University Press，1976）；*Vico，Past and Present*（Atlantic Heights，N. J.：Humanities Press，1981）. 每本论文集都包含了一系列讨论维科对 20 世纪思想影响的论文。在这些论文中，1969 年的论文集中的 H. Stuart Hughes 所写的 “Vico and Contemporary Social Theory and Social History” 或许是关于维科对于 20 世纪思想的重要性的最好的回顾性文章。

《新科学》旨在为自然法法理学树立一个比格劳秀斯和普芬多夫所提供的基础更坚实的根基。但是，它改变了自然法的核心概念，完全把旧理论转变成了一种彻底的文化相对主义的理论。

维科最初开始分析的是一种主要来自霍布斯和斯宾诺莎，而不是最近的洛克传统下的关于科学的观念。他坚持认为，如果将知识称为科学，那它就应该是必然的，而不仅仅是可能的。不幸的是，他认为："如果我们以批判的眼光来衡量格劳秀斯［和普芬多夫］的原理，那么，它们就都是可能且似真的，而不是必然且无可辩驳的。"①传统的自然法学法理学是错误的，因为它的编撰者接受了笛卡儿的观点，即无论涉及什么知识领域，我们都可以相信我们的直觉能确保命题为真。维科认为，霍布斯已经表明，我们只能确定涉及人类自己创造的那些事物的断言的真实性。就像霍布斯一样，维科认为，正是因为文明社会是由人创造的，因此我们才能拥有关于它的真科学。②

然而，在解释人如何创造社会的过程中，维科主动与霍布斯分道扬镳。霍布斯认为，文明社会是由人通过某种约定创造的，它被有意识地计划并合理地设计出来，以确保人们的安全。与之相反，维科不相信在文明社会出现之前，人在霍布斯的意义上是*理性*的，所以他们在创造它时不可能会符合理性原则。因为，正如《新科学》的副标题 142
所表明的那样，维科确实认为有自然定律支配着社会，而且我们也确实可以拥有一门关于它的真正科学，但他认为必须解决三个关键问题。第一，自然定律如果不是可以由理性来理解的简单真理的话，那

---

① 引自 Vico's *Il Diritto Universale*（1720）in Dario Faucci，"Vico and Grotius：Jurisconsults of Mankind，" in Giorgio Tagliacozzo，Giambattista Vico，67.

② Giambattista Vico，*The New Science of Giambattista Vico：Revised Translation of the Third Edition*（*1744*），trans. Thomas G. Bergin and Max H. Fisch（Ithaca：Cornell University Press，1968），96，paragraph 331. 后文引用时简写为 *NS*。我将遵循维科研究的学术惯例，表明段落和页码，以方便其他版本的参考者对照使用。

它们是什么？第二，这些定律在各种社会中是如何表现的？第三，我们怎样才能认识它们，并用它们来创造一种新的社会科学？

维科认为，在某种程度上，自然定律是上帝的旨意；它们通过上帝安排的制度和习俗得以体现，我们只能通过对过去和现在社会的实证研究来认识它们（*NS*，338：100，342：102）。但是，如果人类社会仅仅是直接按照上帝意志的安排来发展的话，那么除了自然科学知识之外，我们将不会再有关于社会的科学知识。为了解释真正的社会科学是可能存在的，维科坚持认为上帝在社会领域的操作，与它在自然领域中一样，一方面是通过其特殊旨意来实现的，这种旨意反映为他对犹太教徒和基督教徒的直接启示；另一方面是通过他的普通旨意来实现的，这种旨意表达为在*人类*创造的文明社会中流传的非宗教传统。因此，科学可以毫无疑问地承认犹太教-基督教传统的独特性，因为那些是上帝的直接创造，但是它可以研究所有社会的共同基础，即那些人类创造的内容，尽管它们表达的也是上帝的意志（*NS*，313：92）。

虽然人类的制度是由人类自己创造的，但它们往往被创造为“没有人类认识或意图在其中，而且经常是与人的目的相悖的”。这怎么可能呢？根据维科的观点，上帝的旨意经常以奇怪的方式运行，以至于人类的目的是做某件事，但实际上却做了另一件事（*NS*，38：24）。

如果说有一个唯一原理是所有哲学历史学家的核心原理的话，那它就是这种“结果不可预期定律”。[①]孟德斯鸠用它来强调人类虚荣导致了“时尚”被创造出来的那种方式，反过来“时尚”又会“通过鼓励一系列思想的微小转变，不断扩大……商业活动的范围”，并增加了

① 参见，如 Ronald Meek，*Social Science and the Ignoble Savage*（Cambridge：Cambridge University Press，1976），1。

公共福利，为许多人提供工作机会。[1]亚当·斯密曾在多种语境下提到过这条"定律"，在他对分工的讨论中它显得尤为重要。而亚当·弗格森则更普遍地使用它，就像维科一样，认为几乎所有的人类制度本质上是无意识的。"社会的形式有一个模糊且遥远的起源；早在哲学诞生 143
之前，它们就从人的本能而不是人的推理中出现了……而国家的建立是很偶然的，它们确实是人类行为的结果，但并不是对任何人类设计方案的执行。"[2]

一方面，在政治经济学家的手中，这种上帝意志论的观点，被剥去了宗教内涵，主要被用来支持自由主义。它主要是被用来证明，由于政府的智慧不如市场的智慧，因此政府参与经济事务的长期传统应该被放弃。另一方面，在哲学历史学家的手中，它被用于实现保守的目的，尽管讽刺的是他们可能并非意欲如此。

人们可以找到足够强有力的事例，来说明维科和孟德斯鸠在发展社会科学时都是以改革为目标的。例如，维科明确地支持倡导民主政体的运动（*NS*，29：18-19）。而对于孟德斯鸠而言，几乎可以肯定地说他自己就曾提出过君主立宪制的主张，倡导将国家权力分为立法权、行政权和司法权，支持渐进式改革，而不是保守地回到半封建社会。[3]然而，正如我们已经看到的那样，爱尔维修和孔多塞等人将哲学历史学家的著作视为维持现状的理由，而埃德蒙·伯克和约瑟夫·德·迈斯特（Joseph de Maistre）等人则将其视为反对哲学改革者的强有力的论据来源。如果上帝在漫长的时间进程中，是以人类作为

① Montesquieu，*Spirit of the Laws*，trans. Thomas Nugent（New York：Hafner Press，1949），317. 后文引用时简写为 *SL*。

② Adam Ferguson，*An Essay on the History of Civil Society*（New Brunswick：Transaction Books，1980 reprint of 1767 edition），122. 后文引用时简写为 *HCS*。

③ 关于 Montesquieu's reformist orientation，请参见 Mark Hulling，*Montequieu and the Old Regime*（Berkeley and Los Angeles：University of California Press，1976）。

中介在社会制度中表达其智慧的话，那么我们当然不应该相信来自那些敦促我们改革这些制度的哲学家的纯粹人类智慧，因为他们看起来知道的只是如何更好地满足人的需求和欲望。

维科肯定也表达过这种类似的观点，当谈到人遵循神意的指引而做出某种行为的过程时，他指出："上帝的旨意既然以它自己的无限的善为目的，那么它所安排的一切就一定导向一种永远高于人类为自己祈求的善。"（*NS*，343：102）类似地，他坚持认为，这个过程产生了一个"安排得如此之好、仿佛只能是一种超人智慧效果的"的文明社会（*NS*，362：109）。弗格森更明确地表达了这种人类理解力与人类制度复杂性之间不相匹配的问题。由人类行为而不是通过人类意图产生的制度，"使人类事务呈现为一种复杂的状态，这是人类天性所具有的
144 最大能力所无法预测的；就是把所用的这一切都付诸施加，人们也无法全面理解"（*HCS*，182）。从不同的角度，维科和弗格森都认为，关于人类制度人们所能认识的那部分，他们可以充分地认识到，因此一种关于社会的*科学*可能是存在的；但是他们的知识并没有足够广到可以规划未来的发展方向。埃德蒙·伯克在他的著作《对法国大革命的反思》（*Reflections on the Revolution in France*，1790 年）中明确采纳了这种观点，他认为，政府"承认［如此］无穷无尽的修改，不能用任何抽象的规则来统一，没有什么比依据这个原理展开讨论更愚蠢的事了"[①]。

自维科以来的所有哲学历史学家们都承认，实际上他们坚持认为，人类制度会随着时间的推移而发生变化。但他们也坚持认为，社会变革是缓慢的，由自然过程所驱动，而不是由哲学家的理性和抽象的推测所驱动。就这一点而言，没有任何例子比亚当·斯密关于劳动

① Edmund Burke，*Reflection on the Revolution in France*（Garden City，N. Y.：Anchor Books，1973），73，后文引用时简写为 *RRF*。

分工逐步发展及其对生产力发展和财富增长的影响的讨论说得更清楚。斯密曾写道："引出上述许多利益的分工，原不是人类智慧的结果，尽管人类智慧预见到分工会产生普遍富裕并想利用它来实现普遍富裕。它是不以这种广大效用为目标的一种人类倾向所缓慢而逐渐造成的结果，这种倾向就是互通有无，物物交换，互相交易。"①

对于维科来说，那些声称能够从人性的普遍定义，特别是从人类本质上是*理性*动物或者他们本质上是*政治*动物的假设出发而推导出人类制度的哲学家，都是被误导的。关于人类早期历史，以及人类最根本且最普遍的习俗和制度发展的证据表明，人类在其历史早期的关键阶段既不是理性的也不是政治的。

维科认为，每个民族（我们现在会说每种文化）都经历了一系列阶段或多个时代的自然发展，他将古埃及历史做了时代划分，将其分为神的时代、英雄的时代及人类的时代。这是所有民族共同的发展模式，即他所谓的"理想的永恒历史"（*NS*，393：124），类似于人类个体从童年到青少年再到成年的发展过程。正如人类个体在成年之前并 145
不被认为是完全理性的，人类整体也被认为只是在其发展的后期才具有了完全的理性和人性（*NS*，218：75）。

维科对人类的"童年"特别感兴趣，因为这个早期时代是最富有想象力的。它产生了"所有涉及需要、效益或便利的技艺，甚至涉及人类娱乐的技艺"（*NS*，217：75）。此外，它产生了三个最重要和持久的人类制度，即宗教、婚姻和葬礼（*NS*，333：97）。既然在每个阶段人们都是依照人类在这个阶段就已经能够拥有的具体思想来创造或改造制度的，那么对任何一种社会的理解都必须首先了解人们的思想方

---

① Adam Smith，*An Inquiry into the Nature and Causes of the Wealth of Nations*（Oxford：Oxford University Press，1976），vol.1，book 1，ch.2，p.25，后文引用时简写为 *WN*。这里详细列出了卷和章的信息以便读者参考其他版本时使用。

法，而思想方法最明显的表现就在于一种社会的语言与文学，如早期阶段的神话与寓言、中期阶段的英雄诗歌，以及后期阶段的法律规范和哲学。

因为每种文化都经历了同样的一系列阶段，因此我们可以通过考察现代民族在其发展早期阶段的情况，来获得关于古代世界文化如何发展的证据。所以维科认为，早期的希腊人和埃及人通过将自然事件拟人化的方式创造了自己的神，他的这种理论已经被美国印第安文化习俗所证实，他们将一切超过他们自己理解范围的自然事物都看作是神（*NS*，375：116-117）。

即使后来的法律和司法制度也起源于人们最早的那种诗化的想象，他们向更强大的神灵倾诉他们想要对那些违反社会习俗的人进行报复和惩罚的愿望。因此，最早的司法观念就是通过针对社会成员的错误施予神圣的惩罚的方式来表达的。在没有任何抽象规则的情况下，人类最早是通过解释神喻来履行审判的（*NS*，398：125-126）。

在每个特殊民族发展过程中的每个阶段，人类以何种方式来行动既取决于该民族处于发展顺序中的哪个阶段，也依赖于当地具体的物理条件和语言条件。因此，事实或证据片段如果脱离了其产生的特定时间和地点，那么它们就不能被称为是可理解的。并不存在那种关于
146 人性的包罗万象的具有普遍性和抽象性的特征，例如，那种可为衡量特定文化制度创新性提供不变标准的特征。

然而，特定时期某一特定文化的所有制度，包括文学、宗教习俗和法律都将会保持一种一致性，或者相互之间都存在联系。它们都将反映出该文化所处的发展阶段及其形成所依赖的环境。如果用现代语言来表述所有这些想法，那就是：尽管一个不可否认的事实是维科看起来相信历史发展过程能表达神的智慧，但他是一个彻底的文化相对主义者，他坚持认为只有根据与特定时间和地点相适应的标准来进行

评判，行为才会是既可解释又合理的。

孟德斯鸠及影响法律和习俗的因素

如果对于20世纪末的学者来说，维科的《新科学》是启蒙运动时期社会科学领域最有原创性也最富洞察力的著作的话，那么毫无疑问，对于生活在18世纪下半叶的大多数哲学历史学家来说，排在第一位的应该是查理-路易·德·塞孔达，孟德斯鸠男爵的《论法的精神》。孟德斯鸠1689年出生于波尔多附近的拉布雷德城堡的一个法国传统贵族家庭，11岁就被送到朱伊公学（College de Juilly）——一所进步的教会学院学习。在那里，他学习了数学和笛卡儿哲学，以及拉丁经典著作和法国历史。在波尔多大学学习了法律之后，他来到了巴黎，可能是在1709～1713年，他在那里当律师。根据他个人日记的记载，这一时期他的研究兴趣主要集中于自然历史方面，特别是地理学和气象学。1713年年底，他的父亲去世后，他回到家乡，并成为波尔多最高法院的法官。接着，在1716年，他继承了伯父的职务，担任波尔多最高法院院长兼首席法官，并继承了伯父的头衔——孟德斯鸠男爵。同时，他一直保持着在科学方面的兴趣，加入了波尔多科学院，发表了多篇关于声学、力学，以及绵羊舌头对冷和热的生理反应的论文。

作为当地最高法院的院长，孟德斯鸠越来越多地参与到捍卫地方 147
特权、反对中央君主权力扩大化的活动中。同时，与他的地理学研究相关的是，孟德斯鸠还曾经读过我们在第六章提到过的那些几乎数不胜数的旅行者日记。其中的一些记述，特别是拉翁唐的记述，通过与欧洲以外的民族进行对话的方式，对当时的欧洲社会进行了批判，所以在路易十四统治的最后几年，孟德斯鸠决定通过虚构出一系列由两位出访巴黎的波斯使者寄回家乡的书信的方式，来批评法国的社会现状和法国的君主制。

出版于1721年的《波斯人信札》（法语为 *Lettres Persienne*，英语为 *Persian Letters*），内容诙谐幽默但言词轻佻，充满了略显轻浮的故事，尖锐地批评了宗教不容异议的特征，以及君主制的财政政策和集权倾向，是极受欢迎的一本书。孟德斯鸠因此成了巴黎兰伯特（Lambert）侯爵夫人沙龙里的新文学名士。1725年，他出版了一本半色情小说《圣殿指南》（*Le Temple de Gnide*），1726年，他出售最高法院院长之职用来还清债务，成了一名专职学者。在这个时候，他已经非常清楚接下来要写的两部著作的主题是什么了。其中之一是关于罗马的历史，重点聚焦于罗马伟大及衰落的*根源*，而不关注具体发生的事件。另一部规划的著作是关于法律和习俗的一般史与比较史，像维科的《新科学》一样，修正并扩展普芬多夫的讨论。

然而，与维科不同的是，孟德斯鸠确实相信普遍定律的存在，也相信人性不会随着时间的推移而改变。对他来说，定律是“源于物质本性的必然关系”，它们是“固定不变的”，因为它们是上帝创造的。因此，孟德斯鸠认为，霍布斯关于人创造自己的司法体系的观念是荒谬的，认为只有在人规定或禁止某事之后，事情才会成为适当的或不适当的这种观点，就等同于在说“在给出圆的描述之前，所有的半径都不相等”（*SL*，1-2）。对于孟德斯鸠来说，就如同对于笛卡儿、格劳秀斯和普芬多夫来说一样，这些定律是可以通过直觉来认识的，是可以被清楚地表达出来的，然后特定的制度和事件是源于它们的（*SL*，lxvii）。

那么不同的国家是如何具有了如此不同的明确的法律和习俗的呢？为了回答这个问题，孟德斯鸠做了两个关键性的区分。其中第一个是他接受了笛卡儿关于以物质方式存在、遵循物理定律的人和以智慧生命形式存在、遵守道德准则的人的区分。然后，他声称，道德法则和物理定律虽然同样是连续不变的，但其运行方式略有不同，其结 148
果是道德法则不是确定的（*SL*，2）。

就大多数目的而言，比道德法则和物理定律之间的区别更为重要的，是孟德斯鸠所提出的第二个区分，即对导致某种行为的特定环境因素与这种行为出现的原因之间的区分。前者就是我们今天所谓的*偶然性的*（*contingent*）原因。这取决于一系列为行为构建了背景的因素，包括气候、公民的主要职业、宗教传统、法律、政府形式和当地习俗，等等，所有这些都包含在孟德斯鸠所谓的一个民族的“一般精神”（*SL*，6：293）中。后者则是*必然性的*（*necessary*）原因。它是导致行为发生的一般性物理定律或道德法则，它是普遍的而不是特定的。

在物理学中，我们说解决任何问题的方法都取决于物理学定律及问题的初始条件。当初始条件发生变化时，会出现根本不同的解决方案。以同样的方式，孟德斯鸠认为，人们的行为在不同的环境下会表现得非常不同，尽管他们的行为是由普遍的物理定律和道德法则所导致的。他把这种现象归因于具体给定条件的变化，或者他们所在的民族所具有的“一般精神”出现的变化。因此，要解释为什么人类习俗和制度会因社会而异，就必然取决于理解特定条件是以何种方式影响了普遍的物理定律和道德法则，使其表现为某种具体的形式的。

对于孟德斯鸠来说，政治形式是塑造人民群众精神的最重要因素之一，《论法的精神》近1/3的篇幅是专门讨论“每一个政体的性质和原则与法律的关联”（*SL*，7）。沿着由马基雅维利、博丹和哈林顿发展起来的经典传统，孟德斯鸠也认为存在三种基本类型的政府。但他把它们标记为共和政府、君主政府和专制政府，而不是民主政府、贵族政府和君主政府。分类方面的这种差异反映了孟德斯鸠在撰写他的著作时所考虑的是一个特别的政治纲领，对共和政府成长所依赖的历史条件有一种特别的理解，也体现了他在英国开展研究时对英国君主立宪制的特别偏爱。

149 在政治上，孟德斯鸠想要表明的是，在路易十四和路易十五的统治下，法国长久以来的君主制传统正在转变成一种不太令人满意的专制传统。但是与他的一些敌对者的恐惧和看法正相反，他肯定不是为了复兴传统贵族势力而进行争论。的确，在谈到贵族阶级时，他强调他们“天性蒙昧”“怠惰”“漠视公民政府”（*SL*，17）。他所追求的是永久存在的一个独立的“法律保障机构”，它对民族习俗和制度的保护不会因为要满足“君主即兴的意志”而被改变。毫不奇怪，作为一个以强大的最高法院首席法官身份无数次挑起与王权之间的斗争的人，孟德斯鸠认为：“这个保障机构只能由最高法院的法官们构成，他们颁布新的法律，复兴被废弃的法律。”（*SL*，17）

从历史角度出发，孟德斯鸠想论证的是，民主政治和贵族政府都具有同样的形式，并且彼此无法融合，所以它们是相同模式的变体（*SL*，14-15）。最后，他对英国君主制的印象特别深刻，因为他在英国游历期间与他联系最密切的托利党知识分子曾给他做了解释。这种君主制，因其君权与政权相分离的特征，似乎为政体稳定性提供了最光明的长远前景，也为所有阶级公民实现自己的独特价值提供了最大的自由。

孟德斯鸠声称，民主共和国与贵族共和国依赖于德治原则，即被定义为人民出于忠诚而表现出的对国家的爱。君主制依赖于荣誉原则，特别是依赖于贵族之间通过战争或其他方式为国王服务来获取声誉的竞争。而专制统治依赖于恐惧原则。要使法律在每类国家都能最大化地发挥效力，那么就应以加强并符合这些主导原则的方式来制定法律。也就是说，在共和制国家，法律既要鼓励对国家的忠诚和爱，又要利用这些情感。同样，在君主制国家，法律应始终对那种通过服务获得承认的需要体察入微，并为贵族提供一些可以令其保持荣誉感的途径。最后，在专制法律中，法律必须长期维持那种可以让人处于控制之下的恐惧感。

法国政府最大的失败在于，其行为方式破坏了那些与共和制及君主制有关的正面原则，而又没有建立起支持专制统治的负面原则。通 150
过其倒退的税收政策，通过对财政政策的高度操纵，它造就了一批对现状不满的公民群体，他们不仅不爱国，而且还觉得只有对国家不忠诚他们才能实现自我保护。此外，通过直接出售贵族头衔，王室已经抹去了贵族概念的荣誉特征；王室越来越少要求贵族提供真正的服务，取而代之的是让他们在宫廷中扮演虚设的、毫无意义的角色，它夺走了贵族的尊严和自我价值。此外，它既没有建立惩罚机制也没有形成那种能够通过恐惧而导致服从的严苛名声。因此，这是一个长远来看无法自我维持的政府，一个没有原则的政府。

以孟德斯鸠乐观的眼光来看，英国的君主立宪制则正好相反。它成功地培养出了其公民对国家的热爱和忠诚感，以及贵族群体的荣誉感。它以绝妙的稳定系统提供了两种理想形式政府所应有的最佳特征。通过将立法权赋予议会，议会又包括普通人组成的下议院和贵族组成的上议院，它在使每个公民都感觉到自己参与到政府活动中的同时，又让贵族体会到他们能发挥自己特殊的作用并占据优势地位（*SL*，154-155）。与此同时，通过将行政权力归于王位，它给予了法律有效执行的空间（*SL*，156）。通过将司法权与普通法法院的立法权和行政权分开，英国人建立了一个系统，形成了独立于王位和议会的国家法律及习俗的保障机构，并且能够确保法律在执行时既不过于严苛也不过于随意（*SL*，152-153）。

孟德斯鸠终其一生都在讨论政府性质和原则，并始终坚持对政府内部立法、行政和司法职能分离的支持，这在美国宪法辩论中发挥了重要作用。[①]但是对于后来的学者们之所以将孟德斯鸠视为启蒙运动时期哲学历史学传统主要来源的理由来说，《论法的精神》关于这一方面的内容明显只扮演了次要的角色。这些读者们倾向于关注他对环境因
151 素的分析，甚至更多关注的是他关于人们的“本能职业”如何塑造了法律的讨论。接下来我们将把注意力集中在这两个主题上。

《论法的精神》第14～18章都是在研究一个国家的物质环境与其法律之间的关系问题。很显然，孟德斯鸠之所以对这个话题感兴趣，至少部分原因是他与英国托利党人、自然哲学家约翰·阿布斯诺特（John Arbuthnot）进行的对话，阿布斯诺特1733年出版了《论空气对人体的影响》（*An Essay Concerning the Effects of Air on Human Bodies*）一书，讨论了在寒冷影响下人体组织的收缩，也推测了气候对性格的影响。在与阿布斯诺特进行对话后，孟德斯鸠针对寒冷对绵羊舌头的影响进行了一段时间的实验，并给出了他的一般解释性。但孟德斯鸠关于气候与社会发展之间关系的讨论似乎在很大程度上也应归功于博丹，而且博丹的许多具体的验证性结果都在孟德斯鸠那里得以保留。因此，像博丹一样，孟德斯鸠认为，居住在温暖地区的人相比居住在寒冷地区的人来说在体格上更弱，也更懒惰，但更感性，一般来说也更热情、更聪明。此外，他认为寒冷的气候使人拥有更强的体力但敏感性降低。但是，孟德斯鸠走得更远。他以通过自己的实验发展出来的肌肉纤维遇冷收缩理论的论证过程为基础否定了旧的体液理论（*SL*，221-223）。然后，他表现出了与那些同样研究法律和气候关系的法国前辈学者们完全不同的态度。博丹认为，法律应该与气候因素一起发挥作用，发展出与当地气候相适应的道德。通过论证法律和习俗

---

① 参见，如Paul M. Spurlin，*Montesquieu in America，1760-1801*（Baton Rouge：Louisiana State University Press，1940）。

的形成在很大程度上与气候有关，即它们应该是为了与气候所产生的负面效果做斗争而形成的，孟德斯鸠不但较博丹有所突破，而且也突破了他自己的一般性原则，即法律应该“遵循民族精神”（*SL*，294）的观点。因此，《论法的精神》第14章第5节的标题是“不抵御气候缺陷的立法者就不是好的立法者”（*SL*，225）。

在孟德斯鸠关于气候所讨论的所有议题中，有关民事奴役和家庭奴役的论述是最有趣的。虽然孟德斯鸠一般不赞成奴隶制，其理由是“人人生而平等，奴隶制必然被视为是不自然的”，而且尽管他声称令他感到宽慰的是奴隶制在欧洲已经被废除了，但他还声称在某些国家，奴隶制可能因气候因素而建基于自然原因之上。特别地，他曾写道：“有些国家天气炎热，使人身体疲惫无力，并大大地削弱了人们的 152
勇气，所以只有用惩罚的恐怖才能迫使人们履行一项费力的义务，因此在那里奴隶制与理性更协调。”（*SL*，240）这是关于孟德斯鸠用气候理论证明不同地方拥有根本不同的法律和习俗的例子中，最令人印象深刻的例子之一。

孟德斯鸠对婚姻的论述几乎同样令人不安，他认为在一些国家这是对妇女进行家庭奴役的一种形式。孟德斯鸠认为，处于炎热气候中的女性，比在温带或寒冷气候中的女性性成熟得更早，而且也会更早地丧失性吸引力。因此，在她们长到理性的年龄之前，就已经结婚了，并且有了孩子，而且她们相对于其丈夫处于从属地位。同样的道理，一旦她们达到了理性年龄，就已经失去了性吸引力；因此男人另觅新欢是适当的，而且多配偶制也是适当的（*SL*，251）。

此外，如在民事奴役的情况下，孟德斯鸠似乎又有了另一种关于政治事务正常状态的想法，这种正常状态存在于不受气候影响时。例如，关于多配偶制，他认为“不谈那些使其能被容忍的［气候］情况，多配偶制对人类、对两性——无论是凌辱人的一方还是被凌辱的一方都是完全无益的”（*SL*，254）。在使用凌辱（abuse）这样的术语，以及否认多配偶制的作用时，孟德斯鸠明确表示，对于他来说，一夫一妻制更符合*自然*状态；但他也承认气候的影响可能会很大，以至于可以超越这种因素。同样地，关于婚姻中双方的相对独立性和平等性，虽然孟德斯鸠确实相信男性天然比女性有更大的力量，而且在理性方面多少也会更强一些，但他认为自然状态也涉及“某类平等”。因此，将妇女置于从属地位的法律是不适当的，除非是在那些气候条件特殊、能证明这种法律适用的地方。

在民事奴役和家庭奴役的情况下，很明显，在影响某地法律的所有因素中，气候可能会发挥特别强大的作用。然而，重要的是要认识到，孟德斯鸠并不认为任何一个因素总是占主导地位的。事实上，他坚持认为，在不同的情况下，其他因素可能会产生更大的影响，尽管
153 他确实认为“天性与气候几乎分别独立左右着野蛮人”（*SL*，293-294）。为了便于将来参考，同样重要的是，我们要注意，实际上，孟德斯鸠关于法律和气候之间关系的所有思考都是辩护性的，而不是规定性的。这都是为了说明传统习俗的合理性，而不是批判那些习俗并提出替代性的内容。在这个意义上，孟德斯鸠即使在为改革进行理论辩护时，也同时为现状进行着实践辩护。

孟德斯鸠的著作被人们几乎一致地认为是重要的且有创新性的第二个方面是，他对法律与本能职业或维持生计的方式之间关系的强调。孟德斯鸠对这些问题的分析是从《论法的精神》第 18 章开始的，在此基础上，他建立了基于生存模式的四种国家类型，并认为法典的范围将因国家而异：

> 法律与各民族的谋生方式有着密切的关系。一个从事商务和航海的民族（即商业民族）比一个仅限于耕种土地的民族（即农业民族）需要更广泛的法律知识。从事农业的民族比那些以放牧

> 为生的民族（即放牧民族或未开化的民族）需要更多的法律知识。从事放牧的民族要比以狩猎为生的民族（即原始的野蛮民族）需要的法律知识要多得多。（*SL*，275）

对于孟德斯鸠来说，原始社会、牧民社会、农业社会和商业社会并不是必然的社会发展序列。也就是说，并不像维科理解的神的时代、英雄的时代和人类的时代那样，这些社会形态不是必然要被理解为社会走向成熟过程中的某个阶段。相反，在它们推动了法律和习俗发展的意义上，它们应被简单地视为可以相互比较的不同类型的社会。然而，尽管他没有明确地指出，各个民族自然会经历从狩猎到放牧再到农业最后到商业社会这样的进程，但实际上所有那些将自己视为孟德斯鸠追随者的人，都会解读出他关于不断进步的阶段的理论。

《论法的精神》在关于“土壤性质对法律的一般影响”（第 18 章）和“一个民族的居民数量对其法律的影响”（第 23 章）这两章中对所有这四种社会都进行了详细考察。另外还有三章（第 20～22 章）专门 154
针对商业社会中法律和习俗的不同方面进行了讨论。而其他形式社会中的法律和习俗却没有被具体分析。对商业社会的这种重视是有道理的，因为根据他的理论，商业社会的法律和习俗比任何其他形式社会的法律和习俗都要复杂得多。但情况也可能是，孟德斯鸠的研究兴趣主要在当时的法国，与重农主义者们不同，他将法国看作是商业社会而不是农业社会。

可以肯定，孟德斯鸠关于商业国家的精神的认识是十分矛盾的，大多数追随他的哲学历史学家也是如此。一方面，他和他的追随者几乎一致地坚持认为商业必将促进国家之间的和平与合作。孟德斯鸠的原话是：“和平是贸易的自然结果。相互贸易的两个国家会变得相互依赖；因为如果一方通过购买来获益，而另一方则通过出售来获益；因此，他们的联盟是建立在他们相互需要的基础上的。”（*SL*，316）孟德斯鸠重视和平，一方面是因为自然法传统强调和平，另一方面是因为路易十四发起的战争是法国财政问题出现的重要原因，因此毫无疑问，他把通过商业促进和平视为商业社会所具有的积极特征。

同样，他认为，通过将不同地方和不同背景的人聚集在一个他们不得不学习融洽相处并相互配合的环境中，商业活动提供了一种“去除最有害的偏见的方法”（*SL*，316）。偏见的消失是贸易促进国家间和平的原因之一；它也成了提高宽容度的因素，因此也成了推动更普遍意义上的和平的一个因素。最后，商业将人引向“文明”，引向高雅的举止和品位，因为它散播了“一种关于所有国家的人们举止的知识：人们相互比较各自的行为举止，这种比较使人们获益匪浅”（*SL*，316）。

相对于上述的那些好处，孟德斯鸠还确定了商业精神的一些消极特征，它们都是与那种牺牲传统美德，只关心个人经济利益的倾向有关的。“贸易精神在人们的思想中产生了一种十分确切的公平感。这种公平感……同一些道德观念格格不入，这些道德观念认为人们大可不必为了个人的得失斤斤计较，人们尽可以为了他人的利益而忽略自己的利益。”（*SL*，317）

在政治经济学家越来越坚持自我利益是经济行为唯一且普遍的动
155 机的时代，孟德斯鸠及其追随者亚当·弗格森坚持认为，在仅限于四类社会的其中一类里，我们才能将自我利益视为支配人类行为的主要因素。他们将商业社会的这种倾向看作是这种社会明显令人不满的地方。

在影响国家法律和习俗的具体因素中，孟德斯鸠关于政府的形式和原则、环境的结构与性质，以及生存方式的模式与原则的讨论无疑是影响最大的内容。但也许比其中任何一方面的讨论更为重要的是，他的详细论述提供了对这样一种主张的支持，即那种适用于任何给定地点、时间和人员的法律，以一种复杂的方式依赖于众多的因素。因此，像孔多塞和凯瑟琳·麦考利这样的联想主义者主张，由于人类的本性在各处都相同，因此司法制度与法律也必然是无处不同的，对于那些发展孟德斯鸠论证的哲学历史学家来说，这个道理似乎是异常简单的。这种哲学历史学传统的特征被广泛地用于为 18 世纪后期出现的针对法国大革命的保守回应进行辩护。例如，约瑟夫·德·迈斯特曾写道："宪法解决不了下面这个问题——给定人口、习俗、宗教信仰、地域情况、政治关系、财富、特定国家的好坏等条件，寻找适合它的法律。而且 1795 年仅仅是针对人的那部宪法甚至都没有触及这个问题……为所有国家制定的宪法是不存在的。"[①]

亚当·弗格森的社会自然史

在那些自称为孟德斯鸠追随者的人中，最精明者之一便是亚当·弗格森。他于 1723 年出生于苏格兰高地边缘的罗格拉特村的一个牧师家庭，弗格森先上了圣安德鲁斯大学，然后又在爱丁堡大学学习神学，接着加入了第一高地步兵团，作为他们的牧师长达九年之久。在部队期间，与这些讲盖尔语的高地部落民的接触构成了弗格森知识背景的重要组成部分。这让他对战争保持了远比他在学术方面的大多数朋友和前辈都更加积极的态度，这令他特别重视商业社会之前的人类文明的价值观。

弗格森看上去已经是一个优秀的士兵和牧师了，但在内心深处，156
他最感兴趣的还是学术研究。他离开部队后，又回到了爱丁堡大学，

① Joseph de Maistre，*The Works of Joseph de Maistre*，ed. Jack Lively（New York：Schocken Books，1971），80. This passage is from Considerations on France，后文引用时简写为 *Works*。

接替他的朋友大卫·休谟，担任图书馆馆长。1759 年，他成为爱丁堡大学的自然哲学教授，并于 1764 年晋升为声望更高且有利可图的道德哲学教授。

像孟德斯鸠一样，弗格森也写了一部非常有影响力的罗马史著作[《论进步的历史和罗马共和国的终结》(*History of the Progress and Termination of the Roman Republic*，1783 年)] 和一部更加全面的关于社会历史的著作（《文明社会史论》，简称《史论》，1767 年）。按照当时的标准来看，弗格森的《史论》是非常简短的著作；但是人们普遍认为这是他最重要的著作。它迅速被翻译成法语和德语，并借由马克思和席勒（Schiller）在他们著作中的介绍，分别对 19 世纪德国左派和右派的社会理论发展产生了重大影响。[①]在苏格兰，除了大卫·休谟对其语言风格给予了批评之外，几乎所有的主要学者都对其深表钦佩，不过我怀疑即使是休谟，也只是焦虑于弗格森公开的宗教倾向，而不是他的文风特征。

部分原因是他早期讲授牛顿的自然哲学，部分原因是他非常赞赏休谟关于所有哲学科目的经验主义态度，因此弗格森在其《史论》一开始，就直接针对霍布斯，但实质上也是针对孟德斯鸠所持的笛卡儿主义倾向展开了方法论方面的讨论。弗格森对霍布斯关于前社会的自然状态观念和孟德斯鸠关于人性的先验观念进行了攻击，弗格森的立场是，我们关于人性的断言应该以经验为基础，并且除非我们"群集在一起"，否则我们就不会有关于人类的经验，因此我们应该停止猜测，在成为社会化的人之前，人何以为人，"那是一段我们没有任何记载的时期，我们关于它的看法一点都不适用，而且也无从证实"（*HCS*，6）。

---

① 关于弗格森在德国的影响，请参见 David Kettler，*The Social and Political Thought of Adam Ferguson*（Athens，Ohio：Ohio State University，1965）一书的引言。

同样地，他也对像维科那样的人提出了抗议，他们“将人类的初始状态描述为：只有动物的感觉，没有任何使他们优于野兽的能力，没有形成任何政治联盟，没有任何解释他们情感的方法，甚至没有那种最适于由他们的声音和手势来表达的理解力与情感”，他也反对类似
157 霍布斯那样的“认为蒙昧时期人们处于连续不断的战争中的人”，弗格森认为，人性研究者应该采取自然历史学家的方法：

> 在其他任何情况下……自然历史学家认为他的责任在于收集事实，而不是提出猜想。当他在论述任何一种特定的动物时，都认为它们当前的性情和本能与最初时候完全一样，并且它们目前的生活也延续了它们最初的目的。他承认，他对世界物质体系的了解程度取决于收集到的一系列事实，或者至多不过是取决于从特定观察和实验中总结出来的一般性原则。只有涉及与自己有关的，或者是那些最重要的、也最容易了解的事情时，他才会用假设来代替现实，才会混淆想象力与理性之间、诗歌与科学之间的界限。（*HCS*，2）

因此，弗格森采取了休谟在其著作中所使用的、牛顿经验论式的反假设研究模式。此外，以这样的方式，他明确地拒绝了通过使用类比来形成假设的洛克策略。因为人类毕竟是与其他动物不同的，所以他坚持说：“我们无法通过从人与别的动物的类比中理解人类天性。”（*HCS*，6）

人类与其他动物最大的区别在于他们表现出了一种想要去“发明和创造”（*HCS*，6）的内驱力，而且人类还会使用语言，这使得他们能将过去的发明保留下来，从而以这些发明为基础，使人类这个物种能够不断进步。“在其他种类的动物中，个体总是经历从婴儿期到老年期或成熟期的过程，在个体生命的范围内，它可以达到它这个物种所能

实现的完美程度：但在人类中，不仅个人会进步，整个物种也会进步；他们在前人的基础上向前迈进；经年累月后，他们对天赋的运用就趋于完善了，这种完善需要有长期的经验和许多代人的共同努力。”（*HCS*，4-5）在这个意义上，我们可以真正地说，人类是他们自己及其社会的创造者。正是由于这个原因，弗格森坚持认为，涉及人类时，自然与人工之间的对立并没有任何合理性。人类生来就是能工巧匠，他们在城市商业背景下的行为与他们在好望角或麦哲伦海峡原始条件
158 下所做的事情一样自然（*HCS*，8）。正因为如此，人类的自然史与任何其他物种都不同，它必须包括对那种从最初的原始且未开化的社会到最近的商业社会的整个动态发展过程的历史分析。

然而，当弗格森讨论那些把古代社会与当前欧洲文明社会联系起来的问题时，他发现了另一个关键的方法论问题。我们所拥有的关于最古老、最原始民族的所有认识都是有缺陷的，因为它们都反映出了记录者的文化偏见（*HCS*，76）。那么我们如何才能进入古代不列颠人、高卢人和日耳曼人的习俗及制度中去呢？弗格森采取的策略就同维科一样。我们通过研究与那些古代文化处于同一发展阶段的当代文化，来了解欧洲人的祖先（*HCS*，80-81）。

弗格森在很大程度上吸取了最近出现的、由那些受过科学训练的旅行家在美国进行的据推测是客观的观察结果［特别是夏洛瓦（P. F. X. Charlevoix）的《新法国的历史与现实描述》（*Histoire et description generalale de la Nouvelle-France*，1744 年），拉菲托（J. F. Lafitau）的《美洲野蛮人风俗》（*Moers des sauvages américains*，1724 年）和卡德瓦拉德·科尔登（Cadwallader Colden）的《印第安五国史》（*History of the Five Indian Nations*，1727 年）］，接着其又研究了那些孟德斯鸠感兴趣的主要议题，并增加了一些新的研究主题，包括亲属关系建立的模式问题和劳动力按性别划分的问题。

我们已经看到，弗格森认同甚至更明确地陈述了维科和孟德斯鸠的这一主张，即人类社会发生的变化往往是由一些意想不到的后果导致的。但他也专门讨论了产生意想不到后果的两类特殊机制，给它们赋予了一种新的重要意义。首先，弗格森是最先明确提出“宗派利益之间的冲突可能是社会福利和进步的主要来源，而不是需要避免或控制的事件”这种认识的哲学历史学家之一。

除了罕见的例外情况，早期的社会科学家已经将个别的利益相关者或特殊利益集团视为阻碍所有能提升社会总体利益的行动的人。例如，在官房主义者的思想中，政府之所以需要对经济生活进行监管的主要理由之一是，在没有监管的情况下，商人阶级和工匠阶级都将设法为自己的利益服务，从而损害共同利益。在联想主义心理学中，特别是在爱尔维修式的联想主义心理学中，有权势的集团的利益总是被 159
认为与普遍的福祉相悖。在以哈林顿和孟德斯鸠的著作为代表的哲学历史学传统下，虽然人们公认存在着属于不同阶级的利益，但他们的主要目标是控制和平衡它们，并对个人进行限制以使其为了共同利益，而不是为了他们所在的特定阶级或派别的利益而行事。

弗格森承认，“在党派争斗中，公众的利益，甚至是正义和坦诚的信条*有时*都被遗忘了”。但是，他坚持认为，“这种堕落看上去预示着的致命后果也并不总是不可避免的……自由是由多数人持续的分歧和对抗而得以维持的，而不是靠他们支持公正政府的一致热情来维护的。因此，在自由国家中，最明智的法律或许永远不是由任何一个阶层的人的利益和精神决定的：它们的提出、否决或修订都是由不同的人完成的；最终这些法律成了表达对立的党派相互强迫对方接受的、折中的、混合的约定”（*HCS*，128）。因此，法律的进步是在党派斗争或者阶级利益之间竞争的过程中显现出来的，虽然这个过程往往很慢，但它导致的变化是连续不断的。事实上，弗格森认为，“如果我们期盼人类停止劳动，或者期望看到他们休息的景象，那我们就误解了人性”（*HCS*，7）。

法律的进步，如果说不总是在冲突过程中形成的话，那至少也时常是由此引发的，而不是更伟大的启蒙的必然结果，这种观念仅仅是表明弗格森对人类冲突给予普遍积极评价的一个例子。这种评价与在他之前几乎所有的自然法理论家，以及心理学理论家的观点完全不同，他们总是将对和平的渴望视为文明社会最根本的基础（*HCS*，24）。

当人类冲突的倾向是针对社会中的个体时，弗格森认为这是令人厌恶的；但是当它被用来服务于社会利益而不是私人利益时，它就变得令人钦佩。另一个符合天意的、令人不可思议的例子是，类似于个人的贪婪通过冲突实现了为经济生活中的公共利益服务，个人的仇恨
160 通过战争或战争威胁实现了为国家利益服务。这不仅仅说明了暴力的使用对于国防这个直接目的而言是必需的，更重要的是，真正的社会团结的创造依赖于对外敌的感知（*HCS*，22，25）。

弗格森倾向于承认为了公共目的而使用武力和暴力的行为在人类“最伟大且最具进步意义的活动”（*HCS*，119）中占据了显著地位，这种倾向与古典政治理论有着明显的共鸣，即参与军事活动是公共生活的一个关键特征。但弗格森的观点与古典理论家的观点截然不同，因为它基于描述性的社会科学，而不是规范性的社会理论。

如果说弗格森对国内和国际冲突的积极与进步作用的分析在 18 世纪的哲学历史学家中是独一无二的，那么他关于分工的中心地位作为社会发展的驱动力的讨论，以及他关于其不断增长的长期后果的深刻矛盾心理也很典型。

弗格森清楚地表达了可能源自休谟和哈奇森的信念，即尽管人类行为既是出于私人的自我利益又是源于社会性的情感，但是社会性的

情感所能提供给人的快乐的范围要大得多。“看起来要使人感到幸福，就要使他的社会习性成为主宰其职业的源泉；将自己定位为社会的一员，为了社会的整体利益，他满怀热情，并抑制那些作为痛苦的焦虑、恐惧、嫉妒和羡慕的基础的个人利益。”（*HCS*，54）在私有财产出现之前，仅仅在非常有限的范围内，私人利益有可能发展到挑战和干预社会情感的程度。但是，在原始社会中，当劳动分工首先开始出现时，人类开始发展专业技能，并发展出了“可获利的技艺”，如制作燧石石器和弓的技艺时，他们就开始囤积自己的产品，以便交换他们需要的其他东西，这种囤积行为使得私人财富得以首次显现（*HCS*，97）。以这种方式，劳动分工就会启动这样一个过程，在这个过程中，在激发人类行为方面，相对于（属于社会情感领域的）公共问题来说，（属于自我利益领域的）经济问题的影响开始扩大。

随着社会阶段的连续更替，私人经济动机逐渐变得更具主导性，直到能带来巨大经济效益的先进商业社会出现之前，那些能够丰富社会生活的社会联系几乎已经所剩无几。“正是在这一点上，我们有时会发现人类是一种离群寡居的生物：一旦他发现了一个与他人竞争的目 161
标，他就会为了利益，不惜像对待牲畜、对待土地一样地对待他人。那种我们假想的创造了［商业］社会的强大引擎，只会令社会成员分歧不断，或者约束他们，使他们在感情的纽带断裂之后，还能够继续交往。”（*HCS*，19）

在劳动分工走得最远的领域——制造业中，这种去社会化或去人性化的过程是最彻底的。特别是工匠技艺，“在完全压制情感和理性的情况下，最能取得成功……涉及心灵的程度越少，则越能得以提高，当作坊被认为是一台引擎，人成为其组成部分，不需要做任何与想象力相关的努力时，它会发展得最好”（*HCS*，182-183）。正如我们将会看到的，亚当·斯密也关心劳动分工所造成的关于人的不幸后果，但他的认识比弗格森更加矛盾。

再一次，哲学历史学研究提出了一种分析方法，成了 18 世纪末保守主义的核心纲领。诸如伯克这样的保守主义者，在经济学家所赞扬的那种对自我利益的斤斤计较中，看到了其对爱、尊敬、羡慕和喜欢等社会情感的侵害，而这些情感对于保守主义者们来说，才是指导人类行为更为适当的准则（*RRF*，91）。

第十一章

融合的科学与混合的意识形态思想：哈奇森、亚当·斯密与米拉的格拉斯哥学派

尽管社会科学研究的心理学策略、政治经济学策略和哲学-历史学策略之间相互渗透的趋势贯穿了整个18世纪，但是在法国大革命之前，大多数自认为持科学态度的人类社会研究者的研究视角还是明显地受这三个策略中的某一个所支配的。然而，对于一个自弗朗西斯·哈奇森开始，被延续下来的重要社会科学传统来说，这一概括并不适用。哈奇森于1730～1746年在格拉斯哥大学担任道德哲学教授，他开创的这一传统被他的学生亚当·斯密所继承，并且亚当·斯密也于1751～1766年担任过格拉斯哥大学的道德哲学教授，之后又由斯密的学生约翰·米拉延续了下来，他从1761年开始直到1801年去世，一直是格拉斯哥大学的民法学教授。

哈奇森试图将基于心理学的道德伦理学与政治经济学融合在一起，并将普芬多夫和哈林顿模式下的法理学研究转变为一个关于道德哲学的综合研究方案。这一计划后来被斯密继承，他背离了哈奇森的思路，而采取了孟德斯鸠根据法理学将社会划分为狩猎、放牧、农业和商业四个阶段的那种历史学研究进路。最后，米拉改进了斯密研究

163 道德哲学问题的方法，并将其扩展，从而形成了最早的在多种文化下对性态（sexuality）和性别（gender）问题进行的比较心理学、经济学和社会学研究。

可以说，早期社会科学的心理学、政治经济学和哲学历史学学派开始于将一些不相容的假设融合起来的工作，并且在最初阶段它们是彼此竞争的。进而，到了 18 世纪中叶，这些传统都可以被认为具有了各自独特的意识形态影响。如果这两种主张都是正确的话，那么那种试图将三种传统融合为一种单一方法的尝试，就应该会涉及一些特别的方法论方面及概念方面的问题和冲突。这种尝试也应该会造成充斥着歧义的意识形态影响。接下来，我将试着表明这两个预想到的问题都被证实了。

哈奇森和斯密关于美德与义务的区分

虽然格拉斯哥学派的所有成员都试图发展一种综合的道德哲学，但是他们首先都承认伦理学与经济学和政治学之间的根本区别，即导致了那种冲突的问题，在他们的研究工作中也从未被完全解决。虽然这种传统追求全面性，但却没有真正实现统一和连贯。

哈奇森在他的《道德哲学纲要》（*A Short Introduction to Moral Philosophy*，1747 年）一开始就列出了这一区别。最初，哈奇森区分了涉及德行概念，以及行为动机分析的伦理学领域与包括关于个人在社会、经济和政治活动中的权利分析的自然法领域。[①]这种区分关注的是基于内部情感和直觉的道德判断的根源，与基于理性和法律的司法、政治及经济决策的根源之间的区别。在几页之后，哈奇森在讨论斯多

① Francis Hutcheson，*A Short Introduction to Moral Philosophy*（Hildesheim：Georg Olms Verlagsbuchandlung，1969 reprint of 1747 original），i，后文引用时简写为 *SIMP*。

葛学派（the Stoics）的道德学说和西塞罗（Cicero）的《论义务》时，又从略有不同的角度回顾了二者的这种区别：

> 众所周知，斯多葛学派在*德行*（他们认为是唯一的善）与*公责*（*officia*），或者说生活之外的额外责任［他们把这些责任划归为*无关紧要的事情*（*things indifferent*），无论它们在道德上是善还是恶］之间做出了这样的区分。这些书籍的构思，如［西塞罗的］《论义务》就是这样的；它们是为了表明那些在道德哲学基础方面已经受到很好指导的身份地位较高的人，在生活中应该有何种行为举止，才能与他们可以获得的那些极大的利益、权力、声望、高级的职位及荣耀实现完美的一致性。（*SIMP*，iii） 164

在许多方面，哈奇森的观点与西塞罗和斯多葛派的观点不同。首先，他所研究的对象既包括普通人也包括身处高位的人。其次，根据从普芬多夫那里继承来的法理学观点，他更加强调实际的经济活动与经济利益，而不是政治活动和政治荣耀，认为这才是人类在人生绝大多数时间内所追求的目标。事实上，对于哈奇森及斯密和米拉来说，政治活动几乎完全被理解为旨在提供一个稳定的且具有保护性的结构，以及一系列规则，在这些规则下，人们进行生产活动并生儿育女，而政治活动本身并不是最高形式的人类活动。斯密在他关于法理学的讲座中非常清楚地表明了这个立场，他坚持认为“所有艺术、科学、法律、政府及智慧，甚至德行本身都倾向于完成这样一件事，即满足人吃饭、饮水、穿衣和住宿的需求，这通常也被认为是提供了最平常的就业机会”[①]。

尽管哈奇森及其追随者将传统上认为优于经济活动的那些行为重

---

① 引自 Ronald Meek，*Smith, Marx and After*（London：Chapman and Hall，1977），178，后文引用时简写为 *SMA*。

新诠释成了经济活动的附属，但是他们保留了斯多葛学派关于伦理和德行，与经济、政治权利，以及义务之间的区分。此外，他们都在努力回答人类如何行事这个问题，即他们是为了寻求各自的不同利益，而并未打算做一个道德高尚的人，但他们却是以那种和行使美德相一致的方式来行事的。

在他们所有的教学性著作中，格拉斯哥学派的成员在探讨经济、法律和政府之前，首先对伦理与德行进行了分析，他们主要是从心理学传统出发的。从认为善恶的道德观念源于我们的快乐和痛苦这种主张开始，哈奇森就试图理解我们如何体验到与我们的外部感觉不直接相关的快乐，而这似乎最终取决于其他人体会到的快乐。他坚持认为
165 这是由许多经验所确证的事，我们会因别人的快乐而感到高兴，我们欣赏并认同那种给别人带来快乐的行为。甚至真的存在一些违反霍布斯的看法的行为，许多人为了保护他们的配偶、子女，以及社会中的其他成员，愿意牺牲自己的财物，甚至有时候愿意牺牲自己的生命。如何理解这些行为？

哈奇森声称，除了我们的外部感觉，我们还有一种内在的道德感，我们有时称之为我们的良知，“我们通过它来辨识在灵魂的情感中，在我们的生活、我们的话语，以及我们的行动中，什么才是优雅、得体、美丽且荣耀的”。此外，“那些在这个意义上被我们认为是*正确*和*美丽*的行为，我们称为*美德*，那些被我们认为是*卑鄙*的、*丑陋*的行为，我们称为*罪恶*”（*SIMP*，17）。这种观点最重要的特征之一是，道德判断与行为后果之间没有因果关系。前者只是对这些行为的直接情感反应，所以它们不会导致关于真假的判断，只关乎欣赏或反感。

当斯密接替哈奇森在格拉斯哥大学讲授道德哲学时，他遵循哈奇森的顺序，以类似的、关于伦理或德行的讨论开始他的课程，在《道

德情操论》（*The Theory of Moral Sentiments*，1759 年）中他表达了对这个问题的看法。此外，尽管吸收了一些来自他读休谟《人性论》时提出的新见解，但他仍然继续认同哈奇森所坚持的观点，即认为我们拥有那种能够直接地从情感上对善和恶的行为做出反应的内在识别力。并不存在任何可让我们通过理性分析来提前建立道德规则的方式，我们必须以经验的方式来发现它们（*TMS*，159）。

根据哈奇森的观点，当我们探究我们的道德感驱使我们赞许和欣赏哪类事情时，我们发现它们首先是，也主要是通常被认为与社会化的情感（旨在让他人快乐的情感）有关的行为，用术语描述的话，那就是善行或善举（*SIMP*，17）。

与道德感密切相关的是另一种内在的感觉，即荣誉与耻辱。这种感觉“使那些认为我们所做的是大快人心之事的人产生赞许、感激和尊敬之情；而让那些认为我们所做的是让人惴惴不安之事的人产生谴责、反对及憎恶之感”（*SIMP*，26）。也就是说，人们想取悦他人，仅仅是因为我们能获得被人认可的快乐，无论这种认可是否能带来其他 166
任何奖赏。

斯密发现哈奇森关于人类渴望被赞同的系统化阐述存在一个严重的问题。对他来说，很明显的是这很容易导致——按照马基雅维利的说法——人们会希望自己*看上去*是善良的，而不是*真的*善良，实际上这却是狭隘的自私性。因此，当斯密处理这个问题时，他针对哈奇森的论点做了重要的修改。他坚持认为，我们不仅希望被赞同，而且也希望这种赞同是*应得的*。“于是，自然不仅赋予（人）某种被人赞同的愿望，而且赋予他某种应该成为被人赞同的对象的愿望，或者说，成为在别人看来他应当自我赞同的对象。前一种愿望，只能够使他希望从表面上去适应社会；后一种愿望，对于使他渴望真正地适应社会来说是必不可少的。”[①]事实上，斯密非常敏锐地论证道，更重要的是人类的自我认同感，而不是让别人赞同我们。

哈奇森和斯密关于经济活动与道德可共存的论述

当哈奇森转向分析经济活动时，他试图将其与社会性情感联系在一起，他重点关注这样一种观点，即人不仅追求自己的私利，而且渴望为家庭成员及亲友们谋利。[②]即使是讨论劳动分工时，哈奇森也强调专业化是人们为了互惠互利而有意识地实现的，并且它会以“更令人快乐的方式实现我们的社会资源分配”（*SMP*，228）。

关于经济动机的普遍性质这个问题，斯密彻底偏离了哈奇森的研究方向，在《道德情操论》和《国富论》中，他都论证过，经济领域中的人类行为普遍是以利己主义而非任何社会性情感为动机的。尽管如此，他仍坚持认为，这种行为，只要被给予适当的约束，就可能是高尚的，或者至少在道德方面是中性的。

为了理解这如何可能，我们需要理解斯密如何通过接纳并发展大卫·休谟关于赞同的学说，使美德的概念拓展到了哈奇森所讨论的善
167 行的范围之外。我们已经看到，斯密认为，我们说某种行为或情感是高尚的，就等同于说，它应该得到那些不直接受益于这种行为的人的普遍赞许，就这一点而言，他和哈奇森的观点是一致的。当一个人以能够获得赞许的方式行事时，这个人就会被说成是道德高尚的。但是，斯密在理解认可的实现机制方面，进而在理解哪些情感和行为会

---

① Adam Smith，*The Theory of Moral Sentiments*，ed. D. D. Raphael and A. L. Macfie（Oxford：The Clarendon Press，1976），116-117，后文引用时简写为 *TMS*。

② Francis Hutcheson，*A System of Moral Philosophy*（Hildesheim：Georg Olms Verlagsbuchandlung，1969 reprint of 1755 original），vol.1，321，后文引用时简写为 *SMP*。

被认可方面，与哈奇森产生了分歧。

斯密一开始并没有假设存在明确的道德感，而是指出所有人都普遍拥有想象他们自己站在别人的立场来认同别人感情的能力（*TMS*，12）。休谟在经济语境下就已经应用过这种观念来解释为什么财富和权力能够被认可并被人羡慕。“财富给其拥有者带来了满足感，这种满足感通过想象力传递给旁观者，这就产生了一个在强度和活力方面都与原始印象相似的观念。”[①]

斯密接受了休谟的分析，但他又回过头来问：为什么人们从一开始就希望变得富有和拥有权力呢？“这个世界上所有的辛苦和劳碌是为了什么呢？贪婪和野心，追求财富、权力和优越地位的目的又是什么呢？……按照我们所说的人生的伟大目标，即改善我们的条件而谋求的利益又是什么呢？”（*TMS*，50）他对这个问题的回答是，所有人都有“希望借助于*被人同情*、自鸣得意、获得认可的方式而被他人观察、关心和关注”的需求。富人所拥有的与其说是财富，不如说是财富所带来的让人羡慕和令人服从的感受，这才是财富能带来满足感的最终原因。用斯密极富启发性的话来说，就是“吸引我们的，是*虚荣*而不是舒适或快乐”（*TMS*，50-51）。

斯密继续进行他关于行动或情感获得认可的基础的讨论，以及关于我们渴望相互支持的讨论，并将其转到了休谟未曾涉及的重要方向。这些方向可能是基于亚里士多德的模仿说而提出的，1750年在爱丁堡大学讲授修辞学和纯文学课程期间，斯密在备课过程中对此进行了研究。亚里士多德认为，存在一种特殊的快乐感，它来源于对现实的艺术化模仿。这就是为什么我们在欣赏那些具有令人不悦的场景的画作时能从中获得快乐。这种快乐是由于我们对成功模仿的关注，超

---

① David Hume，*A Treatise of Human Nature*，ed. E. C. Mossner（Harmonsworth，England：Penguin Books，Ltd.，1969；from 1739 original），411，后文引用时简写为 *THN*。

过了画作的主题所导致的那种不快。类似地，对于斯密来说，当一个人的行为或表达情绪的方式和程度，恰好让我们想象自己在同样的情
168 况下也会如此行动或有同样的感受时，那么我们的这种与他人感同身受的体会就会使我们获得一种独特的愉悦感。因此，从这种对悲伤的表达中，我们体会到了一种特别的快乐，并且毫无保留地赞许这种表达，因为我们可以设想自己如果处于类似环境中就能体会到那种悲伤（*TMS*，46，note b）。在这种情况下，我们才会说一个人的情感或行为是*适当*的，或者我们可以判断其行为或情感是*高尚*的。

许多完全适当的行为，事实上大多数这样的行为，通常并未被认为是高尚的。例如，斯密说，当我们饿的时候就去吃饭，这是完全适当的行为，但这样的行为并不会引起别人特别的赞许。只有行为和情感既是适当的，又绝不普通时，或者正如斯密所说的“不寻常的伟大和美好”时，它们才配得上高尚一词（*TMS*，25）。因此，尽管在经济事务方面出于自身利益的行为可能是完全适当的，但通常并非是高尚的。另外，追求自我利益的行为并不总是自动地被排除在高尚的行为之外。在1790年出版的《道德情操论》第六版中，斯密强调了谨慎的人的美德，这类人是经济方面纯粹的利己主义者的典型代表，也是哈奇森所指的那种总是以别人的利益为导向的乐善好施者的对立面，“谨慎的人不愿意承担任何不属于自己职责范围的责任……他把自己的事务限制在自己的职责所容许的范围内……他在心灵深处更喜欢的是有保证的安定生活中的那种没有受到干扰的乐趣，不仅不喜欢所有成功的野心所具有的表面好看的光彩，而且不喜欢完成最伟大及最高尚的行动所带来的真正和可靠的荣耀”（*TMS*，216）。

这样的一个人可能不值得被致以最伟大的热爱和敬意，但他仍然值得赞许。“谨慎的人身上的那种坚持不懈的勤劳和俭朴，那种为了将来更遥远但是更为持久的舒适和享受而坚决牺牲眼前的舒适和享受的

精神，总是因为公正的旁观者的充分赞同，而得到支持和报答。”（*TMS*，215）因此，对经济上自我利益的追求，当表现出不寻常的谨慎态度时，这种追求本身可能就是高尚的。

在《道德情操论》和《国富论》中斯密认为，在许多情况下，经济动机在道德上既不是高尚的，也不是中立的。然而，它们仍然可能导致有利于整个社会的结果，因此是值得赞同的。为了解决这个问 169
题，斯密放弃了那种作为他关于经济活动与美德具有一致性的大多数论证的基础的心理学策略，并接受了哲学历史学家和政治经济学家给出的无意识结论或幸运论证，从而提出了他著名的“看不见的手”理论。

在《道德情操论》中，当斯密试图理解土地和财富被少数人所拥有这个事实如何与全体社会成员的普遍福祉相协调时，他借助上帝来进行说明：

> 当上帝把土地分给少数地主时，他既没有忘记也没有遗弃那些在这种分配中似乎被忽略了的人。富人……尽管他们的天性是自私的和贪婪的，虽然他们只图自己方便，虽然他们雇用千百人来为自己劳动的唯一目的是满足自己无聊而又贪得无厌的欲望，但是他们还是同穷人一起分享了他们所做的一切改良的成果。一只看不见的手引导他们对生活必需品做出几乎同土地在平均分配给全体居民的情况下所能做出的一样的分配。（*TMS*，184-185）

在这种情况下，总体经济利益并不是源于那些无关道德的行为，而是源于那些被明确刻画为不道德的行为。

在《国富论》中，斯密又采取了几乎完全相同的方式，这一次他用富裕的土地所有者的虚荣感，说明了从农业社会到商业社会这个历史性的进步。“对于公众幸福，这真是一种极重要的革命，但完成这种革命的，却是两个全然不顾公众幸福的阶级。满足最幼稚的虚荣心，是大领主的唯一动机。至于商人工匠，虽不像那样可笑，但他们也只为一己的利益行事。他们所追求的，只是到一个可赚钱的地方去赚每一分钱。大领主的痴愚，商人工匠的勤劳，终于使这次革命逐渐完成了，但他们对于这次革命，却既不了解，亦未预见。”①

的确，斯密在他的职业生涯中对于经济活动动机的分析是始终如一的。他的分析也是全面的，他论证了使社会受益的经济行为既可能
170 源于高尚的动机，也可能源于道德中立的及不道德的动机。但是，如果仅用“人们的动机在道德上是可以接受的”这种人类心理学分析来解释经济活动的合法性，我们很难保证这种解释系统的逻辑一致性，因此当人们的动机是不道德的时，我们需要切换到社会学视角下进行说明。

格拉斯哥学派关于正义、法律和政府之间关系的论述

弗朗西斯·哈奇森区分了以善意为基础、以道德感为判断标准的美德和以理性为基础、以是否符合法律为判断标准的责任。他以一种略微不同的方式仿效了普芬多夫对不完全的权利与完全的权利的区分，不完全的权利与那些我们可能期望他人为了我们的利益而做，但又不能强迫他们做的事有关，完全的权利则与那些他人应该为了我们而做的事有关，如果他们不自愿做这些事的话，我们可以强迫他们去做。美德与不完全的权利有关，正义则与完全的权利有关。

在《道德情操论》中，斯密认为，正义本身就是一种美德，其基础是人类对那些受暴力、欺诈和盗窃行为所侵害的人所富有的同情

① Adam Smith, *An Inquiry into the Nature and the Causes of the Wealth of Nations* (Oxford: The Clarendon Press, 1976), vol.1, 422，后文引用时简写为 *WN*。

心。此外，他坚持认为，我们之所以接受一般的司法规则或法律，并不是出于理性考虑，认为法律对于社会的维持是必要的，而是出于对一个个受害者的同情（*TMS*，89）。然而，斯密接受了哈奇森-普芬多夫的观点，即完全和不完全权利之间的区分与强制性这个概念有关。[①]对于斯密来说，完全的权利构成了与交换正义或法理学相关的主题，而不完全的权利构成了与分配正义或道德相关的主题。因此，交换正义成为斯密道德哲学中一个特殊章节的主题，理由是通过由政府或民间社会来制定和执行法律，人类可能会被迫展现出一种美德。

严格地讲，斯密认为，就源于古罗马时期的法理学传统而言，只有当某人先前对某个财物拥有专属权益，而该财物受到了侵害时，我们才能说这个人受到了与该财物有关的侵害。法律就是补偿侵害的适当规则。因此，迫使人尊重“我”已经拥有的权利是适当的，但试图迫使人们让“我”分享他们所拥有的权利则是不恰当的。这就是为什 171
么，根据斯密的观点，法理学或法律——进而政府——不能以合法化的方式介入人民的生活来对财产和收入进行重新分配。

强制性与交换正义之间的这种联系，以及分配正义与自愿性之间的关联，是接受特定法律传统的结果；斯密只是提出了一个与这种区分的合法性相关的断言，而不是给出做这种区分的理由。然而，斯密的学生约翰·米拉确实提供了一个有极大吸引力的理由，以说明为什么强迫与交换正义而不是分配正义有关才是适当的。他没有使用斯密的术语，而是用正义这个术语来直接指代交换正义。米拉曾表示斯密也认可这个理由。

米拉认为，正义与其他所有美德之间最大的区别在于正义的规则

① Adam Smith, *Lectures on Jurisprudence*, ed. R. L. Meek, et al.（Oxford：The Clarendon Press，1978），9，后文引用时简写为 *LJ*。

是准确且精确的，而其他的美德则不确定并且可以给出不同解释。[①]因此，我们坚持正义的原因是，我们能够就其在应用方面的精确特性达成共识，而对于其他美德我们则做不到，即我们可以创造一门真正的法律*科学*（*Millar*，344）。只有在达成精确协定的情况下，强制性才是合理的。米拉认为，这个观点与斯密的观点是一致的，事实上，在介绍斯密关于道德哲学的讲义时，米拉写道：在提出伦理学说（后来发布于《道德情操论》中）后，斯密“用更长的篇幅探讨了与*正义*相关的道德分支，该分支涉及准确且精确的规则，正因为这个原因它才能被给予充分且具体的解释”（*LJ*，Introduction，3）。

当他在他的法理学教学中探讨正义及其与法律和政府的关系这个主题时，斯密公开地放弃了普芬多夫和哈奇森的做法，他一开始就对“自然法”做了冗长的讨论，即那种将人看作处于自然状态的法律，或关于公民社会之外的人的法律。像他的朋友弗格森一样，斯密发现这样的讨论是无意义的。斯密认为，“实际上讨论在自然状态下发生的法律是没有意义的，因为这种状态根本就不存在”（*LJ*，398）。与普芬多夫和哈奇森不同的是，孟德斯鸠认为法律是出现在各种社会中的历史
172 事实。斯密认为我们必须研究实践中的美德，并坚持认为对于正义，我们也要采用同样的研究方法。因此他采取了孟德斯鸠的历史方法。当他这样做时，他开始以新的眼光看待政府：

> （当）有些人有巨额的财富而另一些人什么都没有时，当局就应该不断伸长手臂，长久以来的法律或规则，确保了富人的财产不会被穷人所侵犯，否则的话，这种侵犯就会不断发生……*在这*

---

① 见 William C. Lehmann，*John Millar of Glasgow：1735-1801：His Life and Thought and His Contributions to Sociological Analysis*（Cambridge：Cambridge University Press，1961），340，后文引用时简写为 *Millar*。该书包括了米拉《等级差异的起源：对导致社会不同成员具有不同的影响力和威信的环境的研究》一书的全文，并节选了他的一些其他著作中的内容。

> *种情况下，甚至在任何情况下，法律和政府都可以被视为是富人为压迫穷人而建立的联盟*，他们以此来保持其在财富方面所占据的不平等地位，否则这些不平等性很快就会被穷人的攻击所破坏，如果政府不对此予以阻止的话，那么很快穷人就会以公开的暴力手段来使他们降低到与自己平等的地位。（*LJ*，208）

在这里，斯密使用了压迫的概念来表明富人与穷人之间的关系，这表明了他对交换正义性质所做的社会学分析，这与他在解读哈奇森和休谟的心理学理论时隐含地接受的功利主义观念之间，存在着严重分歧。尽管他相信财富差异是必然的，而且也具有道德合法性，但他还是不断地为这样的事实而焦虑："在文明的国家里，穷人奉献了自己的劳动和时间，是为了维持富人安逸而奢侈的生活。"（*SMA*，11）即使在《国富论》中，他仍然认为，存在一个不受法律支持的公正原则，该原则要求"那些为全体人民提供衣食住等条件的人，应该分享一部分自身劳动的创造物，使自己得到还过得去的衣食住等条件"，而且他进一步认为"如果一个社会中的大部分成员都是贫穷而悲惨的，那么这个社会就不可能兴旺发达"（*WN*，96）。

由于政府的立场并不是确保乃至鼓励穷人相对于富人获得更多福祉，因此斯密越来越频繁地呼吁需要一只看不见的手，来确保穷人不会变得越来越穷。最重要的是，随着社会形式从狩猎社会发展到商业社会，劳动分工日益明显，生产力的提高令人惊叹，即使贫富差距日益加剧，但贫困人口的生活状况还是有所改善。因此，斯密写道："在 173
文明繁荣的国家里……虽有许多人全然不从事劳动，而且他们所消费的劳动生产物，往往比大多数劳动者所消费的要多过十倍乃至百倍。但由于社会全部劳动生产物非常之多，往往所有人都有充足的供给，就连最下等、最贫穷的劳动者，只要勤勉节俭，也能比野蛮人享受到更多的生活必需品和便利性。"（*WN*，10）

幸好，令斯密得以安心的是，看起来即使在商业社会中，劳动分工仍能继续提高生产力。在《国富论》出版之前的40年期间，一项针对普通劳动者的工资收入与必需品（特别是粮食）价格关系的调查指出，劳动者的生活水平仍然在上升（*WN*，95-96）。但是，他在《道德情操论》中的论证表明，人们的相对财富或相对贫困程度比他们的绝对生活水平更重要（*TMS*，50），令人惊讶的是，斯密在《国富论》中并没有探讨这个可能会令人局促不安的问题。

斯密关于极端劳动分工后果的矛盾心理

在斯密从相对较窄的经济学视角和更具包容性的社会学视角研究的许多主题中，劳动分工问题是最重要的，也最能清楚地阐明这两种视角会导致不同的结果。这个话题之所以特别重要，是因为劳动分工是斯密《国富论》的核心指导原则，就像同情原则是《道德情操论》的指导性原则一样。

虽然斯密坚持认为劳动分工是人类朝着“互通有无、物物交换、互相交易”这种趋势发展所导致的一个意想不到的结果，而不是由于人类具有“预见到分工会产生普遍富裕并想利用它来实现普遍富裕”这样的智慧（*WN*，25），但是他还是坚持认为，一旦分工出现，那么
174 它就会导致生产力的极大增长，从而产生更多的财富。虽然机械的发明，以及对其进行投资，还有其他技术创新也具有一定的作用，但即使是创新也会被认为在很大程度上是劳动分工的产物。一方面，分工创造了一些特殊类别的“哲学家”，他们对创新负有特定责任（*WN*，21-22），而另一方面，当人把注意力集中于一个单一的任务时，他们更有可能找到事半功倍的方法（*WN*，20）。

斯密在《国富论》第1卷中采取的视角是纯粹的经济学视角，由

此来看的话，劳动分工纯粹是上帝的恩典。它能够使个体劳动者的生产力提高 240～4800 倍（*WN*，14-15），因此，它是推动经济进步的巨大引擎。此外，分工在市场更大的地方会进一步细化，这是在大范围内推动经济政策发展的原则。它不仅导致了对人口密度增长的需求，而且也带动了对外贸易的需求，它使人们寻找不断扩大的出口市场，并要求国家改善运输网络，以扩大当地市场。

但是，从哲学历史学或个体心理学这种更大的视角来考察劳动分工，就像斯密在《法理学讲义》和《国富论》第 5 卷中所做的那样，这种分工会导致严重的不利后果。例如，它导致了一种智力和道德方面的退化。在未开化的社会中，几乎不存在分工，每个人事实上都必须自给自足，“每个人都具有相当程度的知识、技巧和创造力”（*WN*，783）。但是在分工非常普遍的高级社会中，任何劳动者所从事的活动都被限制在了如此狭隘的范围之内，这使得他们的智慧和才干变得毫无用处：

> 一个人如果把他的一生全消磨于少数单纯的操作上，而且这些操作所产生的结果，又是相同的或极其相似的，那么，他就没有机会来发挥他的才智或运用他的创造力来寻找解决困难的方法，因为他永远不会碰到困难。这样一来，他自然要失去
> 努力的习惯，而变成最愚钝、最无知的人。他在精神上的这种 175
> 无感觉状态，不但使他不能领会或参与一切理性的交谈，而且使他不会怀有一切宽宏的、高尚的、温顺的情感。其结果是，对于许多私人日常生活中的普通责任，他也没有能力做出任何判断。（*WN*，782）

在这段文字中，以及在他对劳动分工的经济分析中，斯密暴露出了他为数不多的几处明显的逻辑不一致性之一。当他想要把研究重点

放在分工的经济价值上时，他认为创新是人专注于单一任务的逻辑结果；而当他想要讨论分工所导致的更广泛的心理学效果时，他坚持认为一个人由于过度专注于某个狭窄的领域，因而其创新能力被“摧毁和扼杀了”（*WN*，783-784）。

在那些制造业发展程度最高的地方，与分工密切相关的一切问题也都被加剧了；正如斯密所认为的，如果局限的经验会导致愚蠢和无知的结果，那么“当一个人的全部注意力都集中在一个销钉的第17个部件或一颗纽扣的第80个部件上时，这种情况就更加明显了”（*LJ*，539）。

原则上，为贫穷的劳动者提供普及性教育可以避免使他们变得极度愚昧，但是劳动分工为这种解决方案制造了越来越大的障碍，因为它使任务变得如此简单，这使得童工被雇用时，其年龄段日益降低。因此，斯密认为，在苏格兰那些分工尚未普及的地方，教育成本相对较低，因为儿童在8岁或9岁之前，并不具有那种因失去机会而导致的成本。正是由于这种原因，大多数儿童至少接受了初等教育。然而，在英格兰中部，情况却完全不同。在那里，制造业的确立进一步推动了劳动分工的发展，“伯明翰6～7岁的男孩每天可以获得3～6便士的收入，父母为了自己的利益就会立即让他们参加劳动。因此他们的教育就被忽视了”（*LJ*，540）。

最终，斯密的立场与他的同僚亚当·弗格森非常相似，即认为尽管劳动分工导致了巨大的物质优势，但是除非政府在防止其负面影响方面发挥积极的作用，否则代价会是底层阶级的创造力，这一人性中的最本质部分，“丧失或畸变”了（*WN*，788）。

176

《国富论》的成功

当亚当·斯密的《国富论》经过十年的准备，终于出现于1776年时，无论是从短期还是长期来看，它都是成功的。在短期内，它在英国具有很强的吸引力，这至少部分依赖于它解决了许多同时代的政策问题，尽管它的一些限制条件有些奇怪，但在很大程度上它还是说出了人们想听到的答案。

斯密表明，在由农业生产力的提升主导的惊人的经济增长时期，农业生产力的提升是由对农场设施、施肥技术等的投资所带来的，因此农业投资是经济增长的首要任务（*WN*，363）。在几乎所有人的生活水平日益提高，以及个人自由受到极大关注的时代，斯密肯定了生活是美好的，且会越来越好这样的普遍认识，而且他向人们保证，无须政府干预人们的私生活，经济增长及实际收入增长的模式将会持续下去。哈奇森倡导的“自然的自由制度”现在被证明是那个能最大限度地提升群体及个人经济行为者经济福利的制度。例如，政府不必烦恼如何引导资本流入有利于国家的行业，因为投资者天然地渴望无风险、高收益的投资，这将自动引导他做出对整个国家有益的事情（*WN*，456）。当劳动者为了提高自己的工资收入而搬迁到劳动力需求较高的地区时，他们无须被强迫就促进了国家福利的最大化（*WN*，454）。

在《国富论》第 4 卷令人兴奋的结论中，斯密审视了强调贸易和政府监管的商业（官房主义）制度、倡导农业优先的农业（重农主义）制度，以及他自己提出的天赋自由制度。在表明任何其他制度都不能实现这个目标后，他写道：

> 所以，一切有所偏好或有所限制的制度，一经完全废除，最明显、最简单的天赋自由制度就会建立起来。每一个人，在他不违反正义的法律时，都应给予其充分的自由，让他采用自己的方法，追求自己的利益，利用他的勤劳及资本与任何其他人或其他阶级相竞争。这样，君主们就被完全解除了监督私人产业、指导 177

> 私人产业、使之最适合于社会利益的义务。要履行这种义务，君主们极易陷于错误；要行之得当，恐不是人间智慧或知识所能做到的。（*WN*，687）

整个 18 世纪，自由经济观念的影响力在英国一直在增长，斯密的著作以一种激动人心的方式将这种自由主义趋势系统化和综合化了。

斯密以那种似乎针对每个人和每个阶级都给予物质奖励和精神奖励的方式完成了他的任务。对于劳动者和小工业者阶级，他指出，通过勤劳和节俭，他们就能看到经济方面的上升前景。对于富裕的地主阶级，他提供了一种保障，即指出那种令他们自身地位得以确立的关于财富和权力的既有等级制度是适当的也是安全的。对于富有的企业家和商人，他给予了他们在操控经济方面不受约束的自由，并向他们承诺，他们的角色在经济增长过程中绝对是处于核心位置的，尽管在一些特定情况下，他们的利益可能并不总是与劳动者及地主阶级的利益一致（*WN*，266）。

最后，斯密以一种明显无任何威胁的方式提出了他的建议。如果他提出与在政府那里占重要地位的重商主义政策相对立的殖民政策，或者如果他反对政府对于工业的优惠待遇——这种待遇是根深蒂固的利益集团给议会施压的结果——那么他就会因为太不明智而表现出一些功利主义者所具有的那种脱离实际的“狂热”，而那些功利主义者的确认同他的许多基本经济观点。例如，虽然他是自由贸易的倡导者，但是他充分意识到了传统和强权政治仍牢牢地把控着贸易活动，所以他既不期望也不主张立即大范围地废除所有的经济条例。“事实上，期望自由贸易在不列颠得到完全的恢复，就如同期望建立大洋国或乌托邦一样荒谬。不仅公众的偏见是自由贸易完全恢复面临的不可抗拒的
178 阻力，而且更难压制的是众多个人的私利。”（*WN*，471）斯密在这段文字中表现出来的强烈的实用主义倾向，肯定有助于缓解他的许多建

议可能给某些特殊利益相关者所造成的冲击。因此，这就有可能让人们既接受他的普遍观点，又不会放弃他提出的任何令人不快的个别政策建议。

然而，《国富论》并不仅仅在他那个时代是一部精心构思且观点被付诸实施的著作。晚至 1954 年，在经济学史方面主要以分析的技术性方法为研究专长的约瑟夫·熊彼特写道：《国富论》“不仅在所有经济学书籍中是‘最成功的’，而且可能除了达尔文的《物种起源》外，在今天已存在的所有科学书籍中，它也是‘最成功的’”[①]。虽然牛顿的《原理》或欧几里得的《几何原本》可能是很强有力的反例，但毫无疑问，在综合的一般文化影响方面，以及更狭义地就专业学科发展的诠释性作用而言，斯密的著作绝对是古今佳作。

斯密全面参考了之前及同时代的经济学文献，再加上他在第 4 卷中对他的反对者的体系进行了总结，这使得《国富论》成了一部无所不及的百科全书，读者们几乎不需要在其他地方寻找关于任何政治经济学研究主题的信息。在这样一本非常易读的著作中，斯密为他所论证的每个论点都提供了明确的阐释性案例，并且从前辈学者那里吸收了很多已被广泛认可的结论，就像欧几里得的《几何原本》一样，在前人和后辈之间建立了一道屏障。从 19 世纪初到 20 世纪末的经济学家，都将斯密视为政治经济学的创始人和编纂者。

约翰·米拉和性别社会学的发端

《等级差异的起源：对导致社会不同成员具有不同的影响力和威信的环境的研究》（*The Origin of the Distinction of Ranks: or an Enquiry*

---

① Joseph Schumpeter, *A History of Economic Analysis* (Oxford: Oxford University Press, 1954), 181.

into the Circumstances Which Give Rise to Influence and Authority in the Different Members of Society，简称《等级差异的起源》）一书最早出版于 1771 年，由曾是斯密学生的约翰·米拉所著，虽然长期以来它并未像《国富论》那样享有盛誉，但就格拉斯哥学派融合社会科学方法所做的研究来讲，它是一部同样令人着迷的著作。在出版后的最初几年间，《等级差异的起源》确实是成功的，到 1798 年至少出现了六个英文版本，并被翻译成德语、法语和意大利语。但在 1810～1960 年，英
179 文版本几乎都消失了。直到 1960 年再版后，社会历史学家和人类学家才重新开始将米拉的这本书看作是横跨这两个领域的最重要且非常有见地的基础性著作。[1]

可以将《等级差异的起源》与其他 18 世纪那种自称是对社会进行普遍和科学分析的著作区别开来的一个特征是，它视女性角色和地位具有优先性和核心性。第 1 章，同时也是最长的一章，其占了全书约 36%的篇幅，采用了一个描述性的标题——“不同年龄段女性的等级和地位状况”。虽然对在那个时期的法国著作中出现对性别的强调，我们可能并不会感到惊讶，但是在欧洲男权文化最严格的地方之一，在一部完全为男性读者而写，内容是关于社会权力和影响力来源的著作中，出现这种情况还是令人意外的。

关于女性在社会中的角色的讨论，是自普芬多夫开始的以法理学为基础的道德哲学的传统内容，休谟和哈奇森都将关注的焦点集中于从总体上分析性吸引力在促进社会性情感发展方面的核心作用。此外，哈奇森特别强调，男女在他们的婚姻中拥有完全相同的生物学吸引力和精神吸引力。因此，作为格拉斯哥道德哲学传统的一个自然结

① 参见，如 Marvin Harris，*The Rise of Anthropological Theory*（New York：Thomas Y. Crowell Co.，1968），31-33 and 48-52；或 Sir Edward Evans-Pritchard，*A History of Anthropological Thought*（New York：Basic Books，1981）。

果，米拉就不得不在他的著作里做一些关于女性角色的讨论，作为其对婚姻和家庭研究的一部分。此外，他在关于性欲望及家庭的讨论中也强调男女相对平等，这个结论自然也来自他那种哈奇森式的倾向。但即使是哈奇森也只在他的《道德哲学纲要》用了3%的篇幅来讨论这些问题。因此，我们需要寻找其他方面的原因，以理解为什么米拉在探讨男女关系和女性地位方面会如此深入。

米拉在17岁时离开格拉斯哥，去了爱丁堡学习法律。亚当·斯密与他这个满腔热情的学生建立了密切的关系，安排米拉住在他的老朋友亨利·霍姆，凯姆斯勋爵家，并做了凯姆斯儿子的家庭教师。当时凯姆斯是爱丁堡最高民事法院的首席法官，他深入地参与到了苏格兰法律改革运动中，这场改革旨在使苏格兰法律更加接近以罗马法为基础的欧陆法系。在与凯姆斯一起生活的两年中，米拉并不仅仅是他儿子的家庭教师，当凯姆斯纠缠于法律改革问题时，米拉还成了他的首席智力顾问。凯姆斯和米拉认识到，查士丁尼版的罗马法与英格兰和 180
苏格兰习惯法之间的差别主要就在于对待女性方面。

许多女权主义学者强调，英格兰习惯法对待女性非常差；苏格兰法则往往更具歧视性。例如，在英格兰和苏格兰习惯法中，除了与管理家庭有关的协议外，女性被视为没有资格签订协议。而在苏格兰法中，丈夫甚至可以剥夺妻子购买食品、杂物的权利。但是，根据罗马法，正如已经编纂在《查士丁尼法典》中的那样，成年女性在拥有财产及签订合同方面与那些处于男权社会中的男性拥有完全相同的权利，即她们被视为独立的罗马公民。类似地，按照英格兰和苏格兰法律，无遗嘱的遗产完全归于男性继承人，然而在《查士丁尼法典》中，所有的男人、女人、儿童都具有平等的继承权。此外，从性别平等角度来看，这种继承模式显然是合理的。因此，查士丁尼的《法理概要》认为："男性和女性在这种关系方面不能有差别……两性在人类的繁衍过程中都起着自己的作用，早期的十二铜表法就赋予了他们在无遗嘱情况下的平等的继承权。”[①]

虽然在罗马帝国晚期，家族的父权制结构导致罗马法在对待男性和女性方面出现了一些重大的差异，但对于大多数私人意图而言，查士丁尼时期的罗马法在男权社会中还是平等地对待男性和女性的，而英格兰和苏格兰的习惯法却并不是这样。

这就是米拉和凯姆斯如此热衷于研究女性不断变化的社会地位的核心原因之一。他们二者都认为，按照孟德斯鸠的观点，成文法是对根深蒂固的文化模式的反映。因此，如果法律规定在一个特定问题上差异很大，那么这个问题就是我们应该预测在文化习俗方面出现了大的变化的问题，而且它也是研究文化差异时应该特别给予关注的问题。因此，米拉《等级差异的起源》一书第 1 章的第一句话就是“在我们的所有情感中，似乎是那种两性结合的情感最容易受到我们所处的特殊环境的影响，也最有可能受习惯和教育等力量所左右。因此，
181 它们展现出了最令人惊奇的多样性，在不同时期及不同国家，它们已经导致了极具差异的风俗和习惯”（*Millar*，183）。

当普芬多夫、哈奇森、斯密，甚至亚当·弗格森讨论性激情时，他们一直是在罗马司法传统中所使用的家庭概念的背景下进行的。家庭被理解为一个通过婚姻行为建立的稳定的社会群体，它由一名占主导地位的男性、居于从属地位的女性，以及他们的后代组成。此外，他们继续论证道，这样一个家庭单元在某种程度上似乎是自然且普遍的。米拉认为，这种家庭单元本身就不是所有早期社会都存在的特殊

---

① *Justinian's Institutes*，Peter Birks and Grant McLeod 译为英文，并附介绍（Ithaca：Cornell University Press，1987），73。我深深地陶醉于阅读 Constance Jordan 所著的 *Renaissance Feminism*（Ithaca：Cornell University Press 1990），93，时发现法国文艺复兴时期关于女性主义内容最精彩的文献之一，Martin La Franc 的 *La Champion des Dames*（1530），也强调过《查士丁尼法典》在对待女性的态度方面与近代法国的普遍态度之间的差异。

文化的产物，而且也可能在任何一个早期社会中都不存在。

米拉认为，“有充分的理由相信，当人们处于尚无修养且未被开化之前的质朴状态时，两性之间的交流主要受自然的原始意图所控制，而且这种交流也因此完全会被妊娠期所中断”（*Millar*，184）。在一些狩猎社会，特别是在那些社会约定已经建立，但是父亲的角色可能未被很好地认识的社会中，持久的男女配偶关系可能还不那么规范。这时候一夫多妻或一妻多夫的现象可能是常见的，后期文化中典型的“家庭”结构的前身可能是母系式的，有时甚至是母权式的社会组织，如拉菲托所描述的易洛魁（Iroquois）族的社会结构。

米拉并没有用母系社会或母权制这样的术语。因此，他不得不谈论某种文化，即在那种文化下“如果有人想说明自己所属的家庭，那么他会自然地描述其母系家谱”（*Millar*，199）。同样，他也不得不谈及那种将尊重女性的习惯延续到允许她们在公共议事机构中发挥作用的文化，这种文化甚至可以使上述习惯扩展为给予她们“针对每个议题优先发表自己意见的特权”（*Millar*，200）。因此，米拉不再论及家庭和婚姻等术语，转而开始讨论两性关系，以此支持那种对他来说更普遍的用语——“女性地位”。

当我们转向讨论米拉是如何看待女性在不同文化中所占据的地位时，我们需要确认他在多大程度上采纳了其朋友大卫·休谟的广义功 182
利主义心理学的观点。对于米拉来说，在每个社会中女性的地位由两方面重要特征所决定。首先，当周围的环境使人们将注意力集中于与性相关的情感，并强化这种情感，或者用米拉的话来说就是“当爱成为情感而不是纯粹的感官欲望”时，女性就会更受重视（*Millar*，204）。其次，当“符合女性特征的职业的价值”有所提升时（这种特征究竟是在生物学上被赋予的还是在社会中建构的，目前仍是一个开放性的问题），女性也会更受重视（*Millar*，203）。

米拉认为，一般来说，当以下两方面条件得以满足时，与性相关的情感就会增强，即一方面在生产活动中人们有适当的空闲时光，从而使他们能为性活动分配足够的时间、精力和想象力；另一方面还需要设置一些障碍，使得人们的性欲望不能随便就被满足。这两方面条件对于狩猎社会和群居社会都是不适当的。首先，没有什么障碍可以阻止随意的性行为（*Millar*，190）。其次，虽然在狩猎社会和群居社会中，男性可能有很多的空闲时间，但女性根本没有，“她们被迫从事一些不间断的劳动，如挖掘树根、汲水、搬运木材……准备食物、养育孩子，以及因她们所处的地位而需要担负的那些其他工作。当丈夫不进行战争演练时，他们就会纵情享受，而把整个家庭重担交给他们的妻子”（*Millar*，193）。

米拉认为女性并不具有某种特殊的生物学特征，使其能特别擅长于她在狩猎社会所从事的那类劳动。相反，他坚持认为她们是因自己的地位而被迫接受了这样的工作。在其他文献中，他正式承认，他无法确定女性与男性特征之间的差异究竟是普遍“源于原始构造还是源于他们的生活方式”（*Millar*，219）。

米拉认为，在狩猎社会中，女性被指派去做一些她们极不愿做的苦役，而且她们被迫工作的时间远远长于男性，这一事实与上面所述的、关于女性社会地位的功利主义分析的第二个方面有关。对于米拉来说，第二个方面是她们的特殊能力与在社会中被高度认可的活动之间的相关性，在这里生理差异显然起了作用。在狩猎社会中，相邻的部
183 落之间几乎持续地发生着领地冲突，因为一小群人狩猎就需要大片的土地。因此，原始蛮力和战斗中的勇气特别值得珍视（*Millar*，192）。由于女性缺少与社会密切相关的技能，而且当时人们也并不特别地关注性欲望，因此在狩猎社会中女性地位是很低的，她们被视为下等的人，实际上是男性的奴隶。就这样的社会而言，孟德斯鸠认为

婚姻表现为某种形式的针对女性的家庭奴役的观点是完全适当的。

游牧社会出现了两方面的变化，使得性活动的效用得以提升，从而也提高了女性的地位。一方面，在游牧文化中，男性和女性都不得不努力工作，才能勉强满足生活所需。因此，他们可以更多地关注“两性交往过程中所产生的愉悦感”（*Millar*，204）。另一方面，按照斯密的观点，一种新的机制开始在游牧社会中发挥作用，那就是财富以其特有的方式令人倾慕，也提升了其拥有者的地位。

正如斯密所指出的，当人们变得富裕时，他们就有了更强的尊严感和自身价值观念。因此，“他们不屑于与那些从属于他们的人或者那些地位更低的人联姻”（*Millar*，205）。与此同时，在富裕阶层中，家族之间为了等级的高低而相互竞争，这也导致他们不会彼此通婚。因此，在富裕的社会中，无论是在不同阶级间还是在同一阶级内部，两性之间的交往都受到了障碍，贞洁开始成为家族荣誉的重要方面（*Millar*，205）。这些趋势的最终结果是，相对温和的自然性欲望“被这种对立状态所压制”。这种欲望因不能及时被满足而被强化了。因此，在男性眼中，女性的地位得到了提升，因为她们作为性伴侣的重要性增加了。

随着农业的兴起，虽然空闲时间减少了，但人们的生活水平普遍提高了，财富差距也增大了。因此，女性作为可实现（被延迟的）性满足感的对象，其地位可能继续上升。令米拉着迷的这一趋势的一个后果就是，出现了一些富有骑士精神的法规，例如，在中世纪中期的文献中所呈现出的那些法规。在充斥着骑士精神式意识形态的社会中，性满足所面临的障碍已经变得如此之高，以至于那种被放大的与预期相关的情感状态取代了性满足感本身，成了快乐的主要来源，纯洁高贵的女性的地位被上升到非常之高，以至于骑士的主要目的就是 184
成为其爱慕对象事实上的仆人（*Millar*，214）。

米拉关于商业社会中女性地位变化的分析是特别有意思的，他探讨了她们是如何从一开始占据相对适中的地位，转变成后来其地位极端地由财富所决定的状况。米拉在孟德斯鸠和斯密那里获得了很大的收获，他认为商业和工业的兴起消除了过去存在于不同群体之间，以及同一群体内部不同家族之间的那种敌意。合作增多的直接结果之一就是两性之间相互接触的壁垒被降低了。人们认为这种接触的增多可能会降低性欲望的强度，从而导致女性地位降低，在非常富裕的社会中的确是这样的，尤其是在宗教习俗允许人们随意离婚的那些地方更是这样的（*Millar*，225-227）。但是在商业社会中，狩猎社会中最受重视的体力和攻击性等个人特征变得不如社交能力和聪明才智等特征重要。因此，随着商业社会开始取代农业社会，“虽然女性不再经常被认为是寄托（与封建制和骑士制度相关的）浪漫情感及与非理性情感的对象……她们更普遍地因其有用的，以及令人愉悦的天赋而被认可”（*Millar*，219），她们总体的社会地位达到了最高点（*Millar*，225）。

不幸的是，在商业社会导致上层阶级极端富有的那些地方，女性地位又出现了离奇的回落。正如我们所看到的，商业已经打破了阶级内部社会交往之间的障碍，导致性欲望的强度潜在地降低了。同时，极其富有者拥有了极度的空闲，以及摆脱经济顾虑的自由感，这也降低了女性所拥有的与性无关的天赋的重要性，进一步降低了性欲望的强度，因而女性因性活动而确立的地位也降低了。富人们变得“因过度沉迷于酒色，而不能对任何个人产生强烈的情感”（*Millar*，227），卖淫行为变得不受控制，在宗教允许的情况下，一夫多妻现象变得普遍，婚姻变得“微不足道且非常短暂”，女性地位几乎降低到与最早的狩猎社会和群居社会相似的水平。性活动再次成为动物性的享受，女性再次失去了提升其地位的经济基础。

米拉著作的销声匿迹及早期社会科学的离奇命运

185

在最后这一节一开始，我就要指出，米拉的《等级差异的起源》在 19 世纪的大部分时间内几乎不见了踪影，直到 20 世纪中期才又重新出现，最近才被重新视为社会学和人类学史上的重要文献。这种消失和重现之所以会发生，一部分原因是对米拉著作中明确显现出的心理学视角和社会学视角实现了某种特殊的融合。另外，这种现象说明了 19 世纪初期以前，构筑社会科学领域绝大多数研究成果的那些普遍性讨论，直到 20 世纪下半叶之前，都未受到后来的社会科学家和社会史学家的重视。

考虑到《等级差异的起源》包含多方面的特定内容，我这里主要集中于讨论为什么后来的学者对米拉著作中所涉及的 18 世纪后期出现在英国的哲学层面上激进的女权主义的内容完全保持了沉默。众所周知，米拉支持美国革命，对于法国大革命的早期阶段，他也是赞同的，而且他曾直言不讳地抨击奴隶制，这使得伦敦激进圈子里的核心人物詹姆斯·密尔对他表示深深的钦佩，而且像凯瑟琳·麦考利一样，他出版过一本关于英国极端自由主义历史的著作[①]，这些事实与他对女性地位历史变化的广泛兴趣结合起来，使得他的著作几乎不可能不被麦考利所知。然而，我们并没有看到麦考利在《教育书信》（1790 年）中或玛丽·沃斯通克拉夫特在《女权辩护》（1791 年）中提到过他。这种漠视是特别令人感到奇怪的，因为麦考利格外强调她在学术方面受惠于诸如克洛德·阿德里安·爱尔维修和大卫·哈特莱这样的联想主义者，而且她在意识形态方面反对孟德斯鸠和埃德蒙·伯克等

---

① John Millar，*An Historical View of the English Government From the Settlement of the Saxons in Britain...*（London：Strahan and Caddell，and J. Murray，1787），本书 1818 年之前在伦敦共再版过四次。

人的观点。

最后这个事实可能有助于解释为什么学者们对米拉的著作保持了沉默，因为《等级差异的起源》涉及了激进的政治原则和历史相对主义的融合，这种融合在 18 世纪晚期的学者看来似乎是反常的。麦考利和沃斯通克拉夫特通过在方法论层面对孟德斯鸠和伯克的哲学历史学方法给予反驳，确立了她们的观点。相反，她们认同爱尔维修和孔多
186 塞的这种说法，即人性无论在何时何地都是一样的，因此存在普遍的正义标准，只不过这种标准被一些地方性习俗和习惯扭曲了。

米拉明确地坚持道德和法律随环境变化是适当的，这使得他的立场完全不受激进的女权主义所束缚。与此同时，由于他的著作既采取了联想主义的观点，又利用了历史性的论据来破解当时学者因女性天然的劣势而主张父权制这个难题，因此米拉不能将孟德斯鸠和伯克放在他的对立面。米拉不能简单地被划归为具有保守政治立场的历史相对主义者，或者具有激进政治立场的联想主义普世论者。由于没有人知道如何利用他的研究或者如何处置他的观点，因此米拉基本上就被忽视并遗忘了。

但 19 世纪《等级差异的起源》的销声匿迹，却似乎与其独特性关系不大，而是由于 19 世纪的学者们普遍倾向于不关注孟德斯鸠及其全部苏格兰追随者所发展的那种哲学历史学，这些追随者包括亚当·弗格森、凯姆斯勋爵、威廉·罗伯逊（William Robertson）和蒙博多勋爵及米拉。米拉的著作这次又没有受到关注是尤其值得注意的，这是由于这个事实，即在人类群体的早期发展阶段，母系社会是否可能早于父权制社会的问题，是 19 世纪中叶人类学与社会学著作者争论的核心议题。

1861～1871 年，发生了关于母权制和母系社会的巨大争论。约翰·巴霍芬（J. J. Bachofen）的《母权论》（*Das Mutterecht*，1861 年）

认为早期社会是母权制的；亨利·梅因（Henry Maine）的《古代法》（*Ancient Law*，1861 年）则坚持认为，所有早期社会都是父权制的；约翰·麦克伦南（John McLennan）在《原始婚姻》（*Primitive Marriage*，1865 年）中支持巴霍芬观点的一个改进版本；路易斯·亨利·摩尔根（Lewis Henry Morgan）在《人类家族的血亲和姻亲制度》（*Systems of Consanguinity and Affinity of the Human Family*，1870 年）中也认为一些非常早期的母系社会是存在的。参与本次争论的各方都接受过罗马法训练。事实上，巴霍芬和梅因都是罗马法和民事法教授，麦克伦南是米拉的学生，大卫·休谟是哲学家休谟的侄子，本人也是杰出的法学家。此外，有明确的证据表明，他们每个人都能很好地理解苏格兰学派的哲学历史学。然而，这些人中只有一位，即麦克伦南曾提及过米拉关于早期母系社会和母权制的讨论，而且麦克伦南在著作中附带的致谢也是出现在 19 世纪的争论结束了很久之后的（*Millar*，153）。 187

既然 19 世纪整个人类学家和社会学家群体，重点关注的是早期社会中女性的作用和地位，并且他们了解了米拉所遵循的那个学术传统，《等级差异的起源》可被证明对于这种传统来说是最为精细的研究，而且它肯定是与此最直接相关的著作，那么他们怎么会不知道、不愿意或不能够承认米拉著作的意义呢？我可以非常肯定地说，答案与自 19 世纪初期开始不断变化的社会科学研究方式有关，这种研究方式的变化又是与研究的专门化，以及早期的职业化趋势相关的。米拉的著作就是 19 世纪的社会科学家发现他们前辈的著作并不符合他们需求的一个典型范例。

具体来说，这代表了牛顿式的“系统化精神”，即那种导致许多 18 世纪的社会理论家试图用一些基于简单原理的假设结构体系来解释一切的精神。正如那些心理主义的思想家们，如孔狄亚克、休谟、爱尔维修和哈特莱试图根据联想主义心理学原理，建立关于人性、社会和国家的完整理论，米拉和他的同事尝试着解释了许多（如果不是最多的话）社会习俗和制度，以说明从狩猎和群居社会到畜牧社会再到农业社会、商业社会，人类生产方式的转变。就任何情况而言，19 世纪的社会科学家们都认为这些解释是肤浅的且带有猜测的性质的，完全没有证据或者缺乏充分的事实证据支持这些解释。

米拉的《等级差异的起源》被认为是社会的自然史。但是对于 19 世纪的人类学家和社会学家来说，它似乎是典型的扶手椅上的自然史，是建立在数量极少且非实质性的证据基础上的。最近一位社会人类学的历史研究者认为，对于那些更为严谨的学者来说，哲学历史学已经成为人类学的"原罪"，这表达了一种新的"因缺乏数据和高标准文献而导致的自责"。[1]例如，按照梅因的说法，直到 19 世纪，考古学家和语言学家的田野调查才确立了所有对罗马法的合理解释可依赖的证据基础。在巴霍芬撰写关于母系制的理论论述之前，他对早期罗马
188 墓穴进行过广泛的详细研究。摩尔根花了多年时间在美国印第安部落中开展田野调查，之后才出版了关于亲属关系模式的著作。这样小心谨慎的学者简直无法想象米拉等人的业余猜测会提供任何有价值的见解。因此，他们倾向于要么完全忽视那些研究，要么对它们潜在的重要性视而不见。在任何一种情况下，他们都不会向他们的学生推荐这些研究，所以这类著作中所包含的知识就迅速消逝了。

随着心理学被纳入德国大学的课程中，心理学也表现出了类似于那些更早被专业化的学科所遗忘的现象。19 世纪，心理学被威廉·冯特（Wilhelm Wundt）和他的学生，以及苏格兰的查尔斯·贝尔（Charles Bell）重新定位为实验生理学的一个分支，从而将心理学专家的研究重点转移到了具体的实验室研究方面，而将那些以猜测为基础

① Sir Edward Evans-Pritchard，*A History of Anthropological Thought*，xxiii.

的理论家，如哈特莱、休谟、爱尔维修等人的著作丢给那些道德哲学专业的大学生去认真钻研，如果他们真的认真研究的话。对于真正的心理学家，那就是一些让人难以理解的、过时的研究，它们表明在实验心理学兴起之前，这个学科尚处于一种原始状态。

正如我们已经表明的，17～18 世纪发展起来的政治经济学在 19 世纪所受到的待遇稍微有些不同，主要原因如下。政治经济学从诞生之日起，就既强调统计数据的收集，又重视对数据做数学分析。因此，在这个新兴学科中，19 世纪的思维方式相比早期思想家来说并没有偏离多少。作为一门学科的经济学则倾向于忽视 17 世纪的道德经济学，仅在传记类著作中才会提到佩蒂、格兰特和魁奈等人物。然而，即使是在这个领域，《国富论》的巨大成功也制造了一道壁垒，使得之前大部分的研究都不会被该领域的新成员看到。

最近，学者们对 17 世纪和 18 世纪的社会科学思想又重新产生了兴趣，这至少是由三方面原因所导致的。首先，20 世纪后期社会科学领域的思维方式和研究方法出现了新的重大变化。人们对诸如客观性等概念的信心正在减弱，在说明性理论的创立和“体系”的建构方面——特别是在人类学、社会学，以及临床心理学领域——学者们又产生了新的兴趣和热情。因此，很多社会科学家，在反思自己学科的历史时，已经想要重新恢复过去那些综合型思想家的声誉。 189

其次，自 20 世纪 50 年代以来，科学史这门学科已经发生了变化，这种变化的方向是激发人们对早期社会科学的研究兴趣。一方面，它与其研究的目标学科之间的区别已经变得更加明显，因此它与这些学科当前的假设和价值观念也不再那么一致。这主要是因为年轻的科学史学家是通过历史训练来确立他们的研究兴趣的，而老一辈的学者们则受过专业的科学训练，并且具有作为科学家的专业经历。由于同样的原因，我们已经看到，大量涌入该研究领域的新人们，其学术背景并不是物理学、生物学及数学，科学史的传统关注点已经从自然科学逐渐扩展到社会科学领域。

最后，文化史的新趋势是专注于以下两方面的问题：一是文化语境是以何种方式来塑造形式化理论特征的；二是形式化理论是以何种方式在构建综合的思想文化形态过程中发挥作用的。正如我所希望表明的那样，社会科学的早期历史为研究这两个问题提供了一个内容丰富的场地。

第十二章
结　　论

在 17 世纪中叶之前，欧洲学者几乎所有关于社会的讨论都以一系列持双重标准且非常强有力的假设为指导。这些假设阻止人们在理解和解释人类互动的任何尝试中，使用那种用于理解自然的解释性策略。首先，以亚里士多德哲学为例，那种主流的古典传统坚持认为，人类行为和制度与自然界其他部分的行为和规则在本质上是不同的。关于前者的理论是*审慎的*知识（*prudential* knowledge）或不确定的实践科学，因为人能做出有意识的选择；而支配后者的则是理论知识或确定的科学，因为自然实体并不存在*意愿*（*will*）。其次，犹太教-基督教传统通过坚称只有人类是以上帝的形象来创造的，造成了对这种人与自然之间分裂的强化。人类并不是自然世界的一部分，而是大自然恩赐的受益者。一些古典思想家，包括原子唯物主义者伊壁鸠鲁和他在古罗马时期的追随者卢克莱修，试图将人类视为自然宇宙的一部分；还有一些文艺复兴时期的思想家，包括尼古拉·马基雅维利和让·博丹，试图对一些人类制度给予自然的解释。但他们只是少数中的少数。

16 世纪晚期到 17 世纪初，这种情况发生了根本性变化。一方面，一系列政治、经济和宗教危机似乎表明，那些理解并指导人类社会的早期尝试不足以完成它们的任务。另一方面，获取自然知识的一系列新方法——与古代原子论哲学思想的复兴密切相关的一些新方法——正在取代亚里士多德的自然科学，因为在允许人类利用其知识来改善生活方面，它们看起来更有希望。因此，在17世纪中叶的几十年中，人们无数次地尝试将新的自然科学方法和概念应用于人类社会。正如在探寻*自然*知识的活动中，存在着一些相互关联但又互不相容的科学方法，它们为了获得17世纪研究者的关注和支持而相互竞争着，对于寻求关于社会的科学知识的研究者来说，也存在几种相互并行的研究方案。

在炼金术，以及与帕拉塞尔苏斯相关的炼金术医学发展特别强劲的中欧和东欧，以约翰·贝彻等为代表的皇室顾问，将炼金术的经验方法和理论应用于解决其君主所面临的国家财政危机问题。他们创造了财政科学（kameralwis senschaft）或官房学（cameral sciences）。炼金术的基础是假设炼金术士必须干预自然过程，从而将自然引向有利于人类的方向，即生产贵金属以增加财富或生产药物以改善健康的方向。因此，无须惊讶的是，官房学强调，君主必须干预社会经济进程，以改善其国民的健康和财富状况，并增加自己的权力和威望。同时要促进和规范社会的方方面面，特别是商业生活方面，成了一直很好地主导着德国社会研究直至19世纪的官房主义的标志性特征。

在西欧的大多数国家，从14世纪40年代开始，至少出现了三种有意识地相互竞争的关于社会科学的纲领性方法。1644年，托马斯·霍布斯声称他开创了一种研究政治生活的新科学方法。霍布斯写道："我们这个时代的伽利略是第一个打开了自然哲学大门的人，他确立了关于运动本质的知识……关于人类身体的科学，是自然科学中最有用的知识，首先是由我们的同胞哈维医生发现的。自然哲学还很年轻，但是公民哲学则更年轻，并不比我自己的《论公民》古老多少。"

（*EW*，1: vii-ix）

在《论公民》（1643 年）和影响力更广的《利维坦》（1651 年） 192
中，霍布斯深入地研究了欧几里得的几何学方法、古代原子论的基本唯物主义假设，以及哈维的医学发现，并利用它们来创造一种关于国家的科学。他的策略是从分析人类的感觉、观点和情感开始展开研究，并将社会和国家的出现视为对个人需求的回应。因此，正如我已经论证过的，他引入了研究社会科学的*心理学*方法。霍布斯主张通过支持与绝对君主制相关的不可分割的主权，来避免英国发生内战。但是，随着心理学方法被英国激进的教派人士采用，并被荷兰的斯宾诺莎进一步发展之后，他最初的假设中所隐含的人人平等的个人主义主张几乎立即就呈现了出来。尽管霍布斯的目的并非如此，但他的方法最终为 18 世纪越来越民主且激进的社会运动奠定了知识基础。经由克洛德·阿德里安·爱尔维修著作的引介，它甚至成了 19 世纪初社会主义思潮的主要来源。

反对霍布斯君主政治论及数学-机械主义方法论的詹姆斯·哈林顿提出了第二种社会科学研究方法。他认为，霍布斯的假设过于简单，而论证又太几何化了。我们需要的是一种历史性的、基于经验的政治解剖学，它考虑的是人类习俗、利益和制度的巨大复杂性，以及彼此之间的相互关系。在《大洋国》（1655 年）中，哈林顿考察了从古典时期到中世纪再到近代欧洲时期，以经济为基础的阶级利益与政治权力行使之间的联系，发展出了我所谓的*社会学*传统或哲学历史学传统。同霍布斯一样，哈林顿很明确的是为了政治目的而展开他的科学讨论的。他想要为英国“内战”中的共和主义倾向提供支持。为了说服他的读者相信在英国建立共和制政府是不可避免的事，他将其著作的结论与当时的现状信息联系了起来，即一方面是政治权力必须与社会经济权力的分配相对应，另一方面是 17 世纪初英国土地（即财富）的分布非常广泛。但是，创始者的意图在这里又一次被扭曲，因为随着时间的推移，社会学传统所隐含的那种“赋予任何由历史驱动力所创造
193 的阶级以特殊价值”的固有趋势变得越来越明确。因此，哲学历史学最终在 18 世纪经由埃德蒙·伯克、约瑟夫·德·迈斯特和阿维·费迪南多·加利亚尼等人的发展，成了现代保守主义政治运动的知识基础。

最后，在 1678 年，另一位与霍布斯密切相关的英国人威廉·佩蒂声称以“政治算术”的名义开创了第三条进路。在写给他的表兄——索斯韦尔勋爵的信中，佩蒂自夸道：“1900 年前阿基米德就发明了代数，但却将它隐藏了起来，迪奥普斯（Diopantus）在 1400 年前就已经将其发展得非常完美，韦达（Vieta）、笛卡儿、罗伯瓦尔（Roberval）、哈里奥特（Harriot）、佩尔（Pell）、奥特雷德（Oughtred）、范·肖恩（van Schoeten），以及瓦利斯博士（Dr. Wallis）在我们这个时代也已经做了很多研究，它源于阿拉伯，经摩尔人传入西班牙，从这里开始，W［威廉］P［佩蒂］将其应用于处理纯数学问题以外的那些问题，即以“政治算术”为名应用于*政策*研究，通过将各种问题还原为关于数量、质量和测量的问题，从而以数学的方式对其进行处理。”[①]佩蒂及其追随者不分析人类的心理，以及人类制度历史发展涉及的任何利益，他们遵循一种被称为政治经济学或*经济学*的传统，该传统试图建立一门定量化科学，用来指导任何政府以增加其国民的物质财富。“上帝告诉我，”佩蒂写道，“事物和概念的应用，其基础是感觉，其上层结构是数学推理；因缺乏这些支柱，许多政府的确动荡不安，令受其管辖的忠诚的国民深感失望。”（*PP*，1：111）这里，这是第三次社会科学的发展又偏离了其初始目标，这次是由那种引自自然科学的实践所

① William Petty，*The Petty Papers：Some Unpublished Writings of Sir William Petty*（London：Constable and Co.，1927），vol. 2，51，后文引用时简写为 *PP*。

导致的。旨在提高中央政府管理资源的能力以增进大众福祉，早期社会科学的统计方法重点关注的是平均水平，因此难以处理分配正义等关键性问题。另外，几乎渗透到所有英国、法国政治经济学中的自平衡治疗模型，导致了这样一个结论，即政府对经济生活的干预几乎肯定是无效的，因此导致了*无干涉主义*（*laissez-faire*）经济学的建立。到18 世纪末，政治经济学已成为*自由主义*意识形态最重要的来源之一。根据经典自由主义学说，对经济活动进行中央规划和管理是适得其反的，政府的功能只是提供一个可使经济自由受到保护的环境。

到 17 世纪末，艾萨克·牛顿和约翰·洛克的著作使自然科学认识 194
论和方法论基础在复杂性与精密性方面的整体水平得以提高。很快，以牛顿和洛克的著作为模型的新研究实践，就通过英国的大卫·哈特莱和大卫·休谟，以及法国的埃蒂耶纳·孔狄亚克等人以方法论为导向的著作渗入社会科学领域。然而，就出现于 17 世纪的传统而言，绝大部分保持了其一贯性，并且到 17 世纪末仍具有意识形态方面的推动力，尽管他们的认识论假设逐渐发生了转变。

18 世纪 30 年代，官房学被设为德国大学的课程，几乎垄断了关于社会问题的学术讨论。更重要的是，孔多塞在 1792 年 4 月提交给法国国民议会的《国民教育计划组织纲要》中对研究领域进行了划分，这表明以心理学为基础的政治学传统、哲学历史学传统，以及政治经济学传统继续存在着并得到了发展。在《国民教育计划组织纲要》中，通过粗浅地与美国本科院校进行对比，孔多塞提出了关于道德科学或社会科学的三条指导原则。每条原则都是从特定的方法论角度解决社会问题的。第一条是从对感觉和观念的分析，特别是从探讨道德观念的产生开始研究的，接着再分析这些观念对政治制度形成的影响，即他将会深入考察心理学传统。第二条是探讨构成商业及政治经济的要素，以及在新共和体制下它们对立法的影响，即他将会论及经济学传统。最后，第三条涉及的是地理学，以及“关于民族的哲学历史学”，也就是说，不同社会所采取的、发展其特殊风俗和组织模式以应对其特定环境的方式。[①]

孔多塞认为，这样一种对研究主题的划分，反映出了“在之前人类知识的各个分支都得以迅速发展的那半个世纪中，自发发展起来的”那种系统性结构。[②]正如我们所看到的，孔多塞准确地反映了18世纪存在的三种在方法论上具有独特性的社会科学传统，但他本可以而且也应该将它们的起源至少向前推进100年。

195 孔多塞写道，他还认为，未来道德科学和政治（社会）科学的进步很大程度上取决于他所辨识出的这三种历史传统的相互影响和融合（*RPI*，358）。在这点上，孔多塞的判断并不够准确。虽然已经出现了大量将这三大传统进行融合的尝试，特别是诸如约翰·米拉和亚当·斯密等苏格兰道德学者都进行过这种尝试，但大多数这种融合的尝试几乎都未造成长期的影响。就亚当·斯密而言，他的《国富论》肯定对后来的经济思想有塑造作用，他之后的经济学家、其追随者萨伊（J. B. Say），就倾向于仅仅强调那些与斯密著作所反映出的政治经济学思路密切相关的要素。但他们倾向于丢弃斯密著作中所反映出的那些从更广泛的哲学历史学和心理学传统中汲取的特征。19世纪初，随着学者的专业化，以及学科的专门化，除经济学之外，其他社会科学分支都倾向于摒弃其18世纪先驱的思想，再对学科进行重建。例如，现代心理学沿着威廉·冯特开创的方向，以实验生理学技术为基

---

① 关于孔多塞对社会科学的三分法，请参见 Keith M. Baker，*Condorcet：From Natural Philosophy to Social Mathematics*（Chicago：University of Chicago Press，1975），appendix A，388-390。

② Condorcet，*Report on Public Instruction*，in François de la Fontainerie, ed.，*French Liberalism and Education in the Eighteenth Century*（New York and London：McGraw Hill Book Co.，1932），337，后文引用时简写为 *RPI*。

础进行重塑。现代人类学，可能是建立在 18 世纪的哲学历史学基础之上的，后来则转变成了人体测量学及种族研究。[①]即使是在奥古斯特·孔德及其追随者引导下的社会学，也不再关注历史的发展情况，到 19 世纪后期，进化论思想家们又通过对当代发展的关注重建了社会学。

如果说社会科学在 19 世纪的发展过程几乎并未受 17 世纪和 18 世纪先驱的影响，那么为什么我们应该关心他们呢？首先，在某种意义上重要性程度稍弱的原因是，正如我在第十一章末尾所说明的那样，社会科学，同其他任何方面的学术研究一样，都受潮流所左右。在很多例子中，20 世纪已经表现出了 19 世纪之前曾出现过的观点的复兴。这里只考虑一个极端的例子，维科的著作即使在整个 18 世纪也没有产生很广泛的影响力，这在很大程度上是因为它的方法与作为主导趋势的经验主义目标不一致。但自 1911 年意大利哲学家贝奈戴托·克罗齐（Benedetto Croce）出版《维科的哲学》[*Lafilosofia di Giambattista Vico*，1913 年由罗宾·柯林伍德（Robin Collingwood）译为英文 *The Philosophy of Giambattista Vico*] 之后，从让·皮亚杰（Jean Piaget）在 196
《儿童的世界概念》（*The Child's Conception of the World*，1969 年）中提出儿童发展心理学，到克洛德·列维·施特劳斯（Claude Lévi Strauss）在《野性的思维》（法语为 *La pensée sauvage*，英语为 *The Savage Mind*，1962 年）中提出结构主义，维科的思想元素似乎出现在了几乎全部社会科学研究领域。[②]因此，对社会科学早期历史的回顾往往可以阐明学术传统后来的历史。

---

① 参见，如 William Stanton，*The Leopard's Spots：Scientific Attitudes Toward Race in America，1815-1859*（Chicago and London：University of Chicago Press，1960），随处可见。

② 参见，尤其如 Howard Gardiner，*The Quest for Mind：Piaget，Levi-Strauss and the Structuralist Movement*（New York：Alfred A. Knopf，1973）。

其次，也更重要一些的原因是，对早期社会科学进行研究，为那些关于科学总体性质的一系列重要认识提供了经验证据。这种认识以最简单的方式表述出来，那就是不存在一种单一的、价值无涉的科学方法，其研究程序能够保证知识主张的正确性。在社会科学中，如同在自然科学中一样，存在着*许多*不同的、相互竞争的科学分支和方法，有时它们之间甚至是相互矛盾的。它们中无论哪一个都不是价值无涉的，也没有哪一个能够说明全部的真相。每门科学都从产生它的文化中获得了假设和目标，尽管科学家可能会尽力避免这种现象，并（或）追求公正无私的知识。此外，被用于任何科学中的程序都可能具有这样一种特征，即这类程序会倾向于推出科学家想要的结论，甚至是以科学家不希望或未预料到的方式推出。这不是否认科学的重要性，或使其大打折扣。事实上，我仍然相信，就绝大多数问题而言，科学为我们提供了最可靠且最有用的知识。然而，它挑战了任何这样的断言，即一个特定发现是真的，*仅仅因为它是科学的*。

最后，最重要的原因是，处于现代西方世界中的人们是在一种包含三类*意识形态*的文化下生活的，它们通常被表达为自由主义、社会主义和保守主义这三个术语，这种文化在引导我们的信仰和行为方面发挥着重要作用。它们告诉我们，在我们所面对的大多数情况下，怎么做才是*正确*的。只有当我们了解了这些意识形态的来源，并且能够在它们给出的指示中进行选择时，我们才能成为自己命运的积极设计者，而不是被动的受害者。如果我在这本书中所说的话是正确的，那么假如我们不理解这些主流的意识形态最初在早期社会科学建立时是如何被塑造的话，我们就无法理解究竟是什么为它们提供了强固的支撑。

大 事 记

1618—1648 三十年战争使得中欧大部分地区遭到摧毁，神圣罗马帝国分裂成了大约三百个诸侯国。

1637 勒内·笛卡儿，《沉思录》。

1642—1660 英国内战。结束于查理二世的王朝复辟，但与议会共享权力。

1642 托马斯·霍布斯，《论公民》。

1648—1652 投石党运动。法国贵族在巴黎试图限制君主权力最终失败，从而使法国国王成了欧洲最强大的君主。

1651 托马斯·霍布斯，《利维坦》。

1655 詹姆斯·哈林顿，《大洋国》。

1657 马修·沃伦，《对哈林顿先生的大洋国的思考》。

1662 勒内·笛卡儿，《论人》。约翰·格兰特，《关于死亡率报表的自然和政治观察》。

1664 威廉·佩蒂写了《献给英明人士》。

1668 约翰·约阿希姆·贝彻，《关于城市和国家盛衰真正原因的政治论述》。

1670 巴鲁赫·德·斯宾诺莎，《神学政治论》。

1673 塞缪尔·普芬多夫，《人和公民的自然法义务》。弗朗斯瓦·波莱恩·巴尔，《论男女平等》。

1684 菲利普·冯·霍尼克，《只要有意愿，奥地利将超越一切国家》。

1685 路易十四宣布南特法令无效（1598年），使得法国的新教徒受到迫害，导致对于经济发展很重要的胡格诺派教徒四散逃避，并让知识分子产生了强烈的反神权情绪。

1687 艾萨克·牛顿，《自然哲学的数学原理》。

1688 英国的光荣革命推翻了詹姆斯二世的统治，威廉和玛丽继承英国王位，确立了新教的地位，并增加了议会的权力。

1690 约翰·洛克，《人类理解论》。达德利·诺思，《贸易论》。威廉·佩蒂，《政治算术》。

1691 约翰·洛克，《论降低利息和提高货币价值的后果》。

1704 皮埃尔·布阿吉尔贝尔，《论财富、货币和赋税的性质》。

1707 苏格兰和英格兰联盟。

1714 伯纳德·曼德维尔，《蜜蜂的寓言，或私恶公利》。

1722 恩斯特·路德维希·卡尔，《论君主的财富及其地位》。

1724 约瑟夫-弗朗斯瓦·拉菲托，《美洲野蛮人风俗与远古风俗之比较》。

1725 詹巴蒂斯塔·维科，《关于各民族共同性的新科学原理》。

1738 伏尔泰和夏特莱侯爵夫人，《牛顿哲学基础》。

1739 大卫·休谟，《人性论》。

1742 大卫·休谟，《道德和政治论文集》。

1746 弗朗西斯·哈奇森，《道德哲学简介》。

1748 孟德斯鸠，《论法的精神》。

1749 路易斯·勒克莱尔·德·布丰，《人类的自然史》。大卫·哈特莱，《人类观察：其组织、义务及期望》。

1754 埃蒂耶那·孔狄亚克，《感觉论》。

1755 理查德·坎蒂隆，《商业性质概论》。

1757 因害怕再次受到暗杀，法国的路易十五提高了压制具有潜在颠覆性思想的书籍的强度，造成了知识界的两极化。维克托·德·里克蒂，米拉波侯爵，《人民的朋友或人口论》。

1758 克洛德·阿德里安·爱尔维修，《论精神》。约翰·海因里希·戈特拉普·尤斯蒂，《政治经济学，或关于一国政府所必需的所有经济和行政管理方面的科学的系统论述》。

1763 弗朗斯瓦·魁奈，《农业哲学》。

1764 切萨雷·贝卡里亚，《论犯罪与刑罚》。

1766 安-马里埃·杜尔哥，《关于财富的形成和分配的考察》。

1767 亚当·弗格森，《文明社会史论》。詹姆斯·斯图亚特爵士，《政治经济学原理研究》。

1771 约翰·米拉，《等级差异的起源》。

1774—1776 杜尔哥任财政大臣期间，曾试图在法国建立粮食自由贸易体系。路易十五罢免了杜尔哥，并放弃执行他的政策，使许多过去支持君主制的知识分子转向了支持共和制。

1774 克洛德·阿德里安·爱尔维修，《论人》。亨利·霍姆，凯姆斯勋爵，《人类史纲》。

1776 美国独立战争开始。亚当·斯密，《国民财富的性质和原因的研究》。

1785 让-安东尼-尼古拉斯·马奎斯·孔多塞侯爵，《简论分析对从众多意见中作出决断的概率的应用》。

1787 约瑟夫·冯·索南费尔斯，《警察、行为和财政学的原则》。

1789 法国大革命开始。杰里米·边沁，《论道德与立法的原则》。

1790 凯瑟琳·麦考利，《教育书信》。

1791 玛丽·沃尔斯通克拉夫特，《女权辩护》。

1792 孔多塞，《国民教育计划组织纲要》。

1793 威廉·葛德文，《政治正义论》。

1794 约翰·哥特弗雷德·冯·赫尔德尔，《人类历史哲学的概要》。

书 目 推 荐

法国大革命之前，论述社会科学最全面的著作是 Gorges Gusdorf 六卷本的 *Les sciences humaines et la pensée occidentale*（Paris：Payot，1966-1973）。Donald R. Kelley 的 *The Human Measure：Social Thought in the Western Legal Tradition*（Cambridge，Mass.：Harvard University Press，1990）其涉及的时间跨度更长，但提供了关于法理学对于早期社会科学的重要性的关键见解。J. G. A. Pocock 的 *The Machiavellian Moment：Florentine Republican Thought and the Atlantic Republican Tradition*（Princeton：Princeton University Press，1975）读起来非常困难，但它对于理解英格兰和苏格兰的早期社会科学至关重要。同样内容全面且文字优雅的著作还有 Albert Hirschman 的 *The Passions and the Interests：Political Arguments for Capitalism Before Its Triumph*（Princeton：Princeton University Press，1977），以及 Terence Hutchison 的 *Before Adam Smith：The Emergence of Political Economy*（Oxford：Basil Blackwell，1988）。

对于那些潜在的、对这里所讨论的这些著作感兴趣的读者而言，以下这些书也是有价值的。*Livre et société dans la France du XVIIIe siècle*，vol.1，ed. G. Bolleme（Lattaye，Mouton，1965），vol.2，ed. M. T. Bouyssy（Lattaye，Mouton，1970）；David Cressey 的 *Literacy and the Social Order*（Cambridge：Cambridge University Press，1980）；Robert Damton 的 *The Literary Underground of the Old Regime*（Cambridge，Mass.：Harvard University Press，1982）；Margaret Jacob 的 *The Cultural Meaning of the Scientific Revolution*（Ithaca：Cornell University Press，1988）。

关于这里所涉及的自然哲学的多方面介绍，可以在剑桥大学出版社的科学史丛书的三本中找到相关内容，它们分别是 Allen G. Debus 的 *Man and Nature in the Renaissance*（1978），Richard S. Westfall 的 *The Construction of Modem Science*（1972），以及 Thomas Hankins 的 *Science and the Enlightenment*（1985）。另外一些文献可作为补充，如 Paolo Rossi 的 *Philosophy，Technology，and the Arts in the Early Modem Era*（New York：Harper and Row，1970），以及 J. A. Bennet，"The Mechanic's Philosophy and the Mechanical Philosophy，" *History of Science* 24（1986）：1-28，二者都侧重于关注工匠文化与科学文化的联系。Roy Porter 和 G. S. Rousseau 编著的 *The Ferment of Knowledge：Studies on the Historiography of Eighteenth-Century Science*（Cambridge：Cambridge University Press，1980）。与 Hankins 的著作相比，它对启蒙运动时期科学的讨论更加详细，是近期除前者之外唯一的概述性著作。

关于我所谓的传统的社会阶级意识形态，请参见 E. M. W. Tillyard，*The Elizabethan World Picture*（New York：Columbia University Press，1943），出版半个世纪后该书仍值得重视，以及 James Daly，"Cosmic Harmony and Political Thinking in Early Stuart England，" *Transactions of the American Philosophical Society* 69（1979）：3-40。Eugenio Garin 的 *Italian Humanism*（Oxford：Basil Blackwell，1965）针对意大利文艺复兴的一些要素给出了非常有用的简要介绍，这对于有

关近代的社会论述是至关重要的。

关于早期社会科学家的政教分离论，我这里的简短评论肯定不足以说明近代时期宗教与世俗之间相互关系这个复杂话题。要了解这个问题可从阅读下面这部著作开始，即 David Lindberg 和 Ronald Numbers 编著的 *God and Nature: Historical Essays on the Encounter Between Christianity and Science*（Berkeley and Los Angeles：University of California Press，1986）。关于赫尔墨斯传统下的科学与宗教的关系及其在英国出现的变化，请参见，尤其是 Frances Yates 的 *Giordano Bruno and the Hermetic Tradition*（Chicago：University of Chicago Press，1964），该书对于提高科学史学家对赫尔墨斯主义与科学之间关系的关注度尤为关键。Charles Webster 的 *The Great Instauration: Science, Medicine, and Reform, 1626—1660*（London：Duckworth，1975）一书详细地讨论了帕拉塞尔苏斯传统与培根主义倾向在英国融合的过程。

关于早期官房主义，Pamela Smith 研究贝彻的学位论文 "Alchemy, Credit, and the Commerce of Words and Things: Johann Becher at the Courts of the Holy Roman Empire,"（Johns Hopkins University，1989）是非常出色的。Albion Small 的 *The Cameralists: The Pioneers of Social Polity*（Chicago：University of Chicago Press，1909）对官房主义学说做了非常有价值的介绍。Marc Raef 的 *TheWell-Ordered Police State: Social and Institutional Change through Law in the Germanies and Russia, 1600—1800*（New Haven and London：Yale University Press，1983），对官房主义的形成背景进行了扩展分析；Keith Tribe 的 *Governing Economy: The Reformation of German Economic Discourse, 1750—1840*（Cambridge：Cambridge University Press，1988）对于官房主义后期发展的制度、学术背景进行了详细分析。

Steven Shapin 和 Simon Schaffer 的 *Leviathan and the Air Pump:*

Hobbes, Boyle, and the Experimental Life（Princeton：Princeton University Press，1985）一书，对霍布斯著作的科学背景及围绕其展开的争论做了精彩的分析，在我看来，这是理解霍布斯思想的最重要的源泉。Samuel Mintz 的 *The Hunting of Leviathan: Seventeenth-Century Reactions to the Materialism and Moral Philosophy of Thomas Hobbes*（Cambridge：Cambridge University Press，1969）关注的是霍布斯的著作所引起的非常强烈的恐慌。Robert S. McShea 的 *The Political Philosophy of Spinoza*（New York：Columbia University Press，1968），是一本叙述清晰、文字朴实的书。Lewis Samuel Feuer 的 *Spinoza and the Rise of Liberalism*（Westport，Conn.：Greenwood Press，1958）可能过分强调了斯宾诺莎的激进主义，但是对我而言，它是一本非常有吸引力的、引人入胜的传记性著作。Ira O. Wade 的 *The Clandestine Organization and Diffusion of Philosophical Ideas in France*（Princeton：Princeton University Press，1938）对启蒙运动进行了说明，其中尤其强调了斯宾诺莎主义的重要性。

近年来，出现了一系列由非常有洞察力的阐释者和分析家所写的关于英国政治经济学的著作，最早的一本是 William Letwin 文字犀利的著作 *The Origins of Scientific Economics*（Garden City，N. Y.：Doubleday，1964），之后是 Joyce Oldham Appleby 的著作 *Economic Thought and Ideology in Seventeenth-Century England*（Princeton：Princeton University Press，1978），以及 David McNally 的 *Political Economy and the Rise of Capitalism: A Reinterpretation*（Berkeley and Los Angeles：University of California Press，1988）。Robert Frank 的 *Harvey and the Oxford Physiologists*（Berkeley and Los Angeles：University of California Press，1980）提供了一份关于佩蒂思想发展所依赖的医学背景的重要材料；Karl Pearson 的著作 *The History of*

Statistics in the Seventeenth and Eighteenth Centuries against the Changing Background of Intellectual, Scientific and Religious Thought（London：Charles Griffin，1978）对政治算术学的技术化发展进行了详细的研究。

在关于旅行文学对欧洲思想影响的几乎无法计数的阐释中，我发现下面这两本著作是最有用的：William Brandon 的 *New Worlds for Old：Reports from the New World and Their Effect on the Development of Social Thought in Europe，1500—1800*（Athens，Ohio：Ohio University Press，1986），以及 Ronald Meek 的 *Social Science and the Ignoble Savage*（Cambridge：Cambridge University Press，1976）。Margaret Hodgen 的 *Early Anthropology in the Sixteenth and Seventeenth Centuries*（Philadelphia：University of Pennsylvania Press，1964）强调了中世纪思想与近代观念在认识人类制度多样性方面所具有的连续性。

Clarence Glacken 的 *Traces on the Rhodian Shore：Nature and Culture in Western Thought from Ancient Times to the End of the Eighteenth Century*（Berkeley and Los Angeles：University of California Press，1967）一书很好地介绍了对博丹和孟德斯鸠来说非常重要的环境决定论思想传统。

对哈林顿进行介绍的最好的文字是 J. G. A Pocock 所编的 *The Political Writings of James Harrington*（Cambridge：Cambridge University Press，1977）一书的编者序。关于哈林顿对美洲理性化重要性的认识，虽然目前公认 Pocock 的 *Machiavellian Moment* 一书提供了标准的说明，但是由 H. F. Russel-Smith 所著、更早出版且曾被给予高度赞誉的 *Harrington and His Oceana*（Cambridge：Cambridge University Press，1914）一书仍具有一定的吸引力。

Sergio Moravia 的“The Enlightenment and the Sciences of Man,”

History of Science 17（1980）：247-268，一文表明了洛克的认识论自由化对于 18 世纪社会科学的重要性。John Youlton 的 *Locke and the Compass of Human Understanding：A Selective Commentary on the Essay*（New York：Cambridge University Press，1970）是一本关于洛克认识论的非常优秀的导读性著作；John Youlton 编著的 *John Locke：Problems and Perspectives*（London：Cambridge University Press，1969）很好地对洛克的诸多方面进行了普遍性介绍。

关于牛顿的数学物理学，给出非常基础但却很精彩的讨论的是 I. Bernard Cohen 的 *The Birth of a New Physics*（New York and London：W. W. Norton，1985，2nd. ed.）；Richard S. Westfall 的 *Never at Rest：A Biography of Isaac Newton*（Cambridge：Cambridge University Press，1980），其目前是标准的牛顿传记；在 John Fauvel 等编著的 *Let Newton Be：A New Perspective on His Life and Works*（Oxford：Oxford University Press，1988）一书中，几个青年一代的牛顿研究者对于牛顿学术成果所涉及的诸多主题进行了基础性论述。

Elie Halevey 的 *The Growth of Philosophical Radicalism*（New York：Macmillan，1928），以及 Kingsley Martin 的 *French Liberal Thought in the Eighteenth Century*（New York：Harper and Row，3d ed.，1962；after 1929 original）两本书强调了 18 世纪的心理学对于激进的、功利主义政治思想的重要性。

将联想主义理论与政治行为主义联系起来的大部分研究目前仍主要出现在期刊文献中，而不是专著中。其中最令人感兴趣的论文有：Donald J. D'Elia，"Benjamin Rush，David Hartley，and the Revolutionary uses of Psychology，" *Proceedings of the American Philosophical Society* 114，no.2（1970）；Isaac Kramnick，"Eighteenth-Century Science and Radical Social Theory：The Case of Joseph Priestly's

Scientific Liberalism," *Journal of British Studies* 25 (1986): 1-30; Robery Weygant, "Helvetius and Jefferson: Studies of Human Nature and Government," *Journal of the History of the Behavioral Sciences* 9 (1973): 29-41.

休谟的观念联合论在 John Bricke 的 *Hume's Philosophy of Mind* (Princeton: Princeton University Press, 1980) 一书中得到了仔细的分析；Isabel Knight 在 *The Geometric Spirit: The Abbé Condillac and the French Enlightenment* (New Haven: Yale University Press, 1968) 一书中很好地研究了孔狄亚克的观点。尽管其题目并没有表现出来，但 D. W. Smith 的 *Helvetius: A Study in Persecution* (New York: Oxford University Press, 1965) 一书在其研究领域内是很优秀且相对较综合的一部著作。Irving L. Horowitz, *Claude Helvetius: Philosopher of Democracy* (New York: Paine-Whitman, 1954) 是一本针对爱尔维修观点不加批判、也的确有些奉承的著作，但它包含不少有趣的素材。Keith Baker 的 *Condorcet: From Natural Philosophy to Social Mathematics* (Chicago: University of Chicago Press, 1975) 绝对是一部极佳的巨著。J. Salwyn Shapiro 的 *Condorcet and the Rise of Liberalism* (New York: Octagon Books, 1963) 更偏向于颂扬而非批判。关于心理学与教育改革之间关系的内容，可见于 Robert Palmer 的 *The Improvement of Humanity: Education in the French Revolution* (Princeton: Princeton University Press, 1985)。

关于心理社会理论与女权主义之间的关系，请参见 Linda Shiebinger 的 *The Mind Has No Sex? Women and the Origins of Modern Science* (Cambridge, Mass.: Harvard University Press, 1989)，尤其是6～8章。

关于边沁和早期功利主义运动的内容可见于 David Lyons 的 *In the*

Interest of the Governed: A Study of Bentham's Philosophy of Utility and Lazo (Oxford: The Clarendon Press, 1963), 以及 Douglas Long 的 *Bentham on Liberty: Jeremy Benthams Idea of Liberty in Relation to His Utilitarianism* (Toronto: Toronto University Press, 1977)。

Hazel van Dyke Roberts 在 *Boisguilbert: Economist of the Reign of Louis XIV* (New York: Columbia University Press, 1935) 一书中讨论了皮埃尔·布阿吉尔贝尔的思想及其社会背景。坎蒂隆的生平及学说呈现于 Antoine Murphy 的 *Richard Cantillon: Entrepreneur and Economist* (Oxford: Oxford University Press, 1986)。Elizabeth Fox-Genovese 的 *The Origins of Physiocracy* (Ithaca: Cornell University Press, 1976) 既有很强的可读性又有很深的洞察力。关于 18 世纪的官房主义，请参见前面提到过的 Tribe 和 Small 的著作。

阐释维科观点的最好的论文出现于 Giorgio Tagliacozzo 所编的一系列论文集，即 *Giambattista Vico: An International Symposium* (Baltimore: The Johns Hopkins University Press, 1969), *Giambattista Vico's Science of Humanity* (Baltimore: The John Hopkins University Press, 1976), 以及 *Vico, Past and Present* (Atlanta Heights, N. J.: The Humanities Press, 1981)。关于孟德斯鸠，Robert Shackleton 的 *Montesquieu: A Critical Biography* (London: Oxford University Press, 1961) 是一本令人着迷的书，同时它的文字很优美、内容很学术化。Henry J. Merry 的 *Montesquieu's System of Natural Government* (West Lafeyette, Ind.: Purdue University Press, 1970) 同我一样都非常强调《论法的精神》中间 1/3 部分的内容。

Gladys Bryson 的 *Man and Society: The Scottish Inquiry of the Eighteenth Century* (Princeton: Princeton University Press, 1945) 仍是关于苏格兰启蒙运动时期哲学历史学家的富有价值的介绍；但现在

Istvan Hont and Michael Ignatieff 编著的 *Wealth and Virtue: The Shaping of Political Economy in the Scottish Enlightenment*（Cambridge: Cambridge University Press，1983）一书可作为其补充，它分析了那些最近出现的关于自然法学传统和古典共和主义传统在引导其著作方向方面的相对重要性的讨论。关于弗格森，请特别参见 David Kettler 的 *The Social and Political Philosophy of Adam Ferguson*（Athens 和 Ohio：Ohio State University Press，1965），以及 William C. Lehman 的 *Adam Ferguson and the Beginnings of Modern Sociology*（New York：Cambridge University Press，1930）。

在我看来，J. Ralph Lindgren 的 *The Social Philosophy of Adam Smith*（The Hague：Martinus Nijhoff，1973）是专门介绍斯密的最好著作，因为它强调的是他的认识论相对主义和历史相对主义。Richard Teichgraeber II 的 *"Free Trade" and Moral Philosophy: Rethinking the Sources of Adam Smith's Wealth of Nations*（Durham，N. C.：Duke University Press，1986）是介绍斯密著作中哈奇森和休谟背景思想的最好的论著。

关于 John Millar，唯一可靠的长篇论著是 William C. Lehman 的 *John Millar of Glasgozv, 1735—1801: His Life and Thought and His Contributions to Sociological Analysis*（Cambridge：Cambridge University Press，1961）。

索　　引[1]

A

---

① 页码为原书页码，即边码。

B

C

D

E

F

G

J

K

L

M

O

P

Q

R

S

T

U

V

作者简介

理查德·奥尔森（Richard Olson）1940 年出生于美国明尼苏达州圣保罗市。他曾获哈威穆德学院物理学学士学位，在获得哈佛大学物理学硕士学位之后转向了科学史的研究，于 1967 年获哈佛大学博士学位。

奥尔森教授曾先后任教于塔夫茨大学和加利福尼亚大学圣克鲁兹分校，之后于 1976 年回到哈威穆德学院任教，现为人文、社会科学与艺术系科学史教授和人文科学方面的威拉德·基思（Willard Keith）研究员，以及克莱蒙特研究大学历史学教授。

奥尔森教授的著作重点关注的是科学与西方社会、文化之间的相互影响。他已出版的著作主要有：《苏格兰哲学和英国物理学：维多利亚时期科学形态的基础》（1975 年）、《科学的神化与科学的挑战：西方文化下科学的历史角色》（1982 年第一版，1990 年第二版）。

奥尔森教授曾在《美国物理学杂志》《科学年报》《科学史》《爱西斯》及《思想史杂志》等刊物上发表过多篇学术论文。

译者简介

王凯宁，男，1984 年出生于山西省沁源县，2005 年获山西大学物理学学士学位，之后转向科学哲学方面的学习与研究，2008 年 10 月～2009 年 4 月赴英国剑桥大学李约瑟研究所做访问学者，2015 年获山西大学哲学博士学位。现为山西大学科学技术哲学研究中心副教授，主要从事一般科学哲学、物理学哲学、社会科学哲学方向的研究。在《哲学研究》《哲学动态》《科学技术哲学研究》等刊物发表多篇学术论文。